国家技术转移人才培养基地(北京)
北京市专业技术人员继续教育基地　系列教材

初级技术经理人培训教程

◎ 李志男　肖　能　李志杰　编著

中国农业科学技术出版社

图书在版编目(CIP)数据

初级技术经理人培训教程 / 李志男,肖能,李志杰编著. --北京:中国农业科学技术出版社,2022.5

ISBN 978-7-5116-5735-0

Ⅰ.①初… Ⅱ.①李…②肖…③李… Ⅲ.①技术转移-科技服务-资格考试-自学参考资料 Ⅳ.①F113.3

中国版本图书馆 CIP 数据核字(2022)第 064854 号

责任编辑　穆玉红
责任校对　李向荣
责任印制　姜义伟　王思文

出 版 者	中国农业科学技术出版社
	北京市中关村南大街 12 号　邮编:100081
电　　话	(010) 82106626(编辑室)　　(010) 82109702(发行部)
	(010) 82109709(读者服务部)
网　　址	https://castp.caas.cn
经 销 者	各地新华书店
印 刷 者	北京科信印刷有限公司
开　　本	210 mm×285 mm　1/16
印　　张	10.5
字　　数	320 千字
版　　次	2022 年 5 月第 1 版　2022 年 5 月第 1 次印刷
定　　价	88.00 元

◆━━◆ 版权所有·翻印必究 ◆━━◆

《初级技术经理人培训教程》编著委员会

编　　著：李志男　肖　能　李志杰

参与人员：（按姓氏笔画排名）

　　　　　王素英　田　悦　冯　玥　刘　军　刘　珣

　　　　　刘海波　宋　研　张　微　张　源　张若然

　　　　　张晓静　陈　晓　林少伟　郭书贵　董爱生

　　　　　蒋　言

序 言

党的十九届五中全会公报指出，当今世界正经历百年未有之大变局，新一轮科技革命和产业变革深入发展，国际力量对比深刻调整。"十四五"时期，我国迈入新发展阶段，发展的内部条件和外部环境正发生深刻复杂的变化，已从高速增长阶段进入高质量发展阶段。仅靠要素驱动的发展已经难以为继，以创新驱动发展将是大势所趋。创新是引领中国高质量发展的第一动力，被摆在国家发展全局的核心位置，列为"创新、协调、绿色、开放、共享"的新发展理念之首。实施创新驱动发展战略，积极融入全球创新网络，中国全社会创新已蔚然成风。

技术转移和成果转化，是创新链、产业链和价值链融合的枢纽，承担着向高质量发展输送动能的关键任务。只有深刻理解我国创新战略和科技成果转化与技术转移的内在逻辑关系，分析现实状况与国家要求之间的差距，才能找到精准解决问题的途径，承担起这一历史重任。

北京市积极推动完善科技成果转化体系，促进三链融合，持续鼓励和支持北京技术市场协会等单位开展技术转移人才培养体系建设和完善工作，服务北京和全国科技成果转化，服务国家技术转移专业人才队伍建设。《北京市"十四五"时期国际科技创新中心建设规划》明确提出加大技术经纪人培养力度，培养一批懂科技创新规律和产业技术需求的专业化技术转移队伍；优化职称评审机制，吸引、培养国际一流的技术经纪人；支持深入挖掘科技成果资源，对接产业需求，促进科技成果转移转化。

人是技术转移和成果转化体系中最活跃、最具引领性的要素。足够的专业技术人员是做好技术转移工作的根本动力和保障。必须把提升从业人员服务能力、组织能力和资源整合能力作为聚焦目标，优先解决人才发展、科技评估评价等问题，把从业人员职业发展需要同知识技能培训结合起来，最大化地激发内生动力和潜能，将其转化成创新的动力和保障。

在国家高质量发展的征途上，技术转移转化人员努力把个人的命运和历史机遇紧密结合，吸收时代的精华，高质量地发展自己，为科技成果转化成生产力铺路搭桥，服务创新，保驾护航。这既是社会发展的需要，也是个人发展的需要，更是每一个从业人员职业生涯中需要掌握的真本事。

习近平总书记指出，善于学习，就是善于进步。技术转移专业人才，必须要紧紧跟随科技创新的步伐，不断自我提升，善于学习和进步。回首数年来我们对技术转移和成果转化的艰辛探索和不断提升，其认知能力、工作环境、职业保障建设和学习培训条件等都已经发生了实质性变化。越来越多的省市（区）已经把技术经理人纳入职称评审范围，把技术转移转化专业人员纳入领军人才培育、引进的范畴。科技部2021年5月发布《国家技术转移人才培养基地工作指引（试行）》提出："建立支撑我国创新体系建设的国家技术转移人才培养体系，规范建设和运行国家技术转移人才培养基地"；2020年11月，国务院学位委员会、教育部印发《学位授予和人才培养学科目录设置与管理办法》，支持学位授予单位在获得授权的一级学科下自主设置与调整二级学科和按二级学科管理的交叉学科，加强技术转移、专利技术交易等相关领域高层次复合型人才培养，主动服务经济社会发展对技术转移专业人才的需求。

技术转移和成果转化工作，由最初的鼓励、探索到现在的稳定、成熟。技术转移和转化从业人员，已经能够紧密地结合实践活动，不断探寻科技与产业相结合的本质和路径，通过扎扎实实地锤炼本领，不断推动科技创新与产业、经济、社会、文化、政治和生态发展相融合，促进了科技成果应用、技术与产业研发、人才和资本等要素资源有机融合与高效配置的工作。

"党的历史经验和现实发展都告诉我们，没有全党大学习，没有干部大培训，就没有事业大发展。"习近平总书记的话深刻地揭示了培训工作在人才培育和事业发展中的决定性地位。技术转移转化专业人员，若要不负韶华，不负这个伟大时代赋予我们的历史机遇，谋求更好的职业前景，就必须要努力崇尚学习、积极主动学习、持续深化学习，不断提升自己的认知力、判断力和规划整合能力；不断适应新时代科技创新和"五位一体"发展的需要，增强本领，提升素养。

做好技术转移转化专业人员学习和培训工作，好的教材和学习资料首当其冲。本教材按照《国家技术转移专业人员能力等级培训大纲》（试行）要求组织编著，涵盖了公共知识、实务技能、政策法规、能力提升四大部分，对技术转移和成果转化中的知识产权管理、需求分析、技术评估、合同登记等关键问题进行了深入剖析，具有一定的理论学习依据和实践参考价值。

理论与实践相结合是成长的关键，北京已然搭建好了技术转移专业人才施展才华的舞台。围绕超大城市精细化治理，面向生态环境、公共服务、智慧管理、文化科技等人民美好生活重点领域需求，实施应用场景建设"十百千工程"，构建新技术全域应用场景，这些举措为科技创新成果落地提供了抓手，为技术转移转化人才提供了广阔的天地，铺就了快速成长的星光大道。

职业舞台已经搭好，大幕正在徐徐开启。希望广大从业人员能够充分利用好本套教材，学习真本领，担当重任，成为科技转移转化领域的栋梁和楷模！

刘 晖

2021. 12. 7

目 录

第一章 技术商品与技术市场 ……………………………………………………………… (1)
    第一节 市场经济 ……………………………………………………………………… (1)
    第二节 技术市场 ……………………………………………………………………… (3)
    第三节 技术市场建设政策 …………………………………………………………… (5)
    第四节 技术商品 ……………………………………………………………………… (7)
    第五节 技术的价格与支付 …………………………………………………………… (11)

第二章 技术转移与科技成果转化 ………………………………………………………… (12)
    第一节 转移转化基本概念 …………………………………………………………… (12)
    第二节 转移转化基本规律 …………………………………………………………… (14)
    第三节 我国转移转化的创新发展 …………………………………………………… (16)
    第四节 我国转移转化的发展趋势 …………………………………………………… (21)

第三章 技术经理人 ………………………………………………………………………… (24)
    第一节 技术经理人 …………………………………………………………………… (24)
    第二节 技术转移管理与服务机构 …………………………………………………… (26)
    第三节 科技成果转移转化人才建设 ………………………………………………… (29)

第四章 技术转移服务规范 ………………………………………………………………… (32)
    第一节 标准的作用 …………………………………………………………………… (32)
    第二节 技术转移服务规范 …………………………………………………………… (34)
    第三节 技术转移服务人员能力规范 ………………………………………………… (41)

第五章 科技法律法规概述 ………………………………………………………………… (49)
    第一节 科学技术进步法 ……………………………………………………………… (49)
    第二节 促进科技成果转化法 ………………………………………………………… (55)
    第三节 中华人民共和国科学技术普及法 …………………………………………… (63)

第六章 知识产权概述 ……………………………………………………………………… (64)
    第一节 知识产权的概念和特征 ……………………………………………………… (64)
    第二节 技术转移中常见知识产权 …………………………………………………… (65)
    第三节 植物新品种和集成电路布图设计 …………………………………………… (76)

第七章 《民法典》与技术转移 …………………………………………………………… (78)
    第一节 民法典与技术转移概述 ……………………………………………………… (78)
    第二节 技术合同的生效 ……………………………………………………………… (81)
    第三节 技术合同的履行 ……………………………………………………………… (85)
    第四节 技术合同的救济 ……………………………………………………………… (88)

第八章 需求甄别与分析 …………………………………………………………………… (93)
    第一节 技术需求 ……………………………………………………………………… (93)
    第二节 从基础研究到产业应用 ……………………………………………………… (95)

第三节　技术需求识别 ………………………………………………………（99）
　　第四节　技术需求挖掘中的信息服务 …………………………………………（102）
　　第五节　需求挖掘的方法和步骤 ………………………………………………（105）
第九章　技术评估评价 ……………………………………………………………（109）
　　第一节　我国科技评估的演变 …………………………………………………（109）
　　第二节　科技成果评估概述 ……………………………………………………（111）
　　第三节　科技成果市场价值评估 ………………………………………………（113）
　　第四节　科技成果市场价值评估的基本指标 …………………………………（114）
　　第五节　科技成果市场价值评估中的重要事项 ………………………………（117）
第十章　技术转移融资渠道与金融工具 …………………………………………（120）
　　第一节　科技金融概述 …………………………………………………………（120）
　　第二节　技术转移中的融资渠道 ………………………………………………（122）
　　第三节　直接融资渠道 …………………………………………………………（126）
　　第四节　间接融资渠道 …………………………………………………………（131）
　　第五节　科技金融服务平台 ……………………………………………………（133）
第十一章　技术交易商务策划 ……………………………………………………（135）
　　第一节　商务策划概述 …………………………………………………………（135）
　　第二节　技术交易商务策划的主要内容 ………………………………………（137）
　　第三节　技术交易商务策划的注意事项 ………………………………………（144）
第十二章　实务技能——技术合同认定登记 ……………………………………（147）
　　第一节　技术合同认定登记 ……………………………………………………（147）
　　第二节　技术合同登记运用 ……………………………………………………（149）
　　第三节　技术合同登记实务 ……………………………………………………（152）
后　　记 ……………………………………………………………………………（158）

第一章
技术商品与技术市场

技术商品不同于一般商品，技术经纪活动也不同于一般商品经纪活动。一名合格的技术转移人员，必须懂得有关技术的分类、技术商品的基本知识、技术市场建设与管理等基本理论及实务。

第一节 市场经济

市场经济（Market Economy）是一种经济体系，在这种体系下产品和服务的生产及销售完全由自由市场的自由价格机制所引导。这种经济体制的趋同，一方面表明市场经济具有极强的吸纳能力和兼容能力，另一方面也意味着市场经济模式的多样性和丰富性。

一、市场经济的主要模式

1991年，世界经济合作与发展组织在《转换到市场经济》的研究报告中提出了成功市场经济的三种主要模式：美国的自由主义市场经济模式；德国和北欧一些国家的社会市场经济模式；法国、日本的行政管理导向型市场经济模式。

（一）美国市场经济模式

美国模式，又称"企业自主型"的市场经济模式，或"自由主义的市场经济"。政府"这只看得见的手"更重视规则的制定和执行，一般不会直接触碰企业；企业作为市场主体的权利得到较好的保障。其根本特点如下。

（1）企业自主经营的权利得到比较充分的保障。

（2）市场是经济运行的核心环节，政府调控的中心任务就是市场。

（3）政府宏观调控手段偏重于财政政策与货币政策。

（4）体制关系的透明度较高。美国模式中，政府、市场和企业的相互关系以及各自地位，一般都有明确的法律规定。

（二）德国市场经济模式

德国模式，即"社会市场经济模式"，也可称为"政府引导型市场经济"。每个企业、自然人和组织都可以在法律框架内处理自己的事情。

（1）政府的首要职责是保证自由竞争，限制垄断。市场竞争是推进经济发展的最强大动力，也是社会最主要的支柱。垄断和"不道德竞争"是市场机制有效性的最大威胁。

（2）宏观调控的核心目标是实现稳定与均衡。市场机制的有效性取决于经济环境的有序和经济运行的稳定，其中主要是指价格稳定、货币稳定、增长稳定以及收入稳定。

（3）有比较发达的社会保障制度。德国市场经济力争经济高效率又兼顾社会公平。为维护社会公平，德国通过立法推行监督、影响之下的雇主与职工"共向决定"制度。

（4）体制关系的透明度很高。在德国社会市场经济体制中，法律保障占有相当重要的地位，通过各种立法建立和维护有序的、合理的和公平的竞争秩序。

（三）日本市场经济模式

日本模式，即政府指导型，又称"社团市场经济"。第二次世界大战后日本经济曾历经几十年的持续高速增长，在1950—1990年，40年间，年均增长率高达7.7%。

日本非常强调政府在经济发展中的作用，政府既调控市场，也直接引导企业，并且将重点放在后者之上。日本市场经济体制与运行的特点如下。

（1）比较突出地强调政企合作。日本"政府指导型"市场经济，并不是指企业的自主发展必须充分考虑来自政府的各种信号，而主要是寻求政府与企业之间的协调一致。

（2）在社会资源的配置中把计划与市场有机结合起来。日本的市场经济模式在发挥市场调节的同时，重视政府宏观调控对社会资源配置的作用。

（3）有一套"官民结合"的严密而有效的经济管理组织体系。日本的"政府主导型"还表现在其经济组织制度上。

（4）政府宏观调控的手段侧重于经济计划和产业政策。从"二战"后日本经济的发展来看，政府对经济活动的干预尤以经济计划和产业政策为佳。

（5）体制关系的透明度较低。日本市场经济模式强调政企合作，既有政府对企业大量的随机监督与指导，又存在着企业经常寻求政府指导和扶持的现象。

二、中国特色社会主义市场经济

（一）提出和确立

在1992年9月召开的中国共产党第十四次全国代表大会上，确定经济体制改革的目标是建立社会主义市场经济体制，让市场在社会主义宏观调控下对资源配置起基础性作用，使经济活动遵循价值规律的要求，适应供求关系的变化。1993年党的十四届三中全会，根据党的十四大确定的经济体制改革的核心目标和基本原则，作出了《关于建立社会主义市场经济体制若干问题的决定》。2003年党的十六届三中全会，出台《关于完善社会主义市场经济体制若干问题的决定》，要求更大程度地发挥市场在资源配置中的基础性作用。

自党的十四大提出经济体制改革的目标是建立社会主义市场经济体制以来，国家从所有制关系、分配关系、政府与市场的关系等各个方面，不断深化对市场经济的认识，并在实践中结合国情和自身发展条件，从宏观调控、法制建设等各个领域不断完善社会主义市场经济体制，探索出有中国特色的社会主义市场经济发展道路。

（二）新时代新发展

习近平新时代中国特色社会主义理论对社会主义市场经济发展道路的新发展集中体现为提出了经济体制改革的核心问题是处理好政府和市场的关系。在社会主义市场经济运行中的主要关系，市场在资源配置中起决定性作用，但同时要更好发挥政府作用。这既是对改革中重大实践问题的回答，也是对市场经济一般规律认识新的深化[1]。

市场通过经济规律内在机制，调节经济主体的活动。政府和市场的作用都是覆盖全社会的。政府作用不仅作用于市场，也直接作用于企业、个人。

---

[1] 顾钰民，2019. 从传统计划经济到中国特色社会主义市场经济［J］. 高校马克思主义理论研究，5（03）：65-71.

第二节 技术市场

技术市场是重要的生产要素市场，是我国现代市场体系和国家创新体系的重要组成是各类技术交易场所、服务机构和技术商品生产、交换、流通关系的总和。

——科技部《关于技术市场发展的若干意见》

2020年3月30日，中共中央 国务院发布《关于构建更加完善的要素市场化配置体制机制的意见》要求"加快发展技术要素市场"，从"健全职务科技成果产权制度，完善科技创新资源配置方式，培育发展技术转移机构和技术经理人，促进技术要素与资本要素融合发展、积极探索通过天使投资、创业投资、知识产权证券化、科技保险等[①]方式推动科技成果资本化，鼓励商业银行采用知识产权质押、预期收益质押等融资方式[②]，为促进技术转移转化提供更多金融产品服务，支持国际科技创新合作"等五个方面、明确了加快发展技术要素市场的工作方向。

自2021年1月1日起施行的《中华人民共和国民法典》再一次体现了技术市场的法律地位。

一、技术市场的概念

市场有广义和狭义之分，狭义市场是指商品交换的场所，即有形市场，其核心是"场所"；广义的市场是指商品的流通领域，是商品交换关系的总和，体现的是一组规则、一批组织以及相应的活动，其核心是"交换关系"。技术市场的概念也有广义和狭义之分。狭义的技术市场是指技术商品交换的场所，有一定的时间和空间限制；广义的技术市场是指将技术成果作为商品进行交易，并使之变为直接生产力的交换关系的总和。一般情况下，普遍采用广义的技术市场概念。

从技术交易场所的形式来看，广义的技术市场还包括有形技术市场和无形技术市场。有形技术市场即为传统的拥有固定场所的技术市场，供需双方必须亲临市场，通过面对面的交流来获取技术信息、完成技术交易。无形技术市场则是一种没有固定交易场所和市场交易设施的市场形式，最为典型的是网上技术市场。网上技术市场是基于现代信息技术和互联网而形成一种市场形式，交易主体通过互联网实现信息收集、传递和交流，降低交易成本，加快完成技术商品交易活动，提高技术交易的效率。网上技术市场不仅具有传统有形技术市场的所有功能，而且在技术、组织和功能上都有所创新。

二、技术市场的组成要素

原则上讲，技术市场必须具备三个要素：技术市场的主体，即技术商品的供方、需方和中介方；要有可供交易的技术商品；要具备供需双方都能接受的价格和交易条件。三者相辅相成，缺一不可。

（一）技术市场的主体

技术市场的供方、需方和中介方是构成技术市场最基本的交易主体。技术市场上的供方或卖方，既是技术商品的生产者，也是技术商品的出让者，主要是各类科研机构、高等院校、企业以及持有技术商品的科技人员、发明人等。技术市场买方，即技术商品的需求方，也称技术商品的受让方，主要是生产企业，高校和科研院所以及创业者等也有需求。

随着技术交易的成熟，出现了技术中介方，即技术中介服务机构和技术经纪人。他们为技术商品交易双方提供信息服务、牵线搭桥，并对技术商品进行宣传、评估、鉴定和运营。

---

①② 中国化学纤维工业协会，化纤产业技术创新战略联盟，2017. 中国化纤行业发展规划研究（2016—2020）[M]. 北京：中国纺织出版社：01.

（二）技术商品

技术商品是指通过交换以实现技术传播的技术成果和知识性劳务[①]。其中技术成果是指利用科学技术知识、信息和经验作出的产品、工艺、材料及其改进等技术方案；知识性劳务是指利用所掌握的知识、技术、经验和信息所提供的服务。

技术商品是构成技术市场的基础，是技术市场的客体。在技术市场上转移、转让的技术，一般分为硬件形态的样机、样品、机器设备，软件形态的设计、配方、工艺以及劳动流动形态的技术服务和咨询等。从成果的转移、转让形式看，包括通过技术转让合同、技术开发合同、技术咨询合同和技术服务合同转移、转让的技术等。科研生产联合体中实行技术入股、合资经营、联合开发、合作生产等，也属于广义的技术商品供给。

（三）价格及交易条件

价格和其他交易条件是供需双方达成交易的主要依据。同时也构成了技术市场的重要内容。由于技术商品形态多样等各方面的原因，使得技术商品在转让后所产生的效用与需求方的接收能力和相关条件有着不可分割的联系，所以它的效用只是一个模糊的概念。在这种情况下，技术商品的价格也具有很大的不确定性，所以技术交易实行议价成交。为了减少这种不确定性，促使供求双方达成交易，技术商品应由专业机构进行技术评估，对技术商品的先进性、适用性和经济性做出科学合理的结论（技术评估并不是进行交易的必需条件）。另外，技术交易地点、时间、技术服务和培训以及交易所依据的有关法律等，也都是供需双方达成交易的必要条件。

三、技术市场的定位与作用

技术市场的诞生和发展是我国社会主义市场经济发展进程中一个重大的体制创新，是我国健全统一、开放、竞争、有序的现代市场体系的重要组成部分。通过开放技术市场，一方面，促进了社会观念的深刻变革，推动了科研开发市场化、技术成果商品化和高新技术产业化进程；另一方面，使得科技进步对国民经济发展的支撑作用和贡献得到了充分的发挥和体现。

一般而言，技术市场可以发挥如下作用与功能：信息过滤，即为买卖双方提供可选择的技术信息，使买卖双方了解相关技术信息，奠定了交易的前提；分散风险，即分散研究、开发、中试、生产等过程中的风险；降低交易成本，即技术商品在市场交易过程中减少了技术转移的成本，也减少了交易双方的交易成本；激励，即技术商品的交易产生了竞争，可以调动科研人员科研的积极性，促进技术商品的完善，推动技术研发；优化科技资源配置，通过技术交易，可以优化科技资源配置，整合社会的科技力量；规范功能，技术市场的发展能加强技术研发的社会规范，使技术研发目标明确、转移有序；价格发现功能，是指市场集约交易、比质比价，最终形成一个真实地反映社会供求的权威价格；服务功能，是指技术市场具有服务于技术交易主体、促成交易的基本功能；加强转化，技术市场的发展，把科研和生产部门较好地结合起来，加快了科技成果向现实生产力的转化。

四、技术市场的管理与服务

经过30多年的发展，我国技术市场走过制度设计、政策演进、模式创新的发展历程，经过不断完善和优化，目前已初步形成由法律、部门规章和地方性法规构成的技术市场制度体系，由科技行政部门主导、各部门协作构成的技术市场管理体系以及由广大社会力量参与、以促进技术转移和成果转化为核心的技术市场服务体系。

技术市场管理主要是指政府各有关部门，依照国家有关政策和法律，规范和引导技术市场行为，保证技术商品交易顺利进行，促进技术市场健康发展。技术市场管理行为主要包括组织、监督、协

[①] 肖尤丹，2017. 中国科技成果转化制度体系法律、政策及其实践 [M]. 北京：科学技术文献出版社.

调、控制、调节、指导等;其管理范畴包括从生产、流通到使用的整个过程;其管理对象是技术市场的组成要素及其活动,即技术商品,技术交易的买方、卖方和中介方,技术交易活动及行为。

技术市场服务体系主要包括以下几个方面的内容:一是专业化的技术转移和成果转化人才;二是专业化技术转移和成果转化机构;三是涵盖研究开发、检验检测、创业孵化、知识产权、科技金融等的专业化科技服务业态;四是《技术转移服务规范》等标准和技术交易规则,以及技术市场信用体系和技术市场统计调查和数据分析体系;五是能够加速技术、人才、资本等创新要素集聚与融合,畅通科技成果流通和共享渠道的技术市场服务网络。

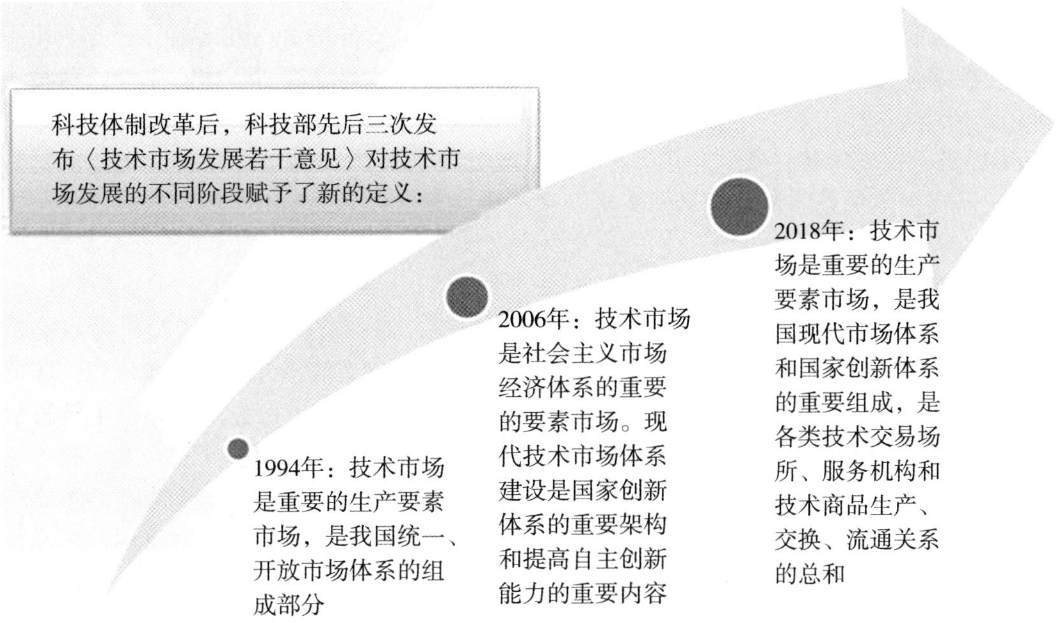

科技体制改革后,科技部先后三次发布〈技术市场发展若干意见〉对技术市场发展的不同阶段赋予了新的定义:

1994年:技术市场是重要的生产要素市场,是我国统一、开放市场体系的组成部分

2006年:技术市场是社会主义市场经济体系的重要的要素市场。现代技术市场体系建设是国家创新体系的重要架构和提高自主创新能力的重要内容

2018年:技术市场是重要的生产要素市场,是我国现代市场体系和国家创新体系的重要组成,是各类技术交易场所、服务机构和技术商品生产、交换、流通关系的总和

图1.1 技术市场定义的演变

第三节 技术市场建设政策

建设和完善国家技术转移体系是一项系统工程,要着眼于构建高效协同的国家创新体系,从技术转移的全过程、全链条、全要素出发,从基础架构、转移通道、支撑保障三个方面进行系统布局。
——《国家技术转移体系建设方案》

一、技术市场和技术转移服务机构

技术市场和技术转移服务机构建设的目标是线上线下相结合,构建全国技术交易网络,集聚成果、资金、人才、服务、政策等创新要素;围绕工业互联网、乡村振兴、智慧能源、绿色生态、人工智能等重点产业技术需求,完善技术产权交易、知识产权交易等各类平台功能,促进科技成果与资本的有效对接。

(一)技术市场

《中华人民共和国促进科技成果转化法》 第二十六条,国家鼓励企业与研究开发机构、高等院校及其他组织采取联合建立研究开发平台、技术转移机构或者技术创新联盟等产学研合作方式,共同开展研究开发、成果应用与推广、标准研究与制定等活动。

《国家技术转移体系建设方案》 提出建设统一开放的技术市场。构建互联互通的全国技术交易网络。依托现有的枢纽型技术交易网络平台,通过互联网技术手段连接技术转移机构、投融资机构和各类创新主体等，集聚成果、资金、人才、服务、政策等创新要素，开展线上线下相结合的技术交易活动。加快发展技术市场。培育发展若干功能完善、辐射作用强的全国性技术交易市场，健全与全国技术交易网络联通的区域性、行业性技术交易市场。推动技术市场与资本市场联动融合，拓宽各类资本参与技术转移投资、流转和退出的渠道。

《促进科技成果转移转化行动方案》提出强化科技成果转移转化市场化服务和构建国家技术交易网络平台。以"互联网+"科技成果转移转化为核心，以需求为导向，连接技术转移服务机构、投融资机构、高校、科研院所和企业等，集聚成果、资金、人才、服务、政策等各类创新要素，打造线上与线下相结合的国家技术交易网络平台。平台依托专业机构开展市场化运作，坚持开放共享的运营理念，支持各类服务机构提供信息发布、融资并购、公开挂牌、竞价拍卖、咨询辅导等专业化服务，形成主体活跃、要素齐备、机制灵活的创新服务网络。引导高校、科研院所、国有企业的科技成果挂牌交易与公示。

《北京市促进科技成果转化条例》第二十八条，本市加强技术交易市场建设，为技术交易双方提供交易场所，制定规范的技术成果信息发布标准和流程，开展技术交易综合配套服务。

（二）技术转移服务机构

《国家技术转移体系建设方案》中有如下表述：

（六）提升技术转移服务水平。制定技术转移服务规范，完善符合科技成果交易特点的市场化定价机制，明确科技成果拍卖、在技术交易市场挂牌交易、协议成交信息公示等操作流程。建立健全技术转移服务业专项统计制度，完善技术合同认定规则与登记管理办法。（七）发展技术转移机构。强化政府引导与服务。整合强化国家技术转移管理机构职能，加强对全国技术交易市场、技术转移机构发展的统筹、指导、协调，面向全社会组织开展财政资助产生的科技成果信息收集、评估、转移服务。引导技术转移机构市场化、规范化发展，提升服务能力和水平，培育一批具有示范带动作用的技术转移机构。

加强高校、科研院所技术转移机构建设。鼓励高校、科研院所在不增加编制的前提下建设专业化技术转移机构，加强科技成果的市场开拓、营销推广、售后服务。创新高校、科研院所技术转移管理和运营机制，建立职务发明披露制度，实行技术经理人聘用制，明确利益分配机制，引导专业人员从事技术转移服务。

加快社会化技术转移机构发展。鼓励各类中介机构为技术转移提供知识产权、法律咨询、资产评估、技术评价等专业服务。引导各类创新主体和技术转移机构联合组建技术转移联盟，强化信息共享与业务合作。鼓励有条件的地方结合服务绩效对相关技术转移机构给予支持。

《促进科技成果转移转化行动方案》中有如下表述：

（四）强化科技成果转移转化市场化服务。……13. 健全区域性技术转移服务机构。支持地方和有关机构建立完善区域性、行业性技术市场，形成不同层级、不同领域技术交易有机衔接的新格局。在现有的技术转移区域中心、国际技术转移中心基础上，落实"一带一路"、京津冀协同发展、长江经济带等重大战略，进一步加强重点区域间资源共享与优势互补，提升跨区域技术转移与辐射功能，打造连接国内外技术、资本、人才等创新资源的技术转移网络。14. 完善技术转移机构服务功能。完善技术产权交易、知识产权交易等各类平台功能，促进科技成果与资本的有效对接。支持有条件的技术转移机构与天使投资、创业投资等合作建立投资基金，加大对科技成果转化项目的投资力度。鼓励国内机构与国际知名技术转移机构开展深层次合作，围绕重点产业技术需求引进国外先进适用的科技成果。鼓励技术转移机构探索适应不同用户需求的科技成果评价方法，提升科技成果转移转化成功率。推动行业组织制定技术转移服务标准和规范，建立技术转移服务评价与信用机制，加强行业自律管理。15. 加强重点领域知识产权服务。实施"互联网+"融合重点领域专利导航项目，引导"互联网+"协同制造、现代农业、智慧能源、绿色生态、人工智能等融合领域的知识产权战略布局，提升产业创新发展能力。开展重大科技经济活动知识产权分析评议，为战略规划、政策制定、项目确立等提供依据。针对重点产业完善国际化知识产权信息平台，发布"走向海外"知识产权实务操作指引，为企业"走出去"提供专业化知识产权服务。

二、科技成果转移转化信息平台

科技成果转移转化信息平台建设目标是建立国家和地方科技成果信息共享平台，加强科技成果信息交汇，能够提供信息检索、加工与分析、评估、经纪等服务。

《中华人民共和国促进科技成果转化法》中有如下表述：

第三十条国家培育和发展技术市场，鼓励创办科技中介服务机构，为技术交易提供交易场所、信息平台以及信息检索、加工与分析、评估、经纪等服务。

《国家技术转移体系建设方案》中有如下表述：

（十七）强化信息共享和精准对接。建立国家科技成果信息服务平台，整合现有科技成果信息资源，推动财政科技计划、科技奖励成果信息统一汇交、开放、共享和利用。以需求为导向，鼓励各类机构通过技术交易市场等渠道发布科技成果供需信息，利用大数据、云计算等技术开展科技成果信息深度挖掘。建立重点领域科技成果包发布机制，开展科技成果展示与路演活动，促进技术、专家和企业精准对接。

《促进科技成果转移转化行动方案》中有如下表述：

2. 建立国家科技成果信息系统。制定科技成果信息采集、加工与服务规范，推动中央和地方各类科技计划、科技奖励成果存量与增量数据资源互联互通，构建由财政资金支持产生的科技成果转化项目库与数据服务平台。完善科技成果信息共享机制，在不泄露国家秘密和商业秘密的前提下，向社会公布科技成果和相关知识产权信息，提供科技成果信息查询、筛选等公益服务。3. 加强科技成果信息汇交。建立健全各地方、各部门科技成果信息汇交工作机制，推广科技成果在线登记汇交系统，畅通科技成果信息收集渠道。加强科技成果管理与科技计划项目管理的有机衔接，明确由财政资金设立的应用类科技项目承担单位的科技成果转化义务，开展应用类科技项目成果以及基础研究中具有应用前景的科研项目成果信息汇交。鼓励非财政资金资助的科技成果进行信息汇交。4. 加强科技成果数据资源开发利用。围绕传统产业转型升级、新兴产业培育发展需求，鼓励各类机构运用云计算、大数据等新一代信息技术，积极开展科技成果信息增值服务，提供符合用户需求的精准科技成果信息。开展科技成果转化为技术标准试点，推动更多应用类科技成果转化为技术标准。加强科技成果、科技报告、科技文献、知识产权、标准等的信息化关联，各地方、各部门在规划制定、计划管理、战略研究等方面要充分利用科技成果资源。

《北京市促进科技成果转化条例》中有如下表述：

第二十八条支持企业、研发机构、高等院校、行业协会等单位通过技术交易市场开展信息发布、供需对接、询价、招标、拍卖、挂牌等活动。第三十条市科学技术部门应当会同有关部门建立全市统一的科技报告制度和科技成果信息系统，依法向社会公布科技项目实施情况以及科技成果和相关知识产权信息，提供科技成果信息查询、筛选等公益服务。

利用本市财政资金设立的科技项目的承担者应当在项目结题时向市科学技术部门和项目主管部门提交科技报告，并按照规定将科技成果和相关知识产权信息汇交到本市科技成果信息系统。

第四节　技术商品

技术活动不同于一般商品的生产，总有相当一部分研究与开发（R＆D）活动的技术成果不是为了交换或转让，而是为了满足某个企业或经济组织自身的需要，以生产具有竞争优势的产品。因此，技术的经济属性始终是劳动产品。

一、技术商品的内涵

技术商品是用来交换的技术。具体地讲，是通过在生产中应用，能为使用者创造经济利益的具有独占性的用于交换的技术。它是能够通过市场交换实现技术的传播扩散进而转化为生产力的技术成果以及技术性劳务。

科学技术成果不一定都可以转化为商品，技术商品还有其特定的范围。

（1）基础研究成果不纳入技术商品的范围，因为基础研究成果不能在短期内投入生产领域应用。

（2）公益性技术成果也不纳入商品范围之内。

（3）不成熟的技术成果也不能成为商品。因为它不但不能创造财富甚至可能起到破坏作用。

（4）公众所熟知的技术，或可以轻易取得的技术，不能成为商品。

二、技术商品的特征

技术作为商品，具有一般商品所具有的本质特征，同时作为特殊商品，在生产、交换、流通及消费过程中又有其特定的运动规律，具有明显区别于一般商品的特殊性。这主要表现在以下10个方面。

1. 技术商品的无形性

技术商品主要是脑力劳动创造出来的成果，是以信息状态存在的，本身没有独立的物质形态，不可以用实物对比手段衡量其质量，不像一般商品那样容易鉴别。由于技术商品的无形性，它必须依附于一定的载体才能扩散和转移。

2. 技术商品品种、数量的单一性

一般物质商品多是重复生产、批量生产，同一时期多家企业可以生产同一产品。技术商品则不然，技术成果的新颖性、创造性决定了技术商品在一定地域或国际范围内是独一无二的，而且是专用的。它具有非同一性、非横向可比性。

3. 技术商品使用价值的间接性

技术商品不像一般商品那样买来可以直接使用，而是一个间接的使用过程，具体表现在：首先，买方在引进技术后，必须经过一个消化吸收创新的过程，才能使其效用发挥出来；其次，必须融合于一定的劳动资料和劳动对象中，即通过一个技术物化的过程，其使用价值才能表现出来；最后，技术效用还受到买方的技术消化能力和使用条件的制约，反映在技术交易中，决定了交易的长期性和风险性。

4. 技术商品使用价值的共享性

由于技术商品是信息产品，就某一个技术商品，可以有众多的买方同时共同、完整地享有此技术，而丝毫不使该技术的使用价值的数量减少。共享不会使技术商品使用价值的质量降低。

5. 技术商品使用价值的过渡性

技术商品买来之后，需要一个再学习、再创造、再投资的过程，才能应用于物质生产过程，成为物化生产财富的手段，并为生产者熟练掌握，使该技术为生产所用并与生产结合为一体，实现其使用价值。因此，买卖和运用技术商品，不是一个简单的买卖环节，而是一个实现技产转移的渗透过程，一般称这个过程为技术商品使用价值的过渡性。

6. 技术商品使用价值的不灭性

商品的使用过程就是消费过程，实物商品的消费或是本身的消失，或是改变了自己的物理形态、几何形状、化学性质之后转移到新产品之中。当然，技术也有寿命，它的商业寿命终结时只是失去交换价值，不会失去使用价值。

7. 技术商品使用价值的增值性

技术商品的使用，是创造性劳动的潜在价值进一步释放和制造的过程。技术商品在现实生产的使用过程中，产生着远超过其价值量的扩张能力，从而为使用者带来超额利润。

8. 技术商品价值计算的概略性

一般商品的价值是由生产该商品的社会必要劳动时间决定的，这种社会必要劳动时间又是以简单劳动为尺度，在重复的模式化的物质交换过程中形成的。技术商品不存在一个社会平均的必要劳动时间作为评价的社会标准，只能以消耗在个别产品生产过程中的全部劳动量为基础作概略的估算。

9. 技术商品寿命的无形耗损性

技术商品是"无形商品"，不存在有形耗损，它的寿命只决定于无形耗损这一个因素。技术商品分自然寿命与商业寿命，自然寿命是指该项技术从诞生到第二代技术取代的这段时间；商业寿命是指技术商品从诞生到全面推广这段时间。

10. 技术商品可以多次有偿转让

技术商品可以是技术的使用权。当技术使用权作为商品成交后，技术的所有权的不一定转移，卖主仍掌握所有权或特有权，从而可以多次转让技术的使用权。

三、技术商品的使用价值与价值

技术商品区别于普通商品之处就是它的使用价值和价值有其特殊性，影响技术商品的定价的因素也很多。

（一）技术商品的使用价值

因此技术商品不仅具有一般商品的使用价值，又具有自己特殊性。相对于一般商品，技术商品的使用价值有以下特殊性[1]。

1. 技术商品使用价值的增值性

一般物质商品，只是在使用过程中被消耗，将其价值转移到新产品中去，它本身并无增值作用。而技术商品在使用过程中，会产生远远超过其自身价值的价值，从而给新产品带来超额利润，这就是技术商品使用价值的增值性。

2. 技术商品使用价值的扩张性

实物商品的使用价值是在其生产过程中就确定了的，例如某种车辆用于某种运输等。而技术商品的使用价值虽在生产中也有一定的目标和方向，但在使用过程中经过某种适应性改变，其使用价值可以不断扩张。比如将现有技术加以系统组合，可以使其使用价值巨增，美国阿波罗宇宙飞船就是将现有技术加以系统组合，从而创造了划时代的奇迹。

3. 技术商品使用价值显示的复杂性

一般物质商品的使用价值是直接显示的，而技术商品使用价值的显示就比较复杂，它不仅取决于技术商品本身的质量和水平，还取决于买方对吸收该项技术具备何种条件。如买方对这项技术的消化吸收能力，买方是否具备与这项技术相应的人员、资金、设备、材料等；买方是否具备与新技术相适应的管理水平；是否有良好的市场条件，使利用新技术生产出来的产品在市场上有竞争力，等等。

4. 技术商品使用价值的共享性

卖方将技术商品售与买方使用后，卖方仍掌握着这一技术，并可按专利法的规定，继续转让这一技术，更让多的人掌握使用这一技术。这就是技术商品的共享性。每一位享受者都可获得完整的技术商品，不会因共享而减少技术商品的使用价值。

---

[1] 杨水旸，王建华，张鸿，2002. 技术经纪人 [M]. 北京：中国经济出版社.

（二）技术商品的价值

根据马克思价值劳动论，技术商品的价值是凝结在其中的人类抽象劳动。技术商品中脑力劳动的耗费比较多，劳动复杂程度较高而已。

四、技术商品的交易模式

技术合同是当事人就技术开发、转让、许可、咨询、投资或者服务订立的合同。

1. 技术开发

当事人之间就新技术、新产品、新工艺、新品种或者新材料及其系统的研究开发所订立的合同。技术开发合同包括委托开发合同和合作开发合同。

技术开发的途径归纳起来并不多，主要有独创型的技术开发、引进型的技术开发、综合延伸技术开发、总结提高型技术开发等几种。

2. 技术转让

合法拥有技术的权利人，将现有特定的专利、专利申请、技术秘密的相关权利让与他人所订立的合同。

技术转让是技术市场的主要经营方式和范围。技术转让是指技术商品从输出方转移到输入方的一种经济行为。对输出方来说是技术转让，对输入方来说是技术引进。以技术转让与引进为主要内容的技术贸易已成为国际上传播技术的重要方式。

技术转让经纪工作的重点：弄清和核实转让技术的权属；重视转让技术的市场调查；慎重选择技术的买方或卖方；为非专利技术转让严守技术秘密；关注地区差异。

3. 技术许可

是合法拥有技术的权利人将现有特定的专利、技术秘密的相关权利许可他人实施、使用所订立的合同。

技术转让和技术许可的区别。技术转让合同是合法拥有技术的权利人，将现有特定的专利、专利申请、技术秘密的相关权利让与他人所订立的合同。技术许可合同是合法拥有技术的权利人，将现有特定的专利、技术秘密的相关权利许可他人实施、使用所订立的合同。

技术转让合同和技术许可合同有一个首要的本质区别，即，技术转让合同是需要将技术进行权利归属的转让，相当于是一个相关技术权利的买断合同；而技术许可合同并不发生技术权利归属的变化，只是将该技术的使用权有偿提供给对方，是一个有偿使用的合同。

4. 技术咨询

对特定技术项目提供可行性论证、经济技术预测、专题调查、分析评价等咨询报告。

技术经纪人及其机构在开展技术经纪业务服务中，应当高度重视技术咨询经纪业务的开拓与发展，把技术咨询作为促进技术纪经业务开展的重要手段。

被咨询方不对委托方的决策结果负责，提供的是参谋方案。

5. 技术服务

拥有技术的一方为另一方解决某一特定技术问题所提供的各种服务。

6. 技术投资和技术融资

技术投资，以技术出资，是技术作为商品的间接体现，常表述为"科技成果作价入股"，根据我国《公司法》，技术可以用于对企业出资、增资，实现技术入股。技术融资，技术作为商品的简介体现一是利用技术的潜在市场价值吸引外部投资（风险资本）；二是把技术进行质押，从金融机构获取融资。

第五节　技术的价格与支付

一、技术价格的确定

1. 技术价格的含义

技术价格是指技术接受方为取得技术所愿支付的货币。技术价格被称为补偿、酬金、收入、收益、提成费、使用费、服务费等。

2. 技术价格的特点

（1）技术的价格确定往往决定于使用价值而不以其价值为基础。

（2）技术价格与一般商品的表示方法不同，技术价格评估是亟须探索的新领域。

（3）技术价格的构成也和一般商品有显著区别，既有研发成本问题，也有国有资产保值增值问题，还有技术效用的问题。

二、技术价格的确定

1. 技术价格的构成

技术贸易中的技术价格由以下四个部分构成。

（1）技术转让的直接费用，包括基础费、技术服务费、项目特别设计费、技术资料费、项目联络费、技术培训费等。

（2）沉入成本，指所转让技术的研发费用。

（3）机会成本，指供方因转让技术可能失去的收益。

（4）技术受方能够得到的收益。

2. 影响技术价格的其他因素

技术价格构成要素是决定技术价格的主要因素，但技术定价是很复杂的，受到多种因素的制约和影响。影响技术价格的其他因素主要有以下几点。

（1）技术的性质。

（2）订立合同的条件。

（3）技术的可替代性。

（4）技术接受方的意愿和条件。

（5）供受双方国家的政治和法律环境。

总之，影响技术价格的因素是多方面的，除了以上总结的各种因素之外，还有许多其他因素。比如，技术供方的定价目标和策略，供受双方讨价还价的能力，以及某一项引进技术的社会效果，是否会带来污染等环保问题，或能提供多少就业机会等。这些因素都不同程度地影响着引进技术的价格。在技术贸易中，供受双方都要根据具体的技术项目全面、认真、细致地分析各种因素，按自己的订价意图，确定一个可以接受的价格。

第二章
技术转移与科技成果转化

科技成果转移转化是实现创新驱动的战略选择。习近平同志《在十八届中央政治局第九次集体学习时的讲话》（2013年9月30日）指出，"加快科技体制改革步伐，破除一切束缚创新驱动发展的观念和体制机制障碍。"中央从战略上提出了创新驱动，为科技成果转移转化提供了发展的大好机遇。

第一节　转移转化基本概念

一、技术转移概念的提出及其在我国的发展

（一）联合国文件对技术转移的界定

技术转移在现实生活中的发生和学术界对技术转移的研究由来已久，但是和我国现行政策直接关联的技术转移概念，是在1964年召开的第一届联合国贸易发展大会（United Nations Conference on Trade and Development，UNCTAD）上，作为解决南北问题的重要战略被提出的。UNCTAD把国家之间的技术输入与输出统称为技术转移。1985年6月5日，联合国制定《国际技术转移行动守则（草案）》中则把技术转移定义为关于制造一项产品，应用一项工艺或提供一项服务的系统知识的转让，但不包括只涉及货物出售或只涉及出租的交易。随着技术转移研究和实践工作的不断发展，技术转移一词的概念和内涵不断发展变化，不同的学者对这一概念有着不同的界定和阐述，技术转移成为国际上通用的一个术语。

（二）代表性行业组织对技术转移的界定

1. 美国大学技术经理人协会对技术转移的界定

美国大学技术经理人协会（the Association of University Technology Managers，AUTM）是经营大学科研成果的非营利性技术转移组织之一，也是全球目前最大的技术转移行业组织，覆盖了北美地区全部的大学技术转移办公室。

AUTM把技术转移界定为：是科学研究机构向其他机构团体转移新技术和创新的使用和商业化的权利。技术转移这一过程主要包括创新、通过公开科学研究为创新申请专利，以及向产业界的商业化发展提供使用创新的许可权。

2. 欧洲科学技术转移职业联盟对技术转移的界定

欧洲科学技术转移职业联盟（Association of European Science & Technology Transfer Professional，ASTP）也是有很大国际影响力的技术转移专业组织，它对技术转移的定义是：技术转移活动总体上包括与识别、记录、评估、保护、市场化、技术许可（包括商标许可）以及知识产权管理等相关的

活动。

3. 英国大学研究与产业联合协会

英国大学研究与产业联合协会（The Association for University Research and Industry Links, AURIL）则强调"知识转移"（Knowledge Transfer），认为知识转移是技术、技巧、经验、技能从一个机构向另一个机构的转移，从而促进创新，带来经济效益，推动社会发展。

（三）我国有关政策文件对技术转移的界定

1. 《国家技术转移示范机构管理办法》对技术转移的界定

2007年9月10日科技部发布的《国家技术转移示范机构管理办法》借鉴了UNCTAD的定义，把技术转移界定为："制造某种产品、应用某种工艺或提供某种服务的系统知识，通过各种途径从技术供给方向技术需求方转移的过程。"。

2. 国家标准《技术转移服务规范》对技术转移的界定

2017年9月，由国家质检总局和国家标准委发布、施行的国家标准《技术转移服务规范》（GB/T 34670，2017）在《国家技术转移示范机构管理办法》给出的技术转移定义的基础上，有所延伸。《国家技术转移服务规范》规定：技术转移是指制造某种产品、应用某种工艺或提供某种服务的系统知识，通过各种途径从技术供给方向技术需求方转移的过程。技术转移的内容包括科学知识、技术成果、科技信息和科技能力等。

二、科技成果转化概念的内涵与特点

"科技成果转化"有时简称为"成果转化"，在我国的法律政策文件中经常出现，是一个能较准确反映我国技术转移特色的术语。

《中华人民共和国促进科技成果转化法》第二条，本法所称科技成果，是指通过科学研究与技术开发所产生的具有实用价值的成果。职务科技成果，是指执行研究开发机构、高等院校和企业等单位的工作任务，或者主要是利用上述单位的物质技术条件所完成的科技成果。

本法所称科技成果转化，是指为提高生产力水平而对科技成果所进行的后续试验、开发、应用、推广直至形成新技术、新工艺、新材料、新产品，发展新产业等活动。

三、技术转移与科技成果转化的一体化

从概念、内涵和应用场景等方向比较，不难发现技术转移和科技成果转化两者的两者联系紧密，也有着一定的区别。

（一）技术转移与科技成果转化的联系

（1）都是为了科技成果能够获取价值。技术转移与科技成果转化两者都和科技成果产业化紧密相关，两者的最终目的都是实现科技成果的产业化，从事实现科技成果的经济价值和社会价值，促进经济和社会的发展。

（2）都是以科技成果为工作的基本点。技术转移中所指的技术，与科技成果转化中的科技成果，实际上所指的内容是相同的，其来源都是高校、科研院所这类具有丰富的科研资源和较强的科研能力、不直接参与市场经济活动的组织。

（二）技术转移与科技成果转化的区别

（1）产生的社会文化背景不同。技术转移的概念虽然借联合国的影响力得以确立，但是和美国等西方发达国家的科技管理体制、社会文化关系密切。

美国诸多著名大学为私立学校，来自校友等各方的捐赠基金在其运营资金中占有重要比例，甚至很多美国顶级名校都是靠捐赠创建的。与之相对应的是，西方国家有完善的有关捐赠的法律体系。在这种社会文化中，大学具有明显的社会公益属性，大学创办企业从社会谋取经济利益与其社会文化、

大学的社会公益属性相冲突，将会极大地影响人们对于捐赠该校的积极性。所以，美国的高校没有设立"校办企业"的历史和文化，而是通过专利授权、转让等方式，将科技成果转让给市场上的企业（一般情况下，这些企业和大学并没有股权关系），由企业完成科技成果的产业化生产、销售等产业化运营，从而实现科技成果促进社会和经济发展的过程。

和"技术转移"相比，"科技成果转化"一词来源于我国的科技政策、法律和管理实践。在我国，高校、科研院所基本是由国家设立，我国政府基本上不限制高校、科研院所创办企业。高校、科研院所创办企业是大学补偿其运营经费、实现科技成果产业化的重要途径，是大学科技成果实现自身价值的重要方式。另外，我国绝大多数的民营企业成立于改革开放后，发展时间较短，企业经营水平和技术水平有限，吸收先进技术的能力有限，能够对高校和科研院所的高科技成果进行产业化经营的企业少。除此之外，我国技术市场发展时间短、不够成熟，产学研合作不密切。在这种情况下，我国很多高校、科研院所成立企业，对其所研发的科技成果进行产业化，涌现出一批知名的"校办企业""院办企业""所办企业"。

（2）侧重点不同。技术转移的概念强调技术本身和及其权益在不同主体之间的转移过程。参与技术转移的主体可以分为技术输出方、技术输入方。技术转移的过程中，技术一般是从高校、科研院所转移到企业。高校、科研院所主要负责科学研究、技术研发，研发成功后，由产业界中的企业完成后续的中试、产业化生产、销售等经营活动。

科技成果转化的概念侧重于科技成果实现商品化、产业化的全过程，即科技成果不断成熟和完善，使之达到商品化的程度，从而能够走向市场，产生良好的社会和经济效益，其本质是科技成果由知识性商品、成果转化为供市场销售的物质性商品、服务的全过程，是一种带有科技性质的经济行为，其过程一般包括小试、中试、产业化生产和销售几个阶段。

（三）融合的现实与趋势

2017年7月19日，中央全面深化改革领导小组第三十七次会议审议通过《国家技术转移体系建设方案》。强调要建立和完善国家技术转移体系，要聚焦影响长远发展的战略必争领域，遵循技术转移规律，发挥市场机制作用，加强技术供需对接，打通科技转化通道，强化联动协同，加快推动重大科技成果转化应用，更好发挥技术转移对提升科技创新能力、促进经济社会发展的重要作用。

近年来，人们越来越多地意识到核心技术对一个产业乃至一个国家和民族发展的重要性。1949年以后，我国充分发挥社会主义制度优势，集中力量办大事，建成了世界上最全的产业体系，完成从农业国向工业国的转变。我国在一些关键产业核心技术领域出现了"跟跑、并跑、领跑"三跑并存的局面；大飞机、液晶面板、移动通信、高速列车等一大批面向国民经济主战场的产业关键技术迅速发展成熟，得以推广应用，为我国在世界经济舞台上赢得了竞争的优势，为中华民族的伟大复兴奠定了扎实的基础。在我国经济和社会进入发展的新时代，我国需要更加深入地实施创新驱动发展战略，进一步推动技术转移，实现高效率的技术转移和科技成果的产业化，为我国经济和社会发展注入新动能。

第二节　转移转化基本规律

科技成果的转移转化工作中有一些基本的规律，反映利益相关方的关切点和基本态度，认知并充分使用这些规律对开展工作大有裨益。

一、宏观规律

1. 市场为本

技术转移是一种带有科技性质的经济行为，体现市场原则，一般情况下符合供需规律，颠覆性技术除外。价格规律同样也会在技术转移中有充分的体现，都必然涉及有关技术价格、所有权转移、利益分配以及相应的交易契约问题。只有符合市场经济规律的技术转移才能获得持续和成功。在任何一个环节或者阶段背离市场经济规律都可能导致技术转移受阻。

2. 环境依赖

良好的营商环境是一个地区核心竞争能力和潜在发展能力的重要标志。一个区域的营商环境就包括了包括当地金融环境、投资环境、知识产权保护环境等多个方面的内容。良好的营商环境不仅有利于吸引外部技术，还能够有效激活区域内部技术的流通，促进可持续的创新发展。

3. 权利敏感

技术转移对于权利非常敏感。市场经济在很大程度上是权利经济，私权利是利益分配的基础，所以如果没有相应的权利，就没有办法去做分配。特别是在用一项技术进行专利申请的时候，一定要"权为用而确，用为利而谋"。申请专利是为了使用，更是为了谋求利益。如果申请了大量专利，但是都没有把它充分用起来，或者其本身就没有应用的价值，其实是不利于技术转移的。

4. 业务综合

技术转移是一项综合性很强的业务，涉及多个方面的工作内容。从流程和关键节点的视角来看，技术转移涉及研发立项、研发开展、专利申请、价值评估、合同签订等方面。每一个环节都需要专业化的人员进行操作，而且不同环节之间也经常相互融合。对于一项综合性业务，每个个体的能力都是有限的。那么如何才能更好地实现技术转移？需要的不是个人掌握全部的东西，而是要有一个团队，在团队分工与合作的基础上共同完成。

5. 结局多赢

技术转移活动会带来结局多赢。经济学中有一个帕累托最优的概念，在交易中，在没有使任何人境况变坏的前提下，使得至少一个人变得更好。而在技术转移中，技术供给方、中介服务方和技术接受方都可以获得利益，所以是一个多方共赢的结局。

6. 人本优先

这里人本的意义是人力资本，而不仅仅是通常理解的以人为本。人力资本是体现在人身上的资本，即对生产者进行普通教育、职业培训等支出和其在接受教育的机会成本等价值在生产者身上的凝结，它表现在蕴含于人的各种生产知识、劳动与管理技能和健康素质的存量总和。人力资本同物质资本一样，不是天生的，而是通过投资得到的。只有经过一系列的教育、培训，才会具有一定的生产知识、劳动技能，从而才可称为人力资本。要进行技术转移，就必须做到"人本"。

二、实践规律

1. 目标至上

技术转移是在特定目标导向下开展的。技术转移并不是为了把技术从一个机构或地域移动到另外一个机构或者地域，而是为了解决现实问题。

2. 用户主导

技术转移的过程推进是需要用户主导的。技术转移一定会涉及用户，而用户主导通常是因为用户是付款方。这里的用户讲的是技术的用户，而不一定是最终产品的用户，在"现金为王"的时代，掌握资本的用户在很大程度上可以主导技术转移活动。

3. 实例说服

技术转移对于实例有很强的需求。技术作为一种商品而言，具有无形性，不像一般商品一样能够给人直观的视觉感受或者功能体验。而这也是制约技术转移的重要因素。实现技术转移的一大阻碍就是很难有实际的例子。技术转移的成果就绪论实际上与实例说服的思想一致，即技术的成熟度越高，则越接近于形成实例，技术转移就越容易实现。

4. 资金多元

用于支撑技术转移的资金来源也是比较多元的。具体来源包括财政拨款的科研业务经费、政府设立的投资基金、社会上的产业基金、企业内部投入等。在技术转移的实践中，通过整合不同的资金来源，一方面可以保证技术专利的顺利开展，另一方面也是降低风险的一种方式。

5. 对价组合

对价是指为换取另一个人做某事的允诺，某人付出的不一定是金钱的代价，在法律意义上看是一种等价有偿的允诺关系。从技术转移来看，在支付技术转移的资金时，可以有多种支付方式的选择，包括现金、股权、期权等。

在技术转移的实际操作中，付费经常被分为入门费和分成费。入门费一般在初期一次付清，而分成费通常要附带诸多条件，所以技术转移费用支付的结构也是一个需要重点关注的问题。这种"入门费+分成费"的支付方式一方面降低了技术受让方因一次性支付所有费用需要承担的风险；另一方面，在一定程度上通过"分成费"方式实现了技术供给方和技术需求方的利益共享，有利于促进双方在技术运用过程中的进一步合作。

6. 操作专业

技术转移的操作是非常专业的。包括技术的二次开发、模式设计、商务谈判、合同撰写、组织资源、市场推广等在内，这些都是专业的。

技术转移的过程一般就是技术产业化的过程，其间技术形态会发生变化，需要整合大量的要素资源来完成转移转化工作，所以技术转移的过程中充满了组织创新和模式创新。

第三节　我国转移转化的创新发展

改革开放以来，根据我国技术转移发展过程中重大事件发生、政策制定实施的时间，我国技术转移大致可以划分为初步探索阶段、全面展开阶段、深入推进阶段、创新发展阶段。

一、初步探索阶段（1978—1983 年）

1978 年 12 月，党的十一届三中全会召开，开启了我国改革开放历史新时期。十一届三中全会后，围绕着有偿服务、科研拨款、科研人员兼职等，我国逐渐开展了科技体制改革探索工作。

1980 年 10 月，中科院物理所研究员陈春先出访美国，128 号公路和硅谷的高新技术企业使其深受启发。同年 12 月，陈春先在中关村创办了我国第一家民营科技企业——北京等离子体学会先进技术发展服务部，被视为中国历史上第一个民办科研机构，也是我国民营科技企业的前身。陈春先被称为"中关村民营科技第一人"。1980—1984 年，北京中关村出现了 40 多家由科技人员创办的民营科技企业，形成了"电子一条街"。这一模式在全国许多大城市得到推广，出现了武汉东湖的科技一条街、沈阳的三好街、成都的电子一条街等。

1982 年 9 月，党的第十二次全国代表大会召开。大会报告特别强调了科学技术对社会和经济发展的重要性，指出"四个现代化的关键是科学技术的现代化"，把科学技术列为国家发展的战略重点。同年 10 月，在全国科学技术奖励大会上，我国政府部门系统归纳总结了在改革开放新时期科学技术工作与经济建设的关系，提出了"经济建设必须依靠科学技术，科学技术工作必须面向经济建设"的战略指导方针（简称"依靠、面向"战略方针）。后来，"依靠、面向"战略方针经过不断地发展，成为指导之后二十余年科技工作，尤其是经济与科技协调发展的基本战略导向。

1983年3月，财政部、国家科委联合印发的《关于放宽技术有偿转让收入留用问题的规定》进一步提出，企业单位每年所得的技术转让净收入在10万元以下的全部由企业留用；超过10万元的，其超过部分50%留给企业，50%上交财政。从此，我国的科技政策开始越来越多地激励高校、科研院所等单位从事技术转移。

总体来说，在这一阶段，我国的技术转移方面的主要工作在于改变过去对科研机构"管得过多、管得过死"的弊病，以科研经费拨款制度为突破口，克服科研机构"吃大锅饭"的弊病，激发科研院所和科研人员走出"象牙塔"、走向市场经济，鼓励科技和生产相结合，在多个方面进行了改革的尝试。改革促使一批科研人员走出研究所，面向社会和市场，开展技术经营、成果转化，进行多种形式的技术转移活动。经过改革，我国初步建立了科研成果管理制度、现代科研院所管理制度，为技术转移进一步发展建立了初步的制度、市场和社会条件。

二、全面展开阶段（1984—1998年）

在初步探索阶段，我国解放了思想，积累了技术转移的相关经验，奠定了必要的政策、法律等基础，束缚技术转移发展的体制机制开始进一步松动。在此基础上，我国的技术转移事业开始进入全面展开阶段，更加注重科技与经济相结合。

1984年2月22日，国家科委发布了《关于科学技术研究成果管理的规定（试行）》，明确了科技成果的定义，建立了科技成果分级管理制度。

1984年3月12日，《中华人民共和国专利法》经第六届全国人大常委会第四次会议审议通过，于1985年4月1日起施行，并于1992年、2000年、2008年、2020年先后进行了4次修改。

1984年10月20日，中国共产党十二届三中全会在北京举行。会议通过了《中共中央关于经济体制改革的决定》，在经济改革方面取得了划时代的突破：突破了把计划经济同商品经济对立起来的传统观念；提出计划经济是公有制基础上的有计划的商品经济，必须自觉运用价值规律；商品经济的充分发展是社会经济发展不可逾越的阶段。决定的实施为我国技术转移事业的发展创造了良好的政治和社会环境。

1985年3月，中共中央作出了《关于科学技术体制改革的决定》，明确把"依靠、面向"战略方针定为我国科学技术体制改革的战略方针。中共中央提出了一系列改革决定：在运行机制方面，改革科研院所的财政拨款制度，开拓技术市场，克服单纯依靠行政手段管理造成的"包得过多、统得过死"的弊病；在组织结构方面，要改变过多的研究机构与企业相分离，研究、设计、教育、生产脱节，军民分割、部门分割、地区分割的状况，促进研究机构、设计机构、高等学校、企业之间的协作和联合；在人事制度方面，改变对科学技术人员管的过多、人才流动受到制约、智力劳动提现不到物质和精神待遇上；同时还有扩大研究机构自主权，实施科研院所分类改革、科研经费的分类管理，探索科学基金制、科研课题制、同行评议制、技术合同制，创建科技园区，开辟技术市场，鼓励技术入股以及科技人员创办或领办企业，促进科技成果的商品化，等等。《关于科学技术体制改革的决定》是在总结我国之前的科技体制改革经验和成果的基础上，对我国科技体制改革作出的重大部署，影响深远，是我国科技体制方面的里程碑事件。

1986年1月23日，国务院颁布《关于科学技术拨款管理的暂行规定》，进一步改革我国科技体制的拨款制度，推动科研院所分类改革，明确规定国家重大科技项目普遍实施合同制；对从事医药卫生、劳动保护、计划生育、灾害防治、环境科学等社会公益事业的研究单位，从事情报、标准、计量、观测等技术基础工作的单位和农业科学研究单位，其科研事业费仍由国家拨给，实行包干。

1986年3月24日，国家科学技术委员会发布《关于科研单位分类的暂行规定》，提出科学、系统的科研院所分类方法，是关于科研院所分类改革的一个重要文件。该文件将科研院所分为技术开发类型、基础研究类型、多种类型（同时进行基础研究、技术开发两种类型工作，其中每种类型工作均占相当的比重，但又均不占明显优势的单位属多种类型）以及社会公益事业、技术基础、农业科学研究类型，在总结以前科研院所经费分类改革经验的基础上，进一步明确了科研院所分类的指标、依据，为下一阶段的行业科研院所转制奠定了基础。

为了促进和规范技术市场的发展，1986年8月，国家科委制定并颁布了《技术市场管理暂行办法》，指出"技术市场是我国社会主义商品市场的重要组成部分"，确立了技术市场的地位，明确了技术市场的业务范围、协调指导机构、技术市场管理、技术商品服务机构、技术权益、技术交易的价款、支付和税收等方面的内容。该文件的出台为后来我国技术市场的蓬勃发展奠定了政策和法律基础。

1987年6月23日，第六届全国人大常委会第二十一次审议通过了《中华人民共和国技术合同法》，实现了科技成果的商品性质和交换关系的法制化。1989年3月15日，国务院发布了《技术合同法实施条例》；1991年1月21日，国家科委于发布了《技术合同仲裁机构管理暂行规定》；1990年7月27日，国家科委发布了《技术合同认定规则》，基本健全了技术合同法律制度。2020年5月28日第十三届全国人民代表大会第三次会议通过《中华人民共和国民法典》，《合同法》并入《民法典》。

1988年5月3日，国务院发布《关于科技体制改革若干问题的决定》，鼓励科研机构切实引入竞争机制，积极推行各种形式的承包经营责任制，使科研机构和科研人员的利益与其创造的社会和经济效益相挂钩，鼓励科研机构和科技人员为社会创造财富，对科技进步做出贡献，改善自身的工作条件和物质待遇。

1988年8月，国务院批准下发了国家科委上报的《关于动员和组织科技力量为沿海地区经济发展服务的决定》报告，国家科委开始实施"火炬计划"。该计划是我国发展中国高新技术产业的指导性计划，其宗旨是促进高新技术成果商品化、高新技术商品产业化和高新技术产业国际化。随着计划的发展，该计划还包括创造环境、建设高新区和创业服务中心、实施火炬计划项目、国际化培训人才和建设特色产业基地六项内容。在火炬计划的推动下，各地积极创办高新技术产业开发区。

1988年6月，为保护私营企业的合法权益，国务院发布了《中华人民共和国私营企业暂行条例》。1993年6月28日，国家科委、国家体改委发布了《关于大力发展民营科技型企业若干问题的决定》，提出了六条政策意见。

1992年3月，国家计委、国家经委、国家科委、国防科工委、国家教委、中国科学院联合发起筹备成立中国技术市场协会。中国技术市场协会努力宣传和促进科技创新创业，推动科技成果转移转化和高新技术产业化进程，积极开展技术服务，培训技术市场建设人才，为推进现代技术市场法制建设、规范交易行为、维护技术市场运行秩序作出了积极的贡献。

1993年4月，国家科委在南京召开第一次生产力促进中心工作会议，从那以后，各级政府、科技主管部门和行业主管部门在政策、人才和资金等方面大力支持生产力促进中心建设。1997年，科技部发布了《生产力促进中心管理办法》，并在2003年根据《中华人民共和国中小企业促进法》的规定对该办法进行修订。2004年9月，科技部制定了《关于进一步加快生产力促进中心发展的意见》，强化生产力促进中心承担面向中小企业的先进技术推广、产学研联合等职能，并提出加强国家级示范生产力促进中心的建设。2006年，生产力促进中心工作被纳入国家技术创新工程。2007年7月，科技部发布了《国家级示范生产力促进中心认定和管理办法》，2011年以国科发高〔2011〕173号文对该办法进行了修订，2013年7月以国科发高〔2013〕540号文对该办法进行废止。

1993年7月，第八届全国人大常委会第二次会议审议通过了《中华人民共和国科学技术进步法》，重申"国家实行经济建设和社会发展依靠科学技术，科学技术工作面向经济建设和社会发展"

的基本方针。2007年12月29日，第十届全国人民代表大会常务委员会第十一次会议对《中华人民共和国科学技术进步法》进行了修订，并于2008年7月1日起施行。《中华人民共和国科学技术进步法》鼓励产学研结合，加强军民计划的衔接与协调，强化科技应用，对我国的科学技术进步和科技产业发展起到了巨大的推动作用[1]。

1996年5月，我国制定了《中华人民共和国促进科技成果转化法》，明确了国家科技成果转化的基本概念、基本原则、管理体制、转化方式、法律责任、激励机制和保障措施等一系列基本的制度框架。该法律的颁布实施，有助于规范成果转化中各主体的行为，同时也强调了政府在科技成果转化当中的职责，明确了转化的主要方式。该法注重对科技成果研发单位及其研发人员的激励。

三、深入推进阶段（1999—2011年）

在全面展开阶段，我国科研院所改革探索取得了可喜的成绩，积累了丰富的经验。但随着我国社会和经济的不断发展，我国的科技体制也暴露出不少问题，例如，独立于企业外运行的科研机构过多，条块分割导致机构和专业重复、力量分散，尚未建立起"开放、流动、竞争、协作"的机制，科技体制内部缺乏活力，科研投入强度低且分散，共性技术、关键技术创新少，与企业技术开发结合少，成果转化难等。为了使我国的科技体制能够更好地服务于社会和经济发展，党和国家推动了新一轮的科研院所转制改革。

1999年2月22日，国务院办公厅转发《科技部等部门关于国家经贸委管理的10个国家局所属科研机构管理体制改革意见的通知》。之后，《关于国家经贸委管理的10个国家局所属科研机构管理体制改革的实施意见》《国务院办公厅关于批准国家经贸委管理的10个国家局所属科研机构转制方案的通知》《关于印发国家经贸委管理的10个国家局所属科研机构转制方案的通知》等文件陆续颁布，原国家经贸委管理的内贸局、煤炭局、机械局、冶金局、石化局、轻工局、纺织局、建材局、烟草局、有色金属局10个国家局所属的242个科研院所进行转制改革。经过转制改革，这242个科研院所中，131个进入企业（集团），40个转为企业并实行属地化管理，18个转为中介机构，29个组建为中央直属大型科技企业，8个划转国家粮食储备局、国家黄金局等部门，9个撤销，7个并入高校或其他科研院所。

1999年8月20日，中共中央、国务院发布《关于加强技术创新、发展高科技、实现产业化的决定》，进一步深化科技体制改革，重点内容包括：①推动科研院所企业化转制；②现有社会公益型科研机构要实行分类改革；③发展科技中介服务；④鼓励科技人员创业。

2001年9月10日，国家经济贸易委员会、教育部发布了《关于在部分高等学校建立国家技术转移中心的通知》，决定首批认定基础比较好、科技力量比较强、科研成果比较多的清华大学、上海交通大学、西安交通大学、华东理工大学、华中科技大学、四川大学6所大学的技术转移机构为国家技术转移中心，并明确了国家技术转移中心的主要任务是共性技术的开发和扩散、推动和完善企业技术中心建设、促进高等学校科技成果转化及技术转移、加强国际技术创新合作和为企业提供综合服务。在此基础上，2003年，国家经贸委、教育部、中国科学院印发了《关于建立国家技术转移中心的通知》，推动中科院科研机构的科技资源与产业结合。

风险投资是科技成果转化的助推器。2004年5月，中国证监会发布了《中小企业板实施细则》，同意深圳证券交易所在主板市场内设立中小企业板，并核准了中小企业板实施方案。5月27日，中小企业板在深交所正式启动。2009年10月23日，中国创业板正式开板。

2005年12月，国务院印发《国家中长期科学和技术发展规划纲要（2006—2020年）》，为我国未来的科技发展、技术转移指明了方向、制定了路线。

---

[1] 吴寿仁，2018. 中国科技成果转化40年 [J]. 中国科技论坛（10）：1-15.

2007年3月，第十届全国人民代表大会第五次会议审议通过《中华人民共和国企业所得税法》，对高新技术企业、企业研发活动和技术转让等科技成果转移转化活动实行所得税优惠政策。

2007年9月，科技部印发了《关于印发国家技术转移示范机构管理办法的通知》，开展国家技术转移示范机构的认定工作，并将技术转移机构的管理工作纳入国家创新环境与产业化建设的内容。科技部、教育部、中国科学院发布了《国家技术转移促进行动实施方案》，主要任务是构建新型技术转移体系、健全技术市场法律法规政策保障体系、开展国家技术转移示范工作、培育专业化和高水平的技术转移人才队伍、建立和完善技术转移的投融资服务体系。

2008年12月，国家税务总局印发了《企业研究开发费用税前扣除管理办法（试行）》，企业为获得科学与技术（不包括人文、社会科学）新知识，创造性运用科学技术新知识，或实质性改进技术、工艺、产品（服务）而持续进行的具有明确目标的研究开发活动支出的费用实行税前加计50%扣除。

2011年7月，财政部、科技部印发了《国家科技成果转化引导基金管理暂行办法》。为了贯彻落实该办法，科技部、财政部先后印发了《国家科技成果转化引导基金设立创业投资子基金管理暂行办法》和《国家科技成果转化引导基金贷款风险补偿管理暂行办法》。

在此阶段，我国的技术转移政策有五个重要转变：一是从以往注重载体建设上升到成果转化服务平台建设；二是从实施各类科技计划拓展到实施技术创新工程技术转移行动；三是从推动各类主体实施加强科技成果推广应用和科技成果转化到促进产学研结合；四是从注重财政扶持到注重实施税收优惠政策；五是推动科研院所分类改革，一批科研院所转制为企业，参与市场经济。这些重要的转变有力推进了科技成果转移转化。

四、创新驱动发展阶段（2012年至今）

2012年11月，党的十八大报告提出：创新是引领发展的第一动力，是建设现代化经济体系的战略支撑。加强国家创新体系建设，强化战略科技力量。深化科技体制改革，建立以企业为主体、市场为导向、产学研深度融合的科技创新体系，加强对中小企业创新的支持，促进科技成果转化[①]。自党的十八大以来，在创新驱动发展战略的指引下，党和国家不断出台政策，推动科技体制改革，推进技术转移。

为解决原有科技计划体系的重复、分散、封闭、低效等问题，进一步提高财政资金使用效益，国务院于2014年部署国家科技计划管理改革，计划在2016年底前完成改革主体任务，将原有的"863""973""支撑计划""重大专项"等100多个科技计划组成的国家科技计划体系改革为国家自然科学基金、国家科技重大专项、国家重点研发计划、技术创新引导专项（基金）、基地和人才专项五大类。

2014年10月，国务院发布了《关于加快科技服务业发展的若干意见》，将研究开发、技术转移、创业孵化等纳入科技服务业范畴，重点发展研究开发、技术转移、检验检测认证、创业孵化、知识产权、科技咨询、科技金融、科学技术普及等专业科技服务和综合科技服务，提升科技服务业对科技创新和产业发展的支撑能力。同年，国务院发布了《关于深化中央财政科技计划（专项、基金等）管理改革的方案》，提出统筹衔接基础研究、应用开发、成果转化、产业发展等各环节工作，加强科技与经济在规划、政策等方面的相互衔接。科技计划（专项、基金等）要围绕产业链部署创新链，围绕创新链完善资金链，统筹衔接基础研究、应用开发、成果转化、产业发展等各环节工作，更加主动有效地服务于经济结构调整和提质增效升级，建设具有核心竞争力的创新型经济。明晰政府与市场的关系。政府重点支持市场不能有效配置资源的基础前沿、社会公益、重大共性关键技术研究等公共科

---

① 田巽猎，2019. 科技成果转化中知识产权法律风险防范研究［D］. 中国政法大学（1）.

技活动，积极营造激励创新的环境，解决好越位和缺位问题。

2015年3月，国务院办公厅发布了《关于发展众创空间推进大众创新创业的指导意见》，提出加快发展众创空间等新型创业服务平台。从此，初创企业孵化机构在我国得到较快的发展，同时也逐渐成为我国科技成果转化政策的重要组成部分。

2015年8月，我国修订《中华人民共和国促进科技成果转化法》，于同年10月1日起施行。随后，国务院于2016年2月印发了《实施〈中华人民共和国促进科技成果转化法〉若干规定》，国务院办公厅于2016年4月印发了《促进科技成果转移转化行动方案》。科技部、财政部、教育部、人事部、国家发展和改革委员会、中国人民银行、国家税务总局、国家知识产权局等相关部分陆续出台配套的政策，促进科技成果转化为现实的生产力，推动我国科技成果和社会经济的发展。

2017年9月，国务院印发《国家技术转移体系建设方案》，对于我国技术转移体系建设作出了全面而系统的布局，把促进科技成果转移转化的现有工作和各个环节勾连起来；明确了科技成果转移转化改革方向。

2017年10月，党的十九大召开，我国进入建设中国特色社会主义新时代。习近平总书记在大会报告中指出："深化科技体制改革，建立以企业为主体、市场为导向、产学研深度融合的技术创新体系，加强对中小企业创新的支持，促进科技成果转化。"

2018年5月，科技部印发《关于技术市场发展的若干意见》，对加快发展技术市场、健全技术转移机制、促进科技成果资本化和产业化作出部署。

在这一阶段，国家实施创新驱动发展战略，突破了科技成果转化的体制机制制约，增强了对科技成果转化规律的认识，通过颁发文件、修订法律，对科技成果转移转化进行了系统设计，统筹科研、科技成果转化及产业化各环节，明确高校、科研机构、企业三者之间的定位，将科技成果无形资产管理与国有资产管理区别开来，将科技成果处置权、使用权、收益权下放给高校院所，允许科技成果资产采取协商定价方式成交，大幅提高科技人员奖励与报酬的比例等[①]。

2019年9月30日北京市科委与市人力社保局联合发布《北京市工程技术系列（技术经纪）专业技术资格评价试行办法》，设置了正高级、副高级、中级、初级四个层级，是国内首个单独设置且对四个评价层级全覆盖的职称文件。这个文件的出台，在制度上解决了技术经纪人普遍关心的专业技术职称问题，提高了全社会对技术经纪人的专业认可度。

第四节　我国转移转化的发展趋势

党和国家对创新的部署是科技成果转移转化工作的根本遵循，从业人员必须精准掌握，并能从中挖掘出完成科技成果转化的资源和力量，助力发展。

一、时代背景与战略方向

1. 时代背景

《中国共产党十九届五中全会公报》（以下简称《公报》）（2020年10月29日，中国共产党第十九届中央委员会第五次全体会议通过）对当前我国所处的时代背景和下一步发展的战略方向做了精辟分析和明确阐述。

关于国际形势，《公报》指出："当今世界正经历百年未有之大变局，新一轮科技革命和产业变革深入发展，国际力量对比深刻调整，和平与发展仍然是时代主题，人类命运共同体理念深入人心，同时国际环境日趋复杂，不稳定性不确定性明显增加。"

---

① 吴寿仁，2018. 中国科技成果转化40年 [J]. 中国科技论坛（10）：1-15.

关于国内形势，《公报》指出："我国已转向高质量发展阶段，制度优势显著，治理效能提升，经济长期向好，物质基础雄厚，人力资源丰富，市场空间广阔，发展韧性强劲，社会大局稳定，继续发展具有多方面优势和条件，同时我国发展不平衡不充分问题仍然突出，重点领域关键环节改革任务仍然艰巨，创新能力不适应高质量发展要求，农业基础还不稳固，城乡区域发展和收入分配差距较大，生态环保任重道远，民生保障存在短板，社会治理还有弱项。"

2. 战略方向

《公报》提出的下一步战略方向是"统筹"和"循环"。

关于统筹，《公报》指出："全党要统筹中华民族伟大复兴战略全局和世界百年未有之大变局""统筹发展和安全"。

关于循环，《公报》指出："加快构建以国内大循环为主体、国内国际双循环相互促进的新发展格局""要畅通国内大循环，促进国内国际双循环"。

《公报》对时代背景的分析和对战略方向的确立，是我国技术转移转化工作的根本遵循和行动指南。

二、突破重点

结合中央文件精神、国家政策重点和我国转移转化面临的实际情况，转移转化工作人才培训应该在以下四个方面有所突破。

1. 人才培养体系化

为了解决当前我国转移转化人才培养工作"零散化、碎片化"带来的不适应国家战略的问题，2021年5月27发布《国家技术转移人才培养基地工作指引（试行）》"建立支撑我国创新体系建设的国家技术转移人才培养体系，规范建设和运行国家技术转移人才培养基地"。2020年11月，国务院学位委员会、教育部印发的《学位授予和人才培养学科目录设置与管理办法》，支持学位授予单位在获得授权的一级学科下自主设置与调整二级学科和按二级学科管理的交叉学科，加强技术转移、专利技术交易等相关领域高层次复合型人才培养，主动服务经济社会发展对技术转移专业人才的需求。目前已有北京大学、清华大学、北京理工大学、湖南大学、常州大学等高校已经或准备开展技术经理人培养。此外，还有一大批高校设立了知识产权学院，系统培养知识产权专业化人才。这些举措，都为转移转化人才的体系化培养，奠定了政策基础、准备了工作条件。

2. 知识结构专业化

2020年3月火炬中心印发《国家技术转移专业人员能力等级培训大纲（试行）》（以下简称《大纲》），《大纲》秉承"基地、大纲、师资、教材"四位一体的技术转移人才培养思路，按照分级管理、分层培养的原则，分别设置了初级技术经纪人、中级技术纪经人和高级技术经理人三个等级的培训课程。培训课程由公共知识、实务技能、政策法规、能力提升四个模块构成，不同层级所需各模块的培训课程和培训学时不同。《大纲》所列培训课程包含了技术转移从业人员应知应会的法律法规、公共知识、经纪实务、案例实操等内容，对各级地方科技管理部门、国家技术转移人才培养基地，以及技术转移机构开展从业人员培训和考试具有较强的指导意义，也有效提升、强化转移转化人才的专业化知识结构。

3. 思维方式数字化

数字经济的勃然兴起和日益壮大，对各种专业人才的思维方式提出了数字化的要求。彭剑锋教授在《数字化不仅仅是一种技术变革，更是一场认知与思维革命》一文中总结了数字化新思维有四大特点：①断点、非连续，要从渐进式连续性线性思维到非连续性生态思维，出现断点，呈现非连续，不拘泥于经验，有时无迹可循。②破界、融合，它意味着生产者与消费者的破界融合，供需双方的破界融合，企业组织与外部生态的破界融合，产业与产业的破界融合，软硬技术的破界融合，线上线下的破界融合。③突变、颠覆，要从单一基于大概率事件推测来来的思维到洞见与感知小概率的"黑天鹅"突变事件的思维；从基于资源与能力的渐进式弯道超车思维到突破资源与能力的颠覆式创新变道超车思维；数字化的本质是创新，是连续性创新与颠覆创新，是追求原创性创新而非简单模仿创新，是追求跃迁式成长与变道超车而非渐进式弯道超车。④分布式、多中心，从垂直式单一中心思维到分布式多中心思维，从非对称性单一聚焦压强思维到对称性多项动态选择思维；从组织管控到组织赋能，从专注核心人物到尊重个体力量，关注小人物、边缘人物的创新。

彭剑锋教授总结的这四个数字化思维的特点，要想做好转移转化工作，需要深入理解、灵活应用这四个数字化思维特点，建立系统的数字化思维方式，以适应数字经济时代的转移转化要求。

4. 操作平台国际化

转移转化是一个日渐国际化的业务，需要国际化的操作平台。这样的操作平台，应该多语种的信息检索平台、先进的技术应用概念验证平台和跨国跨界的业务交流平台。虽然受新冠肺炎疫情等因素的影响，创新国际化一时受挫。但从长远看，经济全球化、创新国际化是必然的趋势，转移转化工作也必然要在国际化平台上进行操作。只有在国际化平台上操作的转移转化，才有国际竞争力，也才能满足科技强国建设的要求。

第三章
技术经理人

技术经理人在技术转移活动中起着非常重要作用，促进技术经理人的发展成为我国技术转移相关政策中的一个重要部分。《国家技术转移体系建设方案》提出"壮大专业化技术转移人才队伍""加强技术转移管理人员、技术经纪人、技术经理人等人才队伍建设，畅通职业发展和职称晋升通道"；《关于技术市场发展的若干意见》提出培养1万名技术经理人、技术经纪人的目标。湖北省在《关于2020年现代服务业领军人才选拔培养工作的通知》中，技术经纪人首次纳入全省领军人才计划。《新时代推动首都高质量发展人才支撑行动计划（2018—2022年）》把技术转移转化人才列为北京亟需的五大核心高端人才之一。

第一节 技术经理人

我国实践中对从事技术转移服务的人有两种称谓，一种是本书到目前为止一直在使用和讨论的技术经纪人，另一种是技术经理人（也叫做"技术转移经理"）。技术经纪人，是我国技术转移行业用的比较多的职业从业人员概念；技术经理人，则是国外引入的概念。两个称呼并没有权威的界定和区分，长期混用，既互相争论不下又没有实质性差别。

一、技术经理人的由来

"技术经理人"源自 AUTM（Association of University Technology Managers）中的 TM-technology managers。AUTM 的中文翻译是"美国大学技术经理人协会"，因为注册地在美国，故在翻译时加了"美国"二字。技术经理人是一个概念，不是具体岗位名称。在美国大学技术转移办公室招聘技术经理人时常用"技术许可助理"technology licensing associate；资深许可经理 senior licensing manager 等。

1970年，斯坦福大学正式成立技术许可办公室（OTL）。

1974年美国成立了一个美国大学专利管理人协会（SUPA），初期只有50几个会员，通过会议、路演和媒体等进行宣传，负责其大学知识产权申请、认可和转化，运营模式非常成功。

1980年《拜杜法案》颁布后，推动和促使美国大学成立专业的技术转移办公室。1989年，SUPA 更名为大学技术经理人协会，AUTM 由此诞生，采取个人会员制。

今天，AUTM 已有30多年的历史，来自全球300多家机构，拥有3000多会员，网上填表缴纳会员费即成为会员。

二、我国技术转移从业者称谓的演变

技术经理人，在国内曾经长期和技术经纪人互相竞争，共生共长。技术经纪人、技术经理人仅仅

是对从事科技成果转化人员的名称的争议，并没有对职业能力、业务范围和从业群体等进行界定。两种观点既有相安无事的一方面，又有为各自利益激烈竞争的一面，既有合作又有按照自己的名字组织培训、承接研究与实务工作。①

1978 年 3 月，邓小平同志提出"科学技术是第一生产力"，我国开启了科技成果的市场交易。80 年代初，高校院所、企事业单位中出现从事科技成果交易的人员，他们提出建立科技成果有偿转让制度。90 年代，技术经纪人制度逐步形成，需持证上岗，技术经纪人培训及经纪机构陆续出现。当时技术经纪人也被称呼为"科技红娘"。

1997 年 9 月，国家科委印发《技术经纪资格认定暂行办法》和《全国技术经纪人培训大纲》。确定了技术经纪人概念。从开始到 2015 年科技成果转化法修订以前，各地举办的培训班都叫技术经纪人。2015 年后，随着国家和地方政府对科技成果转化的重视和投入的增加，新的力量加入到技术转移研究和技术转移人员培训工作当中，这一部分人更希望改叫技术经理人。他们给出两个理由：一是技术经纪人的作用不大，还比较容易被委托方甩开；二是国外都叫技术经理人，比如国际注册技术经理师联盟（ATTP），"经理"一词包含有运营和管理的内容，更符合成果转化的本质。

这种争议出现的根本原因是 2015 年以前各地负责技术经纪人培训的基本上都是政府下属事业单位或者有关行业协会，如果该地区其他机构想参与技术转移人才培养，只能推出一个新的概念，否则根本没有机会争取到支持。技术经理人就是他们的参考国际注册技术经理师联盟（ATTP）推出的国际注册技术经理师（RTTP）而推出来的概念。

2017 年 12 月，教育部举办首期全国高校高级技术经理人培训班，系官方首次提及"技术经理人"的概念。自此，一些政府出台的政策中，技术经纪人和技术经理人开始混用，很多地方采用这种的"技术经纪（经理）人"的名称。无论是技术经纪人，还是技术经理人抑或是技术经纪（经理）人，培养目标以及所培训的内容都没有什么实质性区别。

很多人纠结犹豫，技术经纪人，技术经理人，哪个更好，有什么区别，我应该选择哪一个呢？事实上，都是技术转移人员，有的人想称为技术经纪人，有的人更希望叫作技术经理人，本质上没有任何区别。这是我国技术转移队伍培育发展过程中竞争的结果。

2019 年以来，多个省市陆续推出"技术经纪"职称评审，开始对技术转移人员的工作内容和范围进行界定。各地基本上都采用了《北京市工程技术系列（技术经纪）专业技术 资格评价试行办法》"以促进科技成果应用为目的，为促进技术与产业、研发、人才和资本等要素资源有机融合与高效配置，提供技术转移转化全链条、专业化服务工作的专业技术人员"相类似的描述方法。

2020 年 3 月份科技部火炬中心颁布了"国家技术转移专业人员能力等级培训大纲》（试行）"《（以下简称"大纲"），同时出现了技术经纪人和技术经理人。大纲将技术转移专业技术人员分为三个等级，初级技术经纪人、中级技术经纪人和高级技术经理人。三者一脉相承，做的事情完全一样，只是能力大小和水平高低的事情。

三、职业大典中的技术经理人

2022 年 7 月 11 日至 21 日，《中华人民共和国职业分类大典（2022 年版）》（以下简称《大典》）进行公示。技术经理人作为新职业纳入《大典》，所属编号 2-06-07-16。

（一）技术经理人定义

在科技成果转移、转化和产业化过程中，从事成果挖掘、培育、孵化、熟化、评价、推广、交易并提供金融、法律、知识产权等相关服务的专业人员。

---

① 参考成晓健《技术经纪人和技术经理人到底有什么区别？》上海科技成果转化服务平台 2020-11-29

（二）技术经理人主要工作任务

（1）收集、储备、筛选、发布各类科技成果信息，促进交易各方建立联系。

（2）为技术交易各方提供技术成果在科技、经济、市场方面评估评价、分析咨询、尽职调查、商务策划等服务。

（3）为交易各方提供需求挖掘、筛选、匹配和对接等服务。

（4）制定科技成果转移转化实施方案、商业计划书、市场调查报告等，开展可行性研究论证。

（5）组织各类资源促进技术孵化、熟化、培育、推广和交易。

（6）提供科技成果转移转化和产业化投融资相关服务。

（7）提供科技成果转移转化知识产权导航、布局、保护和运营等服务。

（8）提供科技成果转移转化合规审查、风险预判、争端解决等法律咨询服务。

四、技术经理人知识与能力

依据《大典》列明的主要工作任务，技术经理人需要具备以下基本知识和能力。

（1）有强大的信息收集、分析、加工、挖掘和发布能力，可以说技术经理人应该具有较强的科技情报能力。

（2）熟悉产业和科技等政策，掌握对科技企业及其创新成果的评估评价的知识、流程、标准和方法，能够承担分析咨询、尽职调查、商务策划等任务。

（3）具备知识产权信息检索与分析能力，能够实施技术需求挖掘并匹配创新成果和研发能力，能够组织相关的研讨、商洽等事宜。

（4）具备服务科技成果的价值评估、价格评估、交易的实施方案、商业计划书、市场调查报告等策划、撰写和论证能力。

（5）具备承担科技成果展示、推介及与产业技术需求对接能力，能够促进科技成果持续产生，推动科技成果扩散、流动、共享、应用并实现经济与社会价值。

（6）具备科技成果资本化的知识和能力，能够提供科技投融资服务，帮助做好股权结构和融资方案设计，加强科技与资本的紧密结合。

（7）熟悉知识产权相关法律法规，能够组织或代理科技成果运营，能够整合科技成果转化与产业化所需要的技术要素与环境要素，实现科技成果价值最大化。

（8）具有较强的技术识别能力，掌握知识产权、法律、政策等相关专业知识，能够快速判断技术创新点和应用场景，辨识成果的技术层次和应用领域。

第二节　技术转移管理与服务机构

虽然并不是所有的技术转移管理和服务机构都要求自己的员工具备技术经理人或者技术经纪人之类的资质。我国有相关资质、资格的从业者基本上都是来自这些机构，他们都努力去获得技术经纪人或者经理人资质、资格，尤其是职称。

无论是职业（执业）资格，还是职称都提升了从业者的工作能力和素养，同时也提升了从业者的社会认可度。

一、我国的技术转移管理与服务机构

技术转移的管理和服务机构中，有的以管理为主，有的以服务为主，有的二者兼有之。我国的技术转移管理和服务机构主要有6类。

1. 政府主管机构所属的事业单位。包括生产力中心、成果转化中心和技术转移中心等，一般是

公益一类或二类事业单位。

2. 高校院所中的技术转移机构，在高校院所，技术转移机构一般包括科研处、产业研究院或者技术转移中心（研究院）等。负责全校（院）的技术转移工作，他们集行政管理和技术转移服务于一身，大部分同时承担或参与技术工作的还有大学科技园。

3. 协会、学会、联盟等，一般包括技术市场协会、技术经理人协会等，他们参与政策制定，承担宣传、培训、继续教育等任务。

4. 央企和大型国有企业的技术转移管理与服务机构，最近央企和大型国企等都组建了自己技术转移管理和服务机构。

5. 医疗机构在内部设立的技术转移管理与服务机构，也配有所谓的"技术经理人"。

6. 社会服务机构，包括了成果转化中介结构、金融和评估机构等，多数是民营机构。

二、国家技术转移中心

经科技部批准，全国共计建立了 11 个技术转移区域中心，也叫国家技术转移中心。他们分别是国家技术转移集聚区（北京）、国家技术转移南方中心（深圳）、国家技术转移东部中心（上海）、国家技术转移中部中心（武汉）、国家技术转移西南中心（成都）、国家技术转移西北中心（西安）、国家技术转移东北中心（长春）、国家技术转移海峡中心（福州）、国家技术转移苏南中心（苏州）、国家技术转移郑州中心、国家技术转移海洋中心（青岛）。

1. 国家技术转移集聚区，以中关村西区为核心进行建设，定位于打造具有全球影响力的国际技术转移大平台。

2. 国家技术转移南方中心，定位于与国家技术转移集聚区（北京）共同承担全球性技术转移枢纽的重要使命。探索技术转移的市场化运营模式、资本化运营的路径。

3. 国家技术转移东部中心，位于上海张江国家自主创新示范区杨浦分园，定位于探索技术资本化路径

4. 国家技术转移中部中心，在武汉市，定位于打造国家级技术转移机制完善和模式创新示范区。

5. 国家技术转移东北中心，在长春市，定位于区域性的技术转移服务高地、全国性的先进技术对接平台和国际性创新资源链接载体。

6. 国家技术转移西北中心，由陕西省科技资源统筹中心、沣东新城统筹科技资源改革示范基地、西安科技大市场三家联合共建国家技术转移西北中心。定位于打造丝绸之路经济带技术转移中心

7. 国家技术转移西南中心，在成都市，定位于对接"一带一路"和长江经济带国家战略，打造全链条的技术转移服务业态。

8. 国家技术转移海峡中心，在福州市，定位于建立链接海峡两岸创新资源要素的技术转移枢纽。

9. 国家技术转移苏南中心，在苏州市，定位于以苏州市为核心打造国家级技术转移平台。

10. 国家技术转移郑州中心，在河南郑州市，定位于打造中部地区技术转移全链条服务先行区。

11. 国家技术转移海洋中心，在青岛市，定位于发挥"海洋"优势，打造国际级海洋技术转移交易平台。

三、国家技术转移人才培养基地

为深入贯彻落实《国家技术转移体系建设方案》，完善国家技术转移人才培养体系，高质量推进技术转移人才培养工作，科技部确定了北京技术交易中心、上海杨浦科技创业中心有限公司、天津市科技创新发展中心、厦门产业技术研究院等 33 家国家技术转移人才培养基地。发布了《国家技术转移人才培养基地工作指引（试行）》和《国家技术转移专业人员能力等级培训大纲（试行）》两个重要文件，对技术转移人才的培养和基地管理起到巨大推动作用。

四、技术转移从业人员的行为规范

模范的遵守法律法规并履行好以下义务：

（1）维护国家利益、社会公共利益，不得进行技术垄断和妨碍技术进步的非法活动，努力促进科学进步。对国家明确规定的一些技术不应参与中介，如国家尖端保密的技术、破坏生态环境的技术、违反涉外政策的技术等，经纪机构和经纪人不能染指。

（2）必须保证服务的质量，对委托方和第三方负责。在活动中必须忠实于委托人的利益，严格遵守委托人的委托。若有损害委托人利益行为，委托人有权要求赔偿由此造成的经济损失，并有权拒付报酬。

（3）严格保密制度，不得以自己的名义，向外转让他人的技术，不得恶意串通，损害第三方的合法权益。应该对服务对象忠实守信，保守其技术秘密，不得将通过其特殊地位和中介活动所获得的技术向他人转让。这种行为不仅违背职业道德，也损害他人利益，要负法律责任。

（4）在核准登记的范围内从事技术经纪活动。

（5）遵守国家法规规定的一般义务。

相关法律法规、标准、文件

为加强技术转移转化人员管理，维护技术市场秩序，促进科技成果转化，国家制定了相关的法律法规、标准和文件等。这些法规将在以后的章节中有详细的讲解，包括如下。

1. 《中华人民共和国民法典》
2. 《中华人民共和国公司法》
3. 《中华人民共和国科学技术进步法》
4. 《中华人民共和国促进科技成果转化法》
5. 《技术转移服务规范》。
6. 《新经纪人管理办法》
7. 《经纪人管理办法》
8. 《北京市技术经纪人管理暂行办法》
9. 《技术转移服务人员能力规范》。
10. 《北京市技术市场条例》

五、我国政府促进技术转移和科技成果转化的主要政策

《国家技术转移体系建设方案》（六）提升技术转移服务水平。制定技术转移服务规范，完善符合科技成果交易特点的市场化定价机制，明确科技成果拍卖、在技术交易市场挂牌交易、协议成交信息公示等操作流程。建立健全技术转移服务业专项统计制度，完善技术合同认定规则与登记管理办法。（七）发展技术转移机构。强化政府引导与服务。整合强化国家技术转移管理机构职能，加强对全国技术交易市场、技术转移机构发展的统筹、指导、协调，面向全社会组织开展财政资助产生的科技成果信息收集、评估、转移服务。引导技术转移机构市场化、规范化发展，提升服务能力和水平，培育一批具有示范带动作用的技术转移机构。

加强高校、科研院所技术转移机构建设。鼓励高校、科研院所在不增加编制的前提下建设专业化技术转移机构，加强科技成果的市场开拓、营销推广、售后服务。创新高校、科研院所技术转移管理和运营机制，建立职务发明披露制度，实行技术经理人聘用制，明确利益分配机制，引导专业人员从事技术转移服务。

加快社会化技术转移机构发展。鼓励各类中介机构为技术转移提供知识产权、法律咨询、资产评估、技术评价等专业服务。引导各类创新主体和技术转移机构联合组建技术转移联盟，强化信息共享

与业务合作。鼓励有条件的地方结合服务绩效对相关技术转移机构给予支持。

《促进科技成果转移转化行动方案》（四）强化科技成果转移转化市场化服务。13.健全区域性技术转移服务机构。支持地方和有关机构建立完善区域性、行业性技术市场，形成不同层级、不同领域技术交易有机衔接的新格局。在现有的技术转移区域中心、国际技术转移中心基础上，落实"一带一路"、京津冀协同发展、长江经济带等重大战略，进一步加强重点区域间资源共享与优势互补，提升跨区域技术转移与辐射功能，打造连接国内外技术、资本、人才等创新资源的技术转移网络。14.完善技术转移机构服务功能。完善技术产权交易、知识产权交易等各类平台功能，促进科技成果与资本的有效对接。支持有条件的技术转移机构与天使投资、创业投资等合作建立投资基金，加大对科技成果转化项目的投资力度。鼓励国内机构与国际知名技术转移机构开展深层次合作，围绕重点产业技术需求引进国外先进适用的科技成果。鼓励技术转移机构探索适应不同用户需求的科技成果评价方法，提升科技成果转移转化成功率。推动行业组织制定技术转移服务标准和规范，建立技术转移服务评价与信用机制，加强行业自律管理。15.加强重点领域知识产权服务。实施"互联网+"融合重点领域专利导航项目，引导"互联网+"协同制造、现代农业、智慧能源、绿色生态、人工智能等融合领域的知识产权战略布局，提升产业创新发展能力。开展重大科技经济活动知识产权分析评议，为战略规划、政策制定、项目确立等提供依据。针对重点产业完善国际化知识产权信息平台，发布"走向海外"知识产权实务操作指引，为企业"走出去"提供专业化知识产权服务。

第三节　科技成果转移转化人才建设

人才是技术转移的基础，在国家技术转移的政策体系中专门对科技成果转移转化人才引进、培养、队伍建设、使用和保障等做了明确而体的规定。

一、队伍建设

（一）队伍建设

《中华人民共和国促进科技成果转化法》第十七条　国家设立的研究开发机构、高等院校应当加强对科技成果转化的管理、组织和协调，促进科技成果转化队伍建设。

《国家技术转移体系建设方案》（八）支持和鼓励高校、科研院所设置专职从事技术转移工作的创新型岗位，绩效工资分配应当向作出突出贡献的技术转移人员倾斜。鼓励退休专业技术人员从事技术转移服务。统筹适度运用政策引导和市场激励，更多通过市场收益回报科研人员，多渠道鼓励科研人员从事技术转移活动。

将高层次技术转移人才纳入国家和地方高层次人才特殊支持计划。

《新时代推动首都高质量发展人才支撑行动计划（2018—2022年）》把技术转移转化人才列为北京亟需的五大核心高端人才之一。

（二）培养方式

技术转移转化人才的培养方式包括如下。

1. 在高校设立技术转移相关学院、学科或专业，与企业、科研院所、科技社团等建立联合培养机制，推动有条件的高校设立科技成果转化相关课程，打造一支高水平的师资队伍。

《国家技术转移体系建设方案》《促进科技成果转移转化行动方案》和《新时代推动首都高质量发展人才支撑行动计划（2018—2022年）》。

2. 研发机构、高校与企业以及其他组织人员双向交流与项目合作等、聘请企业及其他科技组织人员进行兼职教学、本单位人员到企业及其他组织进行创业实践、企业与研究开发机构、高等院校、职业院校及培训机构联合建立学生实习实践培训基地和研究生科研实践工作机构培养。

《中华人民共和国促进科技成果转化法》第二十七、二十八条，《北京市促进科技成果转化条例》。

3. 充分发挥各类创新人才培养示范基地作用，依托有条件的地方和机构建设一批技术转移人才培养基地，在中关村国家技术转移集聚区建立一批职业化人才培养基地。

《促进科技成果转移转化行动方案》和《新时代推动首都高质量发展人才支撑行动计划（2018—2022年）》。

4. 加快培养科技成果转移转化领军人才，纳入各类创新创业人才引进培养计划。推动建设专业化技术经纪人队伍，畅通职业发展通道。

《促进科技成果转移转化行动方案》。

5. 与国际技术转移组织联合培养国际化技术转移人才，建设国际高层次人才成果转化机构。

《促进科技成果转移转化行动方案》和《新时代推动首都高质量发展人才支撑行动计划（2018—2022年）》。

二、职称和绩效

（一）绩效评价

《中华人民共和国促进科技成果转化法》第二十条 研究开发机构、高等院校的主管部门以及财政、科学技术等相关行政部门应当建立有利于促进科技成果转化的绩效考核评价体系，将科技成果转化情况作为对相关单位及人员评价、科研资金支持的重要内容和依据之一，并对科技成果转化绩效突出的相关单位及人员加大科研资金支持。

《国家技术转移体系建设方案》（十三）树立正确的科技评价导向。推动高校、科研院所完善科研人员分类评价制度，建立以科技创新质量、贡献、绩效为导向的分类评价体系，扭转唯论文、唯学历的评价导向。

《实施〈中华人民共和国促进科技成果转化法〉若干规定》中（十二）要求"加大对科技成果转化绩效突出的研究开发机构、高等院校及人员的支持力度。研究开发机构、高等院校的主管部门以及财政、科技等相关部门根据单位科技成果转化年度报告情况等，对单位科技成果转化绩效予以评价，并将评价结果作为对单位予以支持的参考依据之一。"

《促进科技成果转移转化行动方案》提出"强化科技成果转移转化人才服务，实现人才与人才、人才与企业、人才与资本之间的互动和跨界协作""建立科研机构、高校科技成果转移转化绩效评估体系，将科技成果转移转化情况作为对单位予以支持的参考依据。"

（二）职称管理

《中华人民共和国促进科技成果转化法》第二十条 国家设立的研究开发机构、高等院校应当建立符合科技成果转化工作特点的职称评定、岗位管理和考核评价制度，完善收入分配激励约束机制。

《国家技术转移体系建设方案》（八）壮大专业化技术转移人才队伍。善多层次的技术转移人才发展机制。加强技术转移管理人员、技术经纪人、技术经理人等人才队伍建设，畅通职业发展和职称晋升通道。

（十三）树立正确的科技评价导向。对主要从事应用研究、技术开发、成果转化工作的科研人员，加大成果转化、技术推广、技术服务等评价指标的权重，把科技成果转化对经济社会发展的贡献作为科研人员职务晋升、职称评审、绩效考核等的重要依据，不将论文作为评价的限制性条件，引导广大科技工作者把论文写在祖国大地上。

《促进科技成果转移转化行动方案》推动科研机构、高校建立符合自身人事管理需要和科技成果转化工作特点的职称评定、岗位管理和考核评价制度。

《北京市促进科技成果转化条例》第三十四条　市人力资源社会保障部门应当会同市科学技术、

教育等部门建立有利于促进科技成果转化的专业技术职称评审体系，设立知识产权、技术经纪等职称专业类别，并将科技成果转化创造的经济效益和社会效益作为科技成果转化人才职称评审的主要评价因素。

《新时代推动首都高质量发展人才支撑行动计划（2018—2022年）》要求畅通科技成果转移转化人员职称晋升和职业发展通道。

北京市在2019年9月30日印发《北京市工程技术系列（技术经纪）专业技术资格评价试行办法》，为贯彻落实《关于深化职称制度改革的实施意见》，拓展技术转移转化专业技术人员职业发展通道，促进科技成果转化，助力全国科技创新中心建设，在工程技术系列技术经纪专业推行专业技术资格评价制度。

凡是在北京市国有企业事业单位、非公有制经济组织、社会组织中，以促进科技成果应用为目的，为促进技术与产业、研发、人才和资本等要素资源有机融合与高效配置，提供技术转移转化全链条、专业化服务工作的专业技术人员都可以参评技术经纪人职称。

三、科技成果转移转化人才建设中的政策支撑

《中华人民共和国促进科技成果转化法》《中华人民共和国促进科技成果转化法》第五条 国务院和地方各级人民政府应当加强科技、财政、投资、税收、人才、产业、金融、政府采购、军民融合等政策协同，为科技成果转化创造良好环境。

《促进科技成果转移转化行动方案》—政府引导。加快政府职能转变，推进简政放权、放管结合、优化服务，强化政府在科技成果转移转化政策制定、平台建设、人才培养、公共服务等方面职能，发挥财政资金引导作用，营造有利于科技成果转移转化的良好环境。

20. 组织科技人员开展科技成果转移转化。紧密对接地方产业技术创新、农业农村发展、社会公益等领域需求，打造一支面向基层的科技成果转移转化人才队伍。

《北京市促进科技成果转化条例》第三十五条　市人民政府应当制定科技成果转化人才培养和引进政策，加强科技成果转化人才培养基地建设，落实本市引进的科技成果转化人才在落户、住房、医疗保险、子女就学等方面的待遇。

《新时代推动首都高质量发展人才支撑行动计划（2018—2022年）》提出来要加大转移转化人才激励力度。留存部分提取一定比例用于团队人员奖励，可对管理人员进行期权、股权激励；领导班子绩效考核指标。

第四章
技术转移服务规范

技术转移正日益向着转移主体多元化、转移客体高级化、实施形式多样化方向发展。以标准为引领，推动服务转型、拓展服务内容、规范服务流程、创新服务模式，能够更好地适应新时代科技成果转移转化工作的需要。

第一节 标准的作用

本身合于准则，可供同类事物比较核对的事物，就是标准；标准是重复性的技术事项在一定范围内的统一规定，是完成工作的程序和质量要求。

一、标准

标准是由一个公认的机构制定和批准的文件，以科学技术和实践经验的结合成果为基础，以实现在预定领域内最佳秩序的效果。

标准是经有关方面协商一致，由主管机构批准，以特定形式发布作为共同遵守的准则和依据。GB/T 20000.1-2014《标准化工作指南第1部分：标准化和相关活动的通用术语》条目5.3中对标准描述为：通过标准化活动，按照规定的程序经协商一致制定，为各种活动或其结果提供规则、指南或特性，供共同使用和重复使用的一种文件。附录A表A.1序号2中对标准的定义是：为了在一定范围内获得最佳秩序，经协商一致制定并由公认机构批准，为各种活动或其结果提供规则、指南或特性，供共同使用和重复使用的一种文件。

二、标准的分类

标准分为强制标准和推荐性标准。凡是涉及人的生命安全的都采用强制标准，比如食品标准和电工产品，其他标准都不是强制性的。标准又可以分为国家标准、地方标准、行业标准、企业标准和团体标准，其中团体标准是最近几年才开始的。

强制性国家标准代号GB，推荐性国家标准GB/T，国家标准指导性技术文件GB/Z，国军标代号：GJB。

行业标准，对没有国家标准又需要在全国某个行业范围内统一的技术要求，可以制定行业标准，作为对国家标准的补充，当相应的国家标准实施后，该行业标准应自行废止。推荐性行业标准在行业代号后加"/T"，如"JB/T"即为机械行业推荐性标准，不加"T"为强制性标准。

地方标准。对没有国家标准和行业标准而又需要在省、自治区、直辖市范围内统一的要求，可以制定地方标准。

企业标准，是对企业范围内需要协调、统一的技术要求、管理要求和工作要求所制定的标准。企业产品标准其要求不得低于相应的国家标准或行业标准的要求。作为对国家标准的补充，其代号为"GB/Z"。

按照标准化对象，通常把标准分为技术标准、管理标准和工作标准三大类。技术标准是指对标准化领域中需要协调统一的技术事项所制定的标准。技术标准包括基础技术标准、产品标准、工艺标准、检测试验方法标准，及安全、卫生、环保标准等。

管理标准是指对标准化领域中需要协调统一的管理事项所制定的标准。管理标准包括管理基础标准，技术管理标准，经济管理标准，行政管理标准，生产经营管理标准等。

工作标准是指对工作的责任、权利、范围、质量要求、程序、效果、检查方法、考核办法所制定的标准。工作标准一般包括部门工作标准和岗位（个人）工作标准。

三、标准的作用

案例分析——标准的作用。

图 4.1 哪杯茶最好

如图 4.1，哪一杯茶叶最好？为什么呢？

我的一个朋友是开汽车维修、美容保养连锁店的，我常去那里修车、喝茶。一次我去修车，那天朋友比较忙，我和同行的朋友就独自在贵宾室喝茶，进来一位优雅的女士，三十来岁的样子，在茶台边找了个位置坐下。恰巧我新倒了一杯茶，她误以为是我给她准备的，道谢后意识到我不是倒给他的。稍显尴尬，我"顺坡下驴"的坚持就是给她的。因此熟络起来。

她说，茶叶不错，是家乡小茶厂生产的吧！我一愣，问她怎么知道的？她说她非常喜欢茶文化，家里是做产业生意的，大茶厂，选茶叶标准统一，大小一致，色泽均匀，质量有保障；小茶厂是依据个人标准判断，茶叶大小不一致，质量把控没有那么精准。我这茶叶很嫩，是在最好时节采摘的，只是在茶叶大小的选择上不太一致，她就知道是小茶厂的产品啦。

我为她点赞，并求教茶叶知识。她说，如果是大茶厂，您这茶叶会依据大小、色泽等分为三个等级，您这茶一半多一点是最好的，可以卖到现在价格的五倍以上，1/4是比较好的，可以卖到现在价格的2倍左右，剩下的差一点，可以按照现价的半价销售。这样至少这些茶叶的销售收入可以增加两倍以上。我很是赞叹，同样的东西，在人家手里，依据一定的规则稍加整理，收入就成倍的增加。

这就是标准的力量。第一，它可以帮助拓展服务和利润空间，提高收入；第二，它能丰富产品系，为不同的客户提供匹配的产品；第三，可以提升形象，帮助提升我们的信誉度。第四，继续往深层次挖掘，标准可以帮助我们成体系的贯彻某种方法、理念、规定或者政策法规。因为很多标准就是以政策法规，为依据的。第五，标准可以帮助我们开拓工作思路，方法和规范，指引我们的发展方向。第六，标准也是自我保护，风险防范的重要手段。

四、技术转移服务中的标准

截至2021年2月，我国技术转移中标准主要有国家发布的《技术转移服务规范》《科技成果经济价值评估规范》，北京市地方标准《技术转移服务人员能力规范》和团标《科技成果转化成熟度评价规范》。这些标准对贯彻落实《促进科技成果转化法》，带动科技服务业提质增效，规范技术转移服务行为具有重要意义。

这些标准以法律法规和政策文件为准绳，用标准细化重点任务和工作目标，充分体现促进科技成果转移转化的国家意志。吸收借鉴技术转移服务机构先进经验，引导技术转移服务人员开展专业化、高层次技术转移服务，为加快发展我国技术转移服务业储备优质资源。

第二节 技术转移服务规范

《技术转移服务规范》（GB/T 34670—2017），是我国首个技术转移服务行业推荐性国家标准，于2018年1月1日起实施。由科学技术部火炬高技术产业开发中心联合中国标准化研究院、北京市技术市场协会等机构起草的技术转移服务行业的推荐标准。

一、《技术转移服务规范》的作用

《技术转移服务规范》规定了技术转移服务的一般要求、通用流程、技术开发服务、技术转让服务、技术服务和技术咨询服务、技术评价服务、技术投融资服务、信息网络平台服务、服务评价与改进。标准适用于技术转移服务活动。除本标准规定的服务类型外，其他技术转移服务可参照执行。

该标准落实了《促进科技成果转移转化行动方案》"推动行业组织制定技术转移服务标准和规范，建立技术转移服务评价与信用机制，加强行业自律管理"等相关要求。一是有利于科技成果转移转化法律法规政策的落实；二是有利于引领科技服务业的健康发展；三是有利于技术转移行业的高质量发展；四是有利于相关服务地方标准的集成统一；五是有利于技术转移服务机构的效率提升；六是有利于规避风险。

二、一般要求

《技术转移服务规范》中对服务机构、管理制度、服务人员和专家、服务场所、服务外包、服务合同、档案管理和争议解决做了纤细的规范。本教材选常用的，重点学习和掌握。

（一）服务机构

同时满足下列要求。

（1）服务机构应依法成立，承担责任和义务。

（2）服务机构应确定服务模式和服务战略。

（3）服务机构应具有与服务范围相适应的管理人员和服务人员。

(4) 服务机构应建立符合业务需要的专、兼职专家队伍。

(5) 服务机构应向委托方提供客观、真实、有效的信息，全面履行承诺。

(6) 服务机构对于委托方的技术秘密和经营秘密承担保密义务、维护委托方的知识产权及相应权益。

(7) 服务机构可建立技术成果信息库、技术需求信息库、专家信息库和合作机构信息库等，并合理管理和组织利用。

（二）管理制度

(1) 服务机构应根据相关法律法规和行业规范建立管理制度。

(2) 管理制度应包括岗位责任制度、合同管理制度、人力资源管理制度、服务评价制度、奖惩激励制度、保密工作制度和档案管理制度等具体制度。

(3) 管理制度应明确管理职责、工作流程、工作标准等。

(4) 管理制度应符合自身管理和发展需求，适宜可行。

（三）服务人员

(1) 服务人员应遵纪守法，遵守职业道德和职业操守，客观公正，诚实守信。

(2) 服务人员应熟悉国家和地方相关法律、法规和政策。

(3) 服务人员应具备较强的市场分析能力、职业判断能力以及项目管理能力。

(4) 服务人员应掌握与本专业领域相关的适用技术信息，包括技术发展水平、国内外现状、转移转化条件等。

(5) 服务人员应具备与所从事的技术转移服务相关的专业技能。包括信息获取、鉴别与评价、调研与预测、组织与洽谈、计划与实施、宣传与传播、协调与应变、口头和书面沟通、学习与研究。

(6) 服务人员何年应接受业务培训。业务培训的形式包括面授、研讨和实训等。

(7) 服务人员若同时在两个或两个以上服务机构中兼职，不应损害相关机构利益。

(8) 服务人员应具有服务意识，注重职业形象。

（四）服务外包

(1) 服务机构可在委托方书面同意的情况下，外包部分服务。

(2) 服务机构应和外包商签订合同，明确各自的分工与职责。

(3) 服务机构应根据服务项目的特点选择和评定合格外包商，采取多种措施管理外包商，包括日常监督和重新评定等。

（五）服务合同

(1) 服务机构应做好与委托方签订合同或协议的各项准备。

(2) 服务机构应按照相关法律法规，与委托方签订书而或电子合同/协议，约定权利、义务和收益，不做超出自身服务能力和范围的承诺。其中，服务机构与委托方签订技术开发或技术转让合同时，应采用书面形式。

(3) 服务机构可与委托方单独签订合同/协议，也可与委托方和其他各方共同签订合同/协议，并在合同/协议中明确各方的责任与权利等。

(4) 服务机构可参照技术合同示范文本签订技术合同，并依据相关管理办法和认定规则进行技术合同认定登记。

(5) 当出现不可抗力或违约时，服务机构应及时与合同各相关方协商，变更合同内容或解除合同。对于变更合同内容的情况，服务机构应及时与合同相关方签订新的合同。

(6) 服务机构应与合同各相关方沟通，在服务合同中约定各相关方的保密义务。

（六）档案管理

(1) 服务机构应搜集服务过程中的各种客观证据，包括书面记录、录音、视频、网络资料等，整理形成服务档案并进行保存。

（2）服务档案的内容应真实、详细，能够全面反映技术转移服务过程。

（3）服务档案应分类清晰，易于识别和检索。必要时，服务机构可建立档案数据库。

（4）服务机构应根据法律法规、自身管理的需要和服务项目的特点设置适宜的档案保存期限。保存期限可分为永久（20年以上）、长期（5~20年）、短期（2~5年）等。

三、通用流程

通用流程包括委托与受理、论证与审核等，如图4.2所示。

图 4.2　技术转移服务通用流程

（一）签订合同/协议

与委托方沟通、协商达成共识后，签订合同/协议。合同/协议应包括以下内容：服务项目名称、服务的内容和要求、服务的方式、期限和地点、委托方的协作事项、对委托方提供的技术资料、样品的保管、保密内容、保密期限和泄密责任、风险责任的承担、服务产生技术成果的归属、服务质量要求和验收方法、服务费用、支付方式和支付时间、违约责任、损失赔偿的计算方法、争议的解决方式、名词和术语解释、其他约定事项。

（二）服务改进

制定服务改进措施，应包括以下内容。

（1）服务机构中存在的主要问题。

（2）改进措施和预期目标。

（3）改进服务需要的配套实现条件。

（4）改进服务需要的时间周期。

（5）其他。

四、技术开发

技术开发，针对新技术、新产品、新工艺、新材料、新品种及其系统进行研究开发的行为。

技术开发服务内容主要包括：①技术孵化服务；②小试、中试服务；③配套开发与集成服务；④二次开发或新用途开发；⑤消化、吸收、引进技术和设备服务；⑥组织技术联盟联合开发；⑦技术路线图绘制；⑧技术标准制定；⑨非标准化检验检测服务；⑩具有新功能、新理念的研发设计服务；⑪其他服务。

服务机构应配置完成技术开发服务能力的人员，分析、解剖技术需求并制定技术集成方案，根据项目情况选择适宜的协作单位或技术供方。

五、技术服务和技术咨询服务

技术服务，对特定技术问题提供解决方案的行为；技术咨询，提供可行性论证、技术预测、专题技术调查、分析评价等服务的行为。

技术服务内容主要包括如下。
（1）有专业技术要求的工艺编制、流程改进、技术调试等服务。
（2）有专业技术要求的技术成果及其性能的测试分析等，其他非标准化的测试分析等。
（3）技术推广、技术指导和与之相关的技术培训服务。
（4）技术项目的信息加工和分析。
（5）以专业技术手段解决技术问题的服务。
（6）促成委托方与第三方进行技术交易的中介服务。
（7）其他服务。

技术服务应同时满足下列要求。
（1）服务人员应具备专业技术领域的技术知识和服务经验。
（2）服务人员应运用专业技术知识、经验和信息．解决技术问题。
（3）服务机构应制定技术解决方案，明确服务成果的具体质量和数量指标。
（4）服务机构应具备开展技术指导和专业培训的条件。
（5）提供中介服务时服务机构应保证委托方与第三方的信息畅通和及时准确。

技术咨询服务内容主要包括如下。
（1）就区域、产业科技开发与创新及技术项目进行的专题技术调查、分析评价等。
（2）对重大工程项目、研究开发项目、技术成果推广或转化项目、重大技术改造等进行可行性论证。
（3）专业技术领域、行业、技术发展的分析预测。
（4）技术产品、服务、工艺分析和技术方案的比较与选择。
（5）专用设施、设备、仪器、装置及技术系统性能分析。
（6）技术路线选择的研究、分析。
（7）其他服务。

技术咨询服务应满足以下要求。
（1）服务人员应运用科学知识和技术手段，采用常规方法和工具提供咨询服务。
（2）服务人员应具备较强的研究和统计分析能力。
（3）服务机构应充分了解委托方对行业技术项目的咨询需求，制定咨询服务目标。
（4）服务机构应在营业场所醒目位置展示咨询服务人员和相关专家的简要介绍。

六、技术转让服务

技术转让，将技术成果的相关权利让与他人或许可他人实施使用的行为。

技术转让服务内容主要包括如下。
（1）为促成专利权、专利申请权转让和专利实施许可提供的服务。
（2）为促成技术秘密和其他知识产权的转让和实施许可提供的服务，其他知识产权包括计算机软件著作权、集成电路布图设计专有权、植物新品种权等。
（3）为促成临床批件、新药证书、生产批件等的转让提供的服务。
（4）为促成技术入股所提供的服务。
（5）为促成技术进出口所提供的服务。

（6）其他服务。

技术转让服务要求。

（1）服务人员应具有专业技术、知识产权、法律等相关知识储备和工作能力，具有知识产权运营经验。

（2）服务人员应掌握与转让技术成果所属技术领域相关的信息，包括技术成熟度、研发与生产信息、产业化或国际化条件等。

（3）服务机构应在接受委托服务前，首先确定待转让技术的知识产权情况，必要时可进行实地考察。技术转让服务过程中如发生知识产权权属变更，服务机构应核实权属情况。

（4）服务机构在服务全过程中，应为技术让与方和受让方提供畅通的沟通渠道，促进彼此互信并协调双方冲突。

（5）服务机构可根据待转让技术的情况，对其进行技术评价、市场风险和政策风险评价。

（6）若技术受让方为国外个人或组织，服务机构应提示委托方，依法办理技术出口审批手续。

（7）服务机构应提示委托方在技术转让合同中说明相关知识产权的内容，属于技术转让的，应提示受让方及时办理相关知识产权变更手续；属于实施许可的，应提示受让方注意约定实施范围和期限。

七、技术评价

技术评价，按照规定的原则、程序和标准，运用科学、可行的方法，对技术成果的成熟度、先进性、市场前景、经济和社会效益等进行综合评价的行为。

服务内容主要包括。

（1）技术转移项目的前期立项、中期实施、后期效果的评价。

（2）技术成果的技术价值、经济价值、实施风险的评价。

（3）技术转让、技术入股、技术并购时的价值评价。

（4）技术投资行为及运营绩效的评价。

（5）其他服务。

服务要求如下。

（1）服务机构应根据评价对象和评价委托目的，运用一定的评价指标体系，出具客观、真实、合理的评价报告。

（2）服务机构应安排本机构专职人员担任评价项目的负责人。

（3）服务机构进行评价时，应确保信息渠道可靠，信息全面和真实。

（4）服务机构应当依法独立、客观、公正地开展评价工作，避免相关组织和个人的影响。

（5）服务机构应确保参与技术评价的专家与评价对象、委托方或技术持有人无利害关系。

（6）服务机构应有开展技术评价工作所需要的专业服务团队和专家团队。

（7）服务人员应熟悉与技术评价相关的理论方法、规范标准等，能胜任专业的评价业务。

（8）服务机构应根据业务需要聘请专家参与评价工作。

（9）技术评价中，如需要向专家公开或部分公开技术诀窍等保密信息，服务机构应书面征得委托方和技术持有人的同意，并与专家签订保密协议。

出具报告。服务人员应负责会议记录、起草初步评价结论和评价报告编写等工作，并在计划时间内，向委托方提交报告。报告可包括以下内容。

（1）技术评价目的。

（2）技术评价对象及范围。

（3）技术评价基准日。

图 4.3 对技术评价工作的一般认识

(4) 技术评价原则。
(5) 技术评价依据。
(6) 技术评价方法。
(7) 评价专家名单。
(8) 技术评价结论。
(9) 特别事项说明。
(10) 技术评价报告的适用范围和期限。
(11) 服务机构签章、服务机构负责人和评价专家签字。
(12) 其他重要内容。

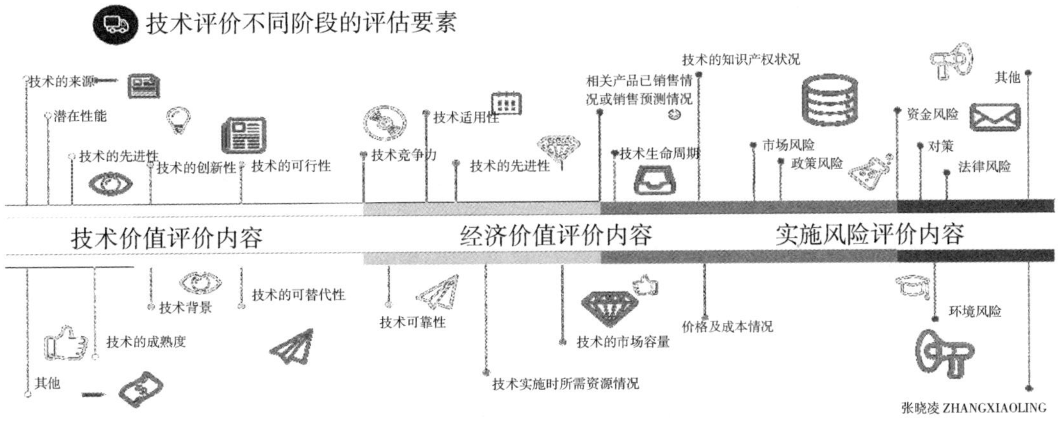

图 4.4 技术评价工作的阶段划分和评估要素

八、技术投融资

技术投融资,对技术知识和技术成果进行投资或融资的行为,以及为研发或改进特定技术、开展该项技术的商业化应用筹措资金的行为。

服务内容主要包括如下。

(1) 技术投资、股权融资。
(2) 技术并购。
(3) 专利、版权和商标等知识产权质押融资。
(4) 法规允许前提下的技术抵押融资。
(5) 技术种子、风投等基金的引进。
(6) 技术投融资风险监控咨询。
(7) 技术转移政策性信贷及专项补贴咨询。
(8) 其他服务。

服务要求如下。
(1) 服务机构应具备与业务范围相应的职业能力。
(2) 服务机构应具有信贷、证券、担保等方面的专业人员。
(3) 服务人员应熟悉金融管理、技术管理业务的相关政策法规
(4) 服务机构可根据服务项目情况，设立专门团队。

九、信息网络平台服务

信息网络平台服务，与互联网技术深度融合的技术转移服务行为。
信息网络服务主要内容如下。

(1) 利用互联网技术，搭建技术转移服务网络平台，开展以下服务：技术成果信息、技术需求信息、科技人才信息在线发布服务；技术成果挂牌交易服务技术成果交易公示服务；技术成果在线竞价、拍卖服务；技术项目在线展厅服务；技术项目在线路演服务；在线咨询服务；在线支付服务；其他服务。
(2) 与知识产权、产业技术等专业性服务平台合作开展的信息发布、项目对接等服务。
(3) 与技术交易市场等综合性服务平台开展的互连互通、资源共享、技术交易等服务。
(4) 为扩展服务领域，集聚数据资源，开展的子网络平台建设和相关服务。
(5) 利用大数据技术对海量数据资源进行挖掘、分析，提供有效供给与企业需求精准对接的服务。
(6) 利用网络平台与传统金融机构、投融资机构开展的互联网金融服务。
(7) 线上线下相结合的技术转移服务。

信息网络平台服务要求。
(1) 服务机构应在服务平台上公开展示服务范围、服务流程和服务标准等。
(2) 服务机构应具有稳定的业务合作伙伴，包括金融机构、投融资机构等。
(3) 服务机构应在服务平台上依法发布技术信息并及时更新。
(4) 服务机构发布国家限制交易的技术成果信息时，应事前获得合法的相关技术资料和证明材料。
(5) 服务机构在开展平台线上与线下服务时，应确定相关人员的职责和相关流程。
(6) 服务机构应具有稳定的大数据分析人员、技术开发人员和平台运维单位或个人。
(7) 服务机构应确保平台安全稳定运行，保障在线支付服务及时、安全、可靠。

信息发布。服务机构发布信息，应考虑以下方面：
(1) 信息处理完成后，服务机构应通过服务平台发布信息。
(2) 提供竞价或拍卖服务时，服务机构应提前发布竞价或拍卖公告。

十、服务评价与改进

服务评价，服务机构应通过自我评价、委托方评价和社会评价对服务绩效进行评价形成服务评价

图 4.5　新型技术市场的"服务+盈利"

结果。服务评价可采用访谈、座谈、发放调查问卷、查阅资料等多种方法，可单独使用也可多种方法结合使用。

策划和实施服务评价时，服务机构应考虑以下内容。

（1）服务工作总体完成情况，包括收益情况。

（2）服务目标的实现程度。

（3）服务机构内部反映强烈的问题。

（4）顾客满意度和其他相关方反馈情况。

服务改进，服务机构应根据服务评价结果发现机构管理、服务质量等方面存在的问题，及时分析查找原因，提升服务质。服务机构应制定改进措施，选择改进方法，确定改进内容，减少不利影响，提升委托方满意程度。

十一、其他重要术语

中间试验。对试验室或小试阶段的技术成果进行中间放大试验。根据实验室研究的新产品制备方法，采用尽可能与常规生产近似的设备和工艺进行的小批量生产试验。

技术入股。技术成果所有权人以技术成果作为无形资产作价出资的行为。

技术并购。以获取目标方技术资源为目标的交易行为。技术并购使收购方获得目标方技术资源的控制权将组织外部的技术资源转化为组织内部的技术资源。根据自身发展战略对目标方技术资源重新整合。

技术集成。组织各方面专家、研发团队和相关机构，通过必要的资金、装备条件与技术支持，对有产业化前景的技术成果进行二次开发、整合、配套、中间试验工程化设计等服务的行为。

技术路线图，通过时间序列，系统描述技术创新过程中技术、产品和市场的互动关系，识别技术创新的方向和态势。明确影响未来主导产品（产业）的关键技术及其发展路径。

技术联盟。由企业、科研单位、大专院校围绕技术的开发与运用，为实现某一技术创新战略目标而建立的一种长期、持续、互惠互利的合作伙伴关系。

第三节　技术转移服务人员能力规范

《技术转移服务人员能力规范》（DB11/T 1788—2020）（以下简称《规范》）由北京市科学技术

委员会组织北京技术市场管理办公室、北京技术市场协会等8家单位共同起草，2020年12月25日正式发布，是北京市地方标准，也是我国第一个对技术转移人员知识和技能的标准。《规范》对技术转移服务人员的职业特征、知识与技能要求、从业守则等方面进行明确界定，将为技术转移服务机构在管理技术转移服务人员时提供考核评价的基本参考依据，有助于推动技术转移机构和技术转移服务队伍高质量发展。

一、术语和定义

技术转移（technology transfer），制造某种产品、应用某种工艺或提供某种服务的系统知识，通过各种途径从技术供给方向技术需求方转移的过程。技术转移的内容包括科学知识、技术成果、技术信息、技术类知识产权和研发能力等。

技术转移服务（technology transfer services），为促进科学知识、技术成果、技术信息、专利和研发能力等科技资源与生产经营活动有机融合，实现新技术、新工艺、新材料、新产品，发展新产业等所需要的专业化服务。

技术转移服务人员（technology transfer service personnel），从事技术转移服务的专业人员。

二、基本要求

技术转移人员能力要求，包括知识与技能。从业人员应该具有一定的技术需求挖掘与甄别、技术评价与评估、市场调研与分析、知识产权服务、技术投融资服务、技术交易方案策划与实施的知识与技能。

《规范》按照掌握和运用知识的能力和完成实际工作业务能力的强弱，把技术转移服务人员等级分为三级，从较低能力要求到高能力要求分别为一级、二级、三级。这个与"北京市技术经纪专业职称"评定工作中设置的正高级、副高级、中级、初级四个层级专业职称有很大不同。职称评审更多的是依据工作业绩和工作成果，工作业绩侧重经历，考察完成过的专业技术工作，专业技术水平和专业技术绩效。

在从业规则方面，《规范》要求技术转移人员应以维护国家利益和社会公共利益为准绳，遵纪守法；诚实守信，提供客观和公正的服务，保证服务的准确性、真实性和完整性，保障客户信息安全；公平竞争，实事求是，全面履行承诺；勤勉尽责，恪守职业操守做好本职工作；保守委托人和相关组织的商业秘密，维护、尊重其知识产权及合法权益；竞业避止，依据与组织订立的契约，回避同业不正当竞争；廉洁自律，正确处理职业权利与职业义务的关系。

从业人员尤其要注意约束自己的是竞业避让和保障客户的信息安全这两条规则。

三、知识要求

知识要求包括通用知识要求、专业知识要求、国际技术转移服务知识要求。一级技术转移服务人员以熟悉表4.1中对应的相关知识为主；二级人员应掌握一级及表4.1中对应的相关知识；三级应能综合运用一级、二级及表4.1中对应的相关知识。一到三级人员的知识要求分别是：熟悉、掌握和综合运用，三级人员必须具备一级和二级人员的知识。

（一）通用知识要求

技术转移服务人员应具备的通用知识，详见表4.1。重点是综合运用技术信息的获取、分析、判断以及信息发布的政策要求；非常必要掌握产业技术相关的专业知识。

表 4.1　通用知识要求

类别	一级	二级	三级
	熟悉以下相关知识	掌握一级及以下相关知识	综合运用一级、二级及以下相关知识
信息采集分析与发布	1. 互联网相关知识 2. 信息的获取方法 3. 市场调查的理论、方法与工具 4. 技术信息分类和整理方法与工具 5. 技术经济相关知识 6. 相关领域专业技术和行业相关知识 7. 新闻基本理论与基本知识 8. 互联网与新媒体信息发布方法 9. 信息发布标准及相关要求	1. 电子商务相关知识 2. 技术商品与技术市场知识 3. 统计分析方法和知识 4. 技术情报、信息资源管理、信息传播和计算机相关知识 5. 发布内容设计与策划	1. 信息处理技术与方法 2. 相关领域专业技术知识 3. 项目可行性分析方法 4. 信息发布工作的有关政策及法规
需求获取	1. 相关领域专业技术和行业相关知识 2. 需求信息获取、挖掘、分析和整理	1. 技术工程化与产品化知识 2. 成本核算相关知识 3. 项目管理相关知识	1. 技术经济相关知识 2. 矛盾解决理论

（二）专业知识要求

技术转移服务人员应符合表1的要求，同时应根据工作类别符合表4.2对应的专业知识要求，其他类别相关专业知识也应适当了解，详见表4.2。从业人员需要自行补充补充《民法典》关于技术交易的相关知识。依据本部分的要求，应重点学习运用项目管理知识、技术评估、技术评价指标体系设计方法、检验检测理论与技术应用场景设计与策划的知识。

建议以挖掘核心技术秘密，技术应用场景设计为抓手和主线，丰富相关的专业知识。

表 4.2　专业知识要求

类别	内容	一级	二级	三级
		熟悉以下相关知识	掌握一级及以下相关知识	综合运用一级、二级及以下相关知识
技术开发	技术研发	1. 技术商品与技术市场相关知识 2. 成本核算知识 3. 相关领域专业技术和行业相关知识 4. 技术创新管理知识	1. 技术工程化与产品化知识 2. 技术评估理论与方法 3. 项目管理相关知识	1. 挖掘核心技术秘密、知识产权分析与布局 2. 技术应用场景设计与策划
	技术集成	1. 技术商品与技术市场相关知识 2. 成本核算知识 3. 相关领域专业技术和行业相关知识	1. 技术工程化与产品化知识 2. 技术评估理论与方法 3. 小试、中试和技术孵化相关知识 4. 项目管理相关知识	1. 系统工程理论 2. 技术应用场景设计与策划

(续表)

类别	内容	一级 熟悉以下相关知识	二级 掌握一级及 以下相关知识	三级 综合运用一级、二级及 以下相关知识
技术转让	技术产权转让	1. 技术商品与技术市场相关知识 2. 相关领域专业技术和行业相关知识	1. 知识产权与法律知识 2. 知识产权变更相关知识 3. 项目管理相关知识	技术评估理论与方法
技术转让	技术许可	1. 技术商品与技术市场相关知识 2. 相关领域专业技术和行业相关知识	1. 知识产权与法律知识 2. 项目管理相关知识	技术评估理论与方法
技术转让	技术入股	1. 技术商品与技术市场相关知识 2. 相关领域专业技术和行业相关知识 3. 技术评估、交易理论与方法	1. 商务谈判技巧 2. 知识产权与法律知识 3. 项目管理相关知识	1. 技术投融资知识 2. 公司运营知识
技术咨询	技术项目咨询	1. 技术商品与技术市场相关知识 2. 相关领域专业技术和行业相关知识 3. 咨询相关知识	1. 技术产品、工艺和技术方案分析的相关知识 2. 项目管理相关知识	1. 技术项目可行性论证相关知识
技术咨询	法律法规咨询	1. 与技术转移相关的法律法规 2. 咨询相关知识	1. 与技术转移相关的国家和地方的科技政策 2. 项目管理相关知识	1. 技术、法律、政策综合知识
技术服务	设计服务	1. 技术商品与技术市场相关知识 2. 相关领域专业技术和行业相关知识	1. 工艺编制、流程改进、方案设计和技术调试等相关知识 2. 项目管理相关知识。	1. 工艺、技术相关知识 2. 工艺验证与技术评定相关规程
技术服务	检验检测	1. 技术商品与技术市场相关知识 2. 相关领域专业技术和行业相关知识	1. 检验检测相关方法和工具 2. 项目管理相关知识	检验检测相关理论
技术服务	技术培训	1. 技术商品与技术市场相关知识 2. 相关领域专业技术和行业相关知识	1. 培训相关知识与方法 2. 项目管理相关知识	培训体系设计与策划
技术评价	技术转移项目评价	1. 技术商品与技术市场相关知识 2. 相关领域专业技术和行业相关知识 3. 技术评价的工具	1. 技术评价方法 2. 技术评价指标体系设计方法 3. 项目管理相关知识	技术评价理论
技术评价	技术交易价值评估	1. 技术商品与技术市场相关知识 2. 相关领域专业技术和行业相关知识 3. 技术价值评估工具	1. 技术价值评估方法 2. 技术价值评估体系、模型、指标与方法 3. 项目管理相关知识	技术价值评估理论

(续表)

类别	内容	一级 熟悉以下相关知识	二级 掌握一级及 以下相关知识	三级 综合运用一级、二级及 以下相关知识
技术 投融资	技术投资	1. 技术商品与技术市场相关知识 2. 相关领域专业技术和行业相关知识 3. 银行、担保公司、其他债券基金、股权质押等担保机构相关知识、投资策略、方法及相关流程	1. 金融、信贷、证券、担保等方面的知识 2. 项目管理、财务管理、法律法规政策知识 3. 投资中的金融工具 4. 投资、风险投资（VC）私募股权投资（PE）相关知识、投资策略、方法及相关流程 5. 尽职调查相关知识 6. 项目管理相关知识。	1. 债券基金、股权质押等相关知识 2. 投资策略、方法及相关流程
	技术股权融资	1. 技术商品与技术市场相关知识 2. 相关领域专业技术和行业相关知识 3. 银行、担保公司、其他债券基金、股权质押等担保机构相关知识、投资策略、方法及相关流程	1. 技术融资方法 2. 融资策略、方法及相关流程 3. 与融资相关的金融工具 4. 尽职调查相关知识 5. 项目管理相关知识	1. 技术融资理论 2. 融资管理、资本运作及股权退出流程 3. 公司运作管理理论
	技术债权融资	1. 技术商品与技术市场相关知识 2. 相关领域专业技术和行业相关知识 3. 金融、信贷、证券、担保等方面的知识	1. 技术融资方法 2. 融资策略、方法及相关流程 3. 与融资相关的金融工具 4. 尽职调查相关知识 5. 项目管理相关知识	1. 技术融资理论 2. 融资管理、资本运作及股权退出流程 3. 债券基金、股权质押等相关知识
知识产权	知识产权申请及运营	1. 技术商品与技术市场相关知识 2. 相关领域专业技术和行业相关知识 3. 国内外专利、著作权、集成电路布图、动植物新品种等基础知识及申请流程 4. 专利、商标检索工具及使用方法	1. 知识产权相关法律制度 2. 尽职调查相关知识 3. 项目管理相关知识	知识产权导航、布局、许可、转让等知识产权运营基础知识及服务流程
	知识产权保护	1. 技术商品与技术市场相关知识 2. 相关领域专业技术和行业相关知识 3. 专利、商标检索工具及使用方法	1. 知识产权相关法律知识 2. 项目管理相关知识	知识产权维权、仲裁、诉讼等知识产权保护相关知识及服务流程

（三）国际技术转移服务知识要求

跨国技术转移工作对知识和能力要求都比较高，主要从事国际技术转移服务的人员应符合表4.1和表4.2的要求，同时符合表4.3的要求。重点是掌握《中华人民共和国技术进出口管理条例》等相关政策法规和国际政治、经济、文化相关知识。

表 4.3 国际技术转移服务知识要求

类别	一级	二级	三级
	熟悉以下相关知识	掌握一级及以下相关知识	综合运用一级、二级及以下相关知识
国际技术转移	1.《中华人民共和国技术进出口管理条例》等相关政策法规 2. 国际知识产权的相关法律制度和条约	1. 国际商务知识 2. 国际贸易、法律和财务知识 3. 外汇管理相关知识 4. 知识产权保护的国际法律制度 5. 国际商务谈判相关知识 6. 项目管理相关知识	1. 国际技术转移理论 2. 技术评估理论与方法 3. 国际政治、经济、文化相关知识

四、技能要求

技能要求包括通用技能要求、专业技能要求、国际技术转移服务技能要求。一级技术转移人员以完成具体工作为基本，二级人员要求具备制定工作方案和执行方案的能力；三级人员需要具备对工作的分析、评价、判断和取舍能力，可以创造性的开展工作，能够拓展业务领域。

（一）通用技能要求

技术转移服务人员应符合以下通用技能要求，详见表4.4。核心能力（目标和抓手）是把市场需求信息转化为技术需求方案，基本功是判断、制定技术商品的市场信息采集范围与策略和获取市场需求、分析和描述用户需求。

表 4.4 通用技能要求

类别	一级	二级	三级
信息采集分析与发布	1. 按照调查方案利用相关方法完成信息的采集 2. 采集用户需求信息 3. 采集技术市场或技术商品信息 4. 采集确定技术商品成熟度的信息 5. 利用信息采集分析工具进行信息的筛选、校验、审核和编制 6. 利用信息服务平台、新媒体、面谈等方式发布信息	1. 制定技术市场或技术商品调查实施工作方案 2. 制定技术转移项目的可行性调研实施方案 3. 制定对技术市场信息和技术商品信息分类分析方案 4. 制定技术商品成熟度信息收集方案 5. 撰写信息发布稿	1. 判断、制定技术商品的市场信息采集范围与策略 2. 分析判断技术市场需求信息的准确性和有效性 3. 拓展信息共享、交互、交易与对接的渠道
需求获取	1. 获取市场需求、分析和描述用户需求 2. 搜集、整理技术情报分析资料	1. 对市场需求进行分析 2. 对技术情报进行分析	把市场需求信息转化为技术需求方案

（二）专业技能要求

技术转移服务人员技能应符合表4.4的要求，同时应根据工作类别符合表4.5对应的专业技能要求，其他类别相关技能也应适当掌握，详见表4.5。重点是确定科技成果价格、对技术适用性做出判断、确保研发目标与技术需求的一致性；构建知识产权运营方案、拟定投融资方案、实操技术入股。

表 4.5　专业技能要求

类别	内容	一级	二级	三级
技术开发	技术研发、集成	1. 检查研发内容与市场需求的匹配性； 2. 通过跟踪项目的进展情况，协助解决出现的问题。	1. 根据客户需求，推荐适宜的协作单位和技术供方； 2. 评估和筛选技术方案，形成技术适用性报告。	1. 对技术适用性做出判断，选择协作单位和技术供方； 2. 确保研发目标与技术需求的一致性； 3. 促成技术供需方的合作，签署协议，跟踪服务并协调合同履行中的纠纷。
技术转让	技术产权转让	1. 为委托方提供相关业务咨询； 2. 审查待转让技术的知识产权情况； 3. 办理技术产权转让手续。	1. 撰写技术产权转让方案； 2. 对交易文件进行真实性、完整性、有效性审核。	1. 判断知识产权的可转让性； 2. 促成转让双方的合作，跟踪技术转让合同的履行，协调合同履行中的纠纷。
技术转让	技术许可	1. 为委托方提供相关业务咨询； 2. 审查待许可技术的知识产权情况。	1. 撰写技术许可方案； 2. 对交易文件进行真实性、完整性、有效性审核； 3. 策划技术许可形式。	1. 判断许可行使的可行性； 2. 促成许可双方的合作，跟踪技术许可合同的履行，协调合同履行中的纠纷。
技术转让	技术入股	1. 审查待作价入股技术的知识产权情况； 3. 协助办理相关手续。	1. 撰写技术作价入股方案； 2. 对相关文件进行真实性、完整性、有效性进行审核； 3. 完成技术作价评估方案。	1. 判断技术入股的可行性； 2. 制定技术作价评估方案； 3. 为委托方提供相关业务咨询； 4. 促成技术入股各方的合作，跟踪合同执行，协调合作中的纠纷。
技术咨询	技术项目、法律咨询	1. 检查咨询内容与市场需求的匹配性； 2. 通过跟踪项目的进展情况，协助解决出现的问题。	1. 根据客户需求，推荐适宜的协作单位和技术供方； 2. 评估和筛选技术方案，形成技术适用性报告。	1. 对技术适用性做出判断，选择协作单位和技术供方； 2. 确保咨询服务方专长与技术需求一致。
技术服务	技术服务	1. 检查技术服务内容与市场需求的匹配性； 2. 通过跟踪项目的进展情况，协助解决出现的问题。	1. 根据客户需求，推荐适宜的协作单位和技术供方； 2. 评估和筛选技术方案，形成技术适用性报告。	1. 对技术适用性做出判断，选择协作单位和技术供方； 2. 确保技术服务目标与技术需求的一致性； 3. 促成技术供需方的合作，签署协议，跟踪服务并协调合同履行中的纠纷。
技术服务	技术培训知识产权申请及运营	1. 检查培训内容与市场需求的匹配性； 2. 通过跟踪项目的进展情况，协助解决出现的问题。	1. 根据客户需求，推荐适宜的培训单位和培训人员； 2. 评估和筛选培训方案。	1. 对培训内容与方式的适用性做出判断，选择培训单位和培训人员； 2. 评估培训方法和培训质量。
知识产权技术评价	技术评估、评价	1. 收集评估、评价所需资料； 2. 选择适用的工具和方法； 3. 收集整理评估、评价出现的问题。	1. 制定评估、评价（组织）方案； 2. 按评估、评价方案分析资料； 3. 界定评估、评价所需资料范围； 4. 组织、实施评估、评价。	1. 确定评估、评价范围； 2. 分析、选择评估、评价机构； 3. 确保评估、评价质量； 4. 对评估、评价报告做出使用建议； 5. 促成双方合作，签署协议，跟踪服务并协调合同履行中的纠纷。

（续表）

类别	内容	一级	二级	三级
技术投融资	技术投资	1. 收集技术融资信息； 2. 初评技术融资项目； 3. 按要求提供技术性文件。	1. 对技术融资信息进行分类管理； 2. 进行项目评估； 3. 综合运用投资工具，提供包括财务、股权投资、风险投资等服务； 4. 初步匹配投资对象和融资形式； 5. 尽职调查。	1. 出具评估意见和使用方法； 2. 拟定技术投资方案； 3. 预测项目的市场及产业化前景。
技术投融资	技术融资	1. 收集技术投资信息； 2. 初评技术融资项目； 3. 按要求提供技术性文件。	1. 对技术投资信息进行分类管理； 2. 进行项目评估； 3. 综合运用金融工具，提出融资基本方案； 4. 初步匹配投资方和投资形式； 5. 尽职调查。	1. 出具评估意见和使用方法； 2. 拟定技术融资方案； 3. 匹配投资方和投资形式。
知识产权	知识产权申请及运营	1. 使用专利、商标检索工具； 2. 构建知识产权运营方案。	1. 规划知识产权的挖掘、布局； 2. 办理知识产权相关手续。	1. 提出知识产权运营策略； 2. 撰写知识产权相关文件。
知识产权	知识产权保护	1. 对知识产权保护中的事项分类管理； 2. 编制知识产权的保护文档； 3. 收集相关文件和技术资料。	1. 解决知识产权争端； 2. 提供法律援助和维权服务。	1. 预测知识产权中的运营风险； 2. 提出知识产权保护方案； 3. 解决知识产权保护中的重大专业问题。

（三）国际技术转移服务技能要求

主要从事国际技术转移服务的人员应符合表 4.4 和表 4.5 的要求，同时符合表 4.6 的要求，详见表 4.6。核心能力对进出口技术进行市场与政策风险评价，对技术进出口文件进行审核与国际商务谈判。

表 4.6　国际技术转移服务技能要求

类别	一级	二级	三级
国际技术转移	1. 对进出口的技术进行检索与调查； 2. 办理技术进出口审批手续。	1. 对国际技术转移项目进行可行性研究； 2. 对技术进出口文件进行审核； 3. 国际商务谈判。	1. 为客户制定国际技术转移方案； 2. 对进出口技术进行市场与政策风险评价。

第五章
科技法律法规概述

目前我国施行的、在名称中明确带有"科学技术"字样的法律有三部，分别是《中华人民共和国科学技术进步法》《中华人民共和国促进科技成果转化法》和《中华人民共和国科学技术普及法》。在这三部法中，和技术转移、科技成果转化最直接相关的是《中华人民共和国科学技术进步法》《中华人民共和国促进科技成果转化法》和《中华人民共和国科学技术普及法》。

第一节 科学技术进步法

一、制定和修改

（一）制定

20世纪90年代，我国处在社会主义现代化建设承前启后的关键时期。国际形势风云变幻，经济竞争日趋激烈，新科技革命迅猛发展。制定指导和推动科技进步的基本法律，不仅是我国科技事业发展的客观需要，而且也是当代世界各国科技立法的历史潮流。当时已有30多个国家制定了指导科学技术发展的基本法律，赋予其巨大权威和效力。这些科技立法的目的，都是为建立有利于科技、经济发展的体制，并采取强有力的法律措施，保障科技与经济、社会协调发展，以达到增强综合国力，提高国际竞争能力的目标。这深刻反映了当代世界科技经济竞争的重要特征。

党的十一届三中全会以来，我国贯彻执行"经济建设必须依靠科学技术，科技工作必须面向经济建设"的基础方针，在改革经济体制的同时，科学技术体制改革进行了成功的实践。通过实行技术合同制，开放技术市场，初步建立起技术成果商品化的市场机制；通过改革科技拨款制度，转变了科研机构的运行机制，增强了科研机构面向经济的活力和自我发展的能力；通过鼓励和引导科技以多种形式进入经济、长入经济，推动了企业、农村和整个经济建设向依靠科学技术进步转轨。在改革的推动下，我国的科技工作形成了面向经济建设主战场、高技术研究及高新技术产业的发展、加强基础性研究这三个层次的战略布局，科学技术的整体水平进一步提高。因此，制定一部科学技术基本法，时机是成熟的，条件是具备的。

1993年7月2日，中华人民共和国第八届全国人民代表大会常务委员会第二次会议通过《中华人民共和国科学技术进步法》，自1993年10月1日起施行。随后我国相继制定了《中华人民共和国促进科技成果转化法》（1996年）、《中华人民共和国科学技术普及法》（2002年）等科技法律。

（二）修改

1993年10月施行的《中华人民共和国科学技术进步法》，对促进我国科技进步发挥了重要作用。随着经济、社会发展，我国科技进步工作一些尚未解决的问题进一步凸显出来，同时又出现一些新问题，主要有：一是企业科技投入积极性不够高，企业尚未真正成为技术创新的主体；二是财政性科技投入需要进一步增加，科技资源未能有效整合，科技投入特别是财政性科技投入的效益有待进一步提高；三是科技人员的自主性、积极性、创造性有待进一步发挥；四是科技成果转化为现实生产力不够，产学研结合不够紧密。为了从制度上解决科技进步中存在的问题，从法律上进一步明确我国科技发展战略和政策，有必要对科技进步法予以修订。2007年12月29日第十届全国人民代表大会常务委员会第三十一次会议修订通过《中华人民共和国科学技术进步法》，自2008年7月1日起施行。

修订后的《科学技术进步法》由8章75条组成，分别是：总则、科学技术研究、技术开发与科学技术应用、企业技术进步、科学技术研究开发机构、科学技术人员、保障措施、法律责任和附则。内容比修改前更加丰富和具体。集中体现在以下6个方面。

一是将提高自主创新能力、建设创新型国家写入法律，进一步明确我国科技发展战略和基本方针、政策。二是提出国家要制定和实施知识产权战略，建立和完善知识产权制度，把科技成果尽快转化为现实生产力，鼓励已经取得的发明专利权等知识产权能够尽快得到实施，在推动经济和社会发展方面发挥重要作用。三是规定加大对科技的投入，通过财政政策、金融政策、税收政策等，包括建立基金，动员社会力量加大科技方面的投入，推动科技更快发展。四是规定要有效配置、整合科技资源，遵循统筹规划、优化配置原则，整合和设置国家科研实验基地，建立科技资源的共享使用制度，使科技资源发挥更大作用。五是设立企业技术进步专章。提出要建立以企业为主体、市场为导向、产学研相结合的技术创新体系，充分发挥企业在技术创新中的主体作用。法律规定了多项鼓励企业自主创新的优惠措施。六是强调要调动科技工作人员的自主性、积极性、创造性，建立一种能够激励自主创新的制度，营造一个能够自由探索的学术环境、使科技工作者能够勇于承担风险的学术氛围，使科技人员能够没有任何思想负担，承担探索性强、风险高的科技项目。

二、基本原则与制度

《科学技术进步法》是我国科技工作的基本准则和科技事业发展的法律保障，是制定科学技术发展的方针、政策和法律法规的基本依据。深刻认识科技进步法所确定的基本原则并切实付诸实施，对推动我国科学繁荣、技术进步和经济发展，对加速整个社会主义现代化进程，实行中华民族的高度文明和全面进步，具有十分重要的意义。

（一）基本原则

《科学技术进步法》规定的基本原则主要有以下6个方面。

1. 确立了科学技术是第一生产力的伟大战略思想

1978年3月18日在全国科学大会上，邓小平同志提出了"科学技术是生产力""科技人员是工人阶级的一部分"两个重要论断，为我国制定新时期改革开放和发展的方针政策奠定了思想理论基础。十年后，邓小平同志纵观世界科技发展历史和新科技革命的大潮，提出了"科学技术是生产力，而且是第一生产力"的伟大思想。这一论断的战略性，在于它指明了依靠科技进步是我国加速现代化建设的根本途径。而科技进步法第一条用法律形式明确科学技术优先发展的战略地位，这必将保障我国在20世纪90年代和21世纪实现现代化建设的第二步目标并进而向第三步目标迈进。

2. 确定了"自主创新、重点跨越、支撑发展、引领未来"的科技工作指导方针

1982年党中央国务院提出的科技面向经济，经济依靠科技的战略方针。30多年的事实证明，这一方针是正确的、富有成效的，并在实践中丰富了其深刻的内涵。修改后的《科学技术进步法》继续做了相应阐述："经济建设和社会发展应当依靠科学技术，科学技术进步工作应当为经济建设和社会发展服务"。在新形势下，我国提出坚持科学发展观，实施科教兴国战略，构建国家创新体系，建设创新型国家的战略目标，为此确定了科技工作指导方针，将原来的战略方针进一步丰富和发展，更具针对性和可操作性。

3. 明确了"尊重劳动、尊重知识、尊重人才、尊重创造"的基本政策

我国科技人员政策、知识分子政策的核心，归结到一点，就是尊重知识、尊重人才。这也是党指导现代化建设事业各项政策的基点之一。《科学技术进步法》把党和国家一贯倡导的"尊重劳动、尊重知识、尊重人才、尊重创造"思想，把改革开放以来执行的重要政策，上升为国家的法律，将使之成为全社会遵守的行为准则，带来广泛的社会影响。此举有利于财富调动科技人员的积极性，有利于保护科技人员的合法权益。

4. 明确了鼓励科学探索和技术创新的政策

《科学技术进步法》明确规定，国家保障科学研究的自由，鼓励科学探索和技术创新，使科学技术达到世界先进水平。《科学技术进步法》确定鼓励科学探索和技术创新的重大原则，将以国家意志保障科学研究的自由，保障科技人员和全体公民无所畏惧地追求科学真理，保障百家争鸣、学术方针的贯彻实施，推动科学技术的繁荣和发展，促进科学技术进入经济、长入经济、促进生产力发展中心、工程技术研究中心、行业和区域技术开发中心等多种技术创新组织的发展，加速科技成果商品化、产业化、国际化的进程。

5. 确定了对科技发展规划、重大政策和重大项目实行科学决策的原则

《科学技术进步法》总结我国软科学研究的成果，提出制定科学技术发展规划和重大政策，确定科学技术的重大项目，与科学技术密切相关的重大项目，应当充分听取科学技术人员的意见，实行科学决策的原则。我们应当根据这一规定，把科学引入决策过程，充分利用先进科学技术知识和手段，使决策成为集思广益的、有科学根据的、有法制保障的行为。

6. 明确了国家知识产权战略

《科学技术进步法》规定"国家制定和实施知识产权战略"，国家知识产权战略是对"尊重劳动、尊重知识、尊重人才、尊重创造"基本政策的进一步落实，也是我国坚持扩大开放、积极融入全球经济的重要保障性措施。2008年《国家知识产权战略纲要》的制定和实施，对不断完善知识产权制度，促进世界范围内的知识产权资源的有效利用，增强全社会的知识产权意识，提高知识产权的创造、管理、保护和应用能力发挥了重要指导作用。

（二）基本制度

《科学技术进步法》还规定了以下5个方面的制度。

1. 激励自主创新

（1）将财政性科技项目创造的知识产权授予承担者的制度。

《科学技术进步法》规定：政府科技基金项目或者科技计划项目所创造的知识产权，涉及国防和其他国家安全、重大社会公共利益的，由国家拥有；其他的，授予项目承担者，由项目承担者依法运用。单位和完成该项目的科技人员因运用该知识产权产生的利益关系依照有关法律、行政法规的规定执行或者由双方约定。同时规定：为了国家利益或者重大社会公共利益的需要，国家可以运用该知识产权；项目承担者在一定期限内不运用该知识产权的，国家保留拥有该知识产权的权利。

（2）激励自主创新的政府采购制度。

《科学技术进步法》规定：对境内公民、法人或者其他组织自主创新的产品、服务或者国家需要重点扶持的产品、服务，在性能、技术等指标相同或者相近的条件下，政府采购应当优先购买；首次投放市场的，政府采购应当率先购买。政府采购的产品尚待研究开发的，采购人应当运用招标方式确定科学技术研究开发机构或者高等学校进行研究开发，并予以订购。

（3）宽容失败的制度。

《科学技术进步法》规定：对于探索性强、失败风险高的科研项目，原始记录证明承担项目的科技人员已经履行了勤勉尽责义务仍不能完成的，不影响该项目结题。

（4）对引进技术实行审查技术消化、吸收和再创新方案的制度。

《科学技术进步法》规定：利用财政性资金和国有资本引进重大技术、装备的，应当制定技术消化、吸收、再创新方案；国务院有关主管部门审批引进重大技术、装备时，应当对技术消化、吸收、再创新方案一并进行审查。

2. 促进企业成为技术创新的主体

（1）对企业加大科技投入实行优惠政策。

《科学技术进步法》规定，从事高新技术产品研发、生产的企业，投资于中小型高新技术企业的创业投资企业，从事技术开发、技术转让、技术咨询、技术服务，可以享受税收优惠。同时规定：按照国家有关规定，企业研究开发费用可以税前列支并加计扣除，企业研发设备可以加速折旧。

（2）为企业技术创新获得资金提供制度保障。

《科学技术进步法》规定：国务院设立基金，资助中小企业开展技术创新。同时规定：国家利用财政性资金设立基金，为企业自主创新与成果产业化贷款提供贴息、担保；政策性金融机构应当在其业务范围内对国家鼓励的企业自主创新项目给予重点支持；国家建立和发展促进自主创新的资本市场，支持符合条件的高新技术企业上市；鼓励设立创业投资引导基金，对社会资金流向创业投资企业、创业投资企业投资创业企业予以引导。

（3）将创新投入纳入国有企业负责人考核范围。

《科学技术进步法》规定：国有企业应当建立健全有利于技术创新的分配制度，完善激励约束机制。国有企业负责人对企业的技术进步负责。对国有企业负责人的业绩考核，应当将企业的创新投入、创新能力建设、创新成效等情况纳入考核的范围。国务院有关部门和省级人民政府应当通过制定产业、财政、能源、环境保护等政策，引导、促使企业淘汰技术落后的设备、工艺，停止生产技术落后的产品。

3. 整合科技资源

（1）建立配置、整合科技资源协调机制。

《科学技术进步法》规定：国家建立科学技术进步工作协调机制，就国家科技基金、国家科技计划项目的设立及相互衔接，军用与民用科技资源配置中的重大事项以及相关科技计划的衔接等重大事项进行协调。

（2）建立整合科研机构和实验室制度。

《科学技术进步法》规定：利用财政性资金设立科学技术研究开发机构，应当优化配置，防止重复设置；对重复设置的研究开发机构应当予以整合。同时规定：国家根据经济建设、社会进步和国家安全的需要，遵循统筹规划、优化配置的原则，整合和设置国家实验室、国家工程技术研究中心、重大科学基础设施等国家科学技术研究实验基地。

（3）建立科技资源的共享使用制度。

《科学技术进步法》规定：国务院科学技术主管部门应当会同国务院有关主管部门，建立科学技术研究基地和科学技术文献、科学技术数据、科学技术自然资源、科学技术普及资源等科学技术资源的信息系统，在依法保密的前提下，及时向社会公布科学技术资源的分布、使用情况。科学技术资源的管理单位应当向社会公布所管理的科学技术资源的共享使用制度以及使用情况，并根据使用制度安排使用。同时，从有利于科技资源的使用出发，还规定了管理单位和使用者之间的其他权利义务关系。

4. 发挥引导科技人员的自主性、积极性、创造性

（1）保障科技人员合法权益。

《科学技术进步法》规定：科学技术人员享有开展学术争鸣、竞聘岗位和获得专业技术职务或者职称、获得工资和福利、接受继续教育、依法创办或者加入科学技术社会团体的权利。并规定，所在

单位和县级以上人民政府人事、科技等主管部门应当保障其权利。

（2）解决回国科技人员的特殊困难。

《科学技术进步法》规定：在国外工作的杰出科学技术人员回国从事科学技术研究开发工作，可以依法优先获得在华永久居留权；到利用财政性资金举办的科学技术研究开发机构、高等学校从事科学技术研究开发工作的，应当为其工作和生活提供方便。

（3）建立科研人员的学术诚信档案。

《科学技术进步法》规定：科技基金项目、科技计划项目的管理机构，应当对参与项目管理和实施的科技人员建立学术诚信档案，作为对科技人员聘任专业技术职务或者职称和审批科学技术人员申请科学技术研究开发项目等的依据。

（4）要求科技人员恪守职业道德不得弄虚作假。

《科学技术进步法》规定：科技人员应当弘扬科学精神，遵守学术规范，恪守职业道德，提高科学技术研究开发能力；不得在科学技术活动中弄虚作假，不得参加、支持迷信活动和伪科学活动。

（5）建立现代科研院所制度。

《科学技术进步法》规定：政府设立的研发机构应当实行院长或者所长负责制、科学技术委员会咨询制和职工代表大会监督制等制度，并依法吸收外部专家参与管理、接受社会监督；院长或者所长的聘用应当引入竞争机制。

5. 推动产学研相结合、促进高新技术产业化

《科学技术进步法》规定：技术创新体系建设应当以企业为主体，以市场为导向，实行企业同科学技术研究开发机构、高等学校相结合。同时规定：有关科技计划项目，鼓励由企业联合研发机构、高等学校共同实施。同时还规定：鼓励企业设立内部研发机构；鼓励企业同其他企业或者研发机构、高等学校联合建立研发机构，或者以委托等方式开展科学技术研究开发。

为促进高新技术产业化，《科学技术进步法》除专门规定了农业技术推广、技术服务体系和推动研发与标准制定、产品设计以及产品制造相结合外，为解决高新技术产业化的资金问题，还规定：国家鼓励金融机构开展知识产权质押业务，鼓励和引导金融机构在信贷等方面支持科学技术应用和高新技术产业发展，鼓励保险机构根据高新技术产业发展的需要开发保险品种。政策性金融机构应当在其业务范围内，为科学技术应用和高新技术产业发展优先提供金融服务。

三、与技术转移的关系

技术转移是科技成果实现商品化、产业化的重要环节、主要通道，在社会分工日益细化、市场经济日趋完善的今天，技术转移往往伴随着技术交易行为，因而产生了技术市场。科技进步法作为我国科技工作的基本准则和科技事业发展的法律保障，涉及的内容也覆盖了技术转移工作，主要包括以下方面：

（一）技术交易服务体系建设

《科学技术进步法》规定："国家培育和发展技术市场，鼓励创办从事技术评估、技术经纪等活动的中介服务机构，引导建立社会化、专业化和网络化的技术交易服务体系，推动科学技术成果的推广和应用。技术交易活动应当遵循自愿、平等、互利有偿和诚实信用的原则。"

1. 培育和发展技术市场

技术作为一种知识形态的特殊商品，通过市场进行有偿转让，是伴随着工业化和科技发展而兴起的。技术交易活动在西方发达国家已有300多年的发展历史，建立了一系列关于技术转移和国际技术贸易的规则，为加速科学技术向现实生产力的转化、推动经济社会发展发挥了重要作用。促进科技成果商品化和产业化，培育和发展技术市场，是我国科技体制改革的重大探索和突破。它对于引入市场的竞争机制和约束机制，促进科技成果迅速转化为现实生产力，以及推动我国市场经济完善发展具有

重要意义。

2. 鼓励创办相关中介服务机构

发展技术市场，离不开中介服务机构。《科学技术进步法》点明了中介服务机构从事技术评估、技术经纪等活动，第一次在综合性法律层面提出了"技术经纪"的概念，为今后推进技术经纪人的职业化、专业化奠定了基础。在技术市场上，技术经纪人是联系科技成果持有单位与应用单位特别是企业，让科技和市场有机结合的桥梁和纽带。

《科学技术进步法》规定："国家对公共研究开发平台和科学技术中介服务机构的建设给予支持。公共研究开发平台和科学技术中介服务机构应当为中小企业的技术创新提供服务。"

为落实《科学技术进步法》，促进技术转移，增强自主创新能力，构建与创新型国家建设目标相适应的国家技术转移体系，2007年12月，科技部、教育部和中国科学院印发了《国家技术转移促进行动实施方案》，旨在通过选择不同类型、不同发展模式的技术转移机构进行试点，扶持其发展，创建一批国家技术转移示范机构，带动技术转移机构健康发展，提升整体服务能力。

2017年9月，国务院发布《国家技术转移体系建设方案》。方案首次提出国家技术转移体系的概念，目的是要构建符合科技创新规律、技术转移规律和产业发展规律的技术转移体系，加强对技术转移和成果转化工作的系统设计，形成体系化推进格局，进一步推动科技成果加快转化为经济社会发展的现实动力，必须要加快建设国家技术转移体系，健全技术转移机制，促进科技成果资本化产业化，构建政产学研用多方协同推动科技成果转化和创新创业的新格局。

3. 引导建立技术交易服务体系

技术交易需要平台，社会化、专业化和网络化的技术交易服务体系有利于进行技术交易，推动科技成果的推广和应用。由于技术市场是一个高度专业化和信息不对称的市场，这就要求有较完善的中介服务与之配合。中介服务机构的服务功能主要体现在两个方面：一是通过专业分工提高效率；二是规范化和规模化的信息收集和传播降低市场信息不对称。技术中介通过在技术交易的沟通、评估、谈判、建设、经营等环节起辅助、支撑作用来实现促进市场交易效率提高的功能。

《科学技术进步法》科技进步法提出"引导建立"，是强调发挥市场经济的主导作用，政府主要通过政策手段对技术交易体系建设创造优良的宏观发展环境。

4. 技术交易活动应当遵循市场经济原则

技术合同是技术交易活动的具体体现，是当事人就技术开发、转让、咨询以及服务订立的确立相互之间权利和义务的合同的总称。首先，技术合同是平等主体之间的协议，合同当事人的法律地位一律平等，任何一方没有超越法律规定和合同约定的特权；其次，技术合同是调整与科技成果和知识产权密切相关的民事权利和义务关系的协议，其内容突出表现在知识产权和技术权益由谁享有、如何使用和转让以及由此产生的权益如何分享等；最后，技术合同是当事人就技术开发、技术转让、技术咨询、技术服务所达成的民事法律关系的协议。

技术交易活动应当遵循自愿、平等、互利、有偿和诚实信用的原则。自愿原则既表现在当事人之间，因一方欺诈、胁迫订立的合同无效或者可以撤销；也表现在合同当事人与其他人之间，任何单位和个人不得非法干预。诚实守信原则是指在合同的订立、履行过程中，缔约人应当遵守诺言、实践成约、正当竞争，而不能规避法律和曲解合同。

（二）知识产权处置

《科学技术进步法》第二十条规定："利用财政性资金设立的科学技术基金项目或者科学技术计划项目所形成的发明专利权、计算机软件著作权、集成电路布图设计专有权和植物新品种权，除涉及国家安全、国家利益和重大社会公共利益的外，授权项目承担者依法取得。项目承担者应当依法实施前款规定的知识产权，同时采取保护措施，并就实施和保护情况向项目管理机构提交年度报告；在合理期限内没有实施的，国家可以无偿实施，也可以许可他人有偿实施或者无偿实施。项目承担者依法取得的本条第一款规定的知识产权，国家为了国家安全、国家利益和重大社会公共利益的需要，可以无偿实施，也可以许可他人有偿实施或者无偿实施。项目承担者因实施本条第一款规定的知识产权所产生的利益分配，依照有关法律、行政法规的规定执行；法律、行政法规没有规定的，按照约定执行。"

此条涉及政府财政经费支持的科技项目所形成的知识产权的归属和使用问题，关系科技成果向现实生产力转化的关键性因素。一方面，明确了承担单位在争创、维护科技知识产权方面的责任，强调了承担单位和科技人员在获得知识产权之后实施应用的义务；另一方面，为了调动承担单位和科技人员的积极性，明确了可对知识产权进行有偿使用和权益分配的制度安排。

此条规定为解决我国科技与经济"两张皮"问题开出了"药方"，为技术转移提供了巨大的需求和广阔的前景。

(三) 税收优惠

《科学技术进步法》规定，从事技术开发、技术转让、技术咨询、技术服务等活动的，按照国家有关规定享受税收优惠。

技术开发，主要是指科学成果或已有的新技术、新知识应用于生产实践的创造性劳动，是科学技术的独立性和科学技术与社会经济相连性的应用成果；技术转让，主要是指让与人将其所有的专利权、专利申请权、专利实施权、非专利技术等现有技术的所有权或者使用权，有偿转让给受让方的行为；技术咨询，主要是指某方面专业知识的专家或者研究机构，运用自己所拥有的知识、技术、信息，为委托方完成咨询报告，解答技术咨询，提供决策建议的智力服务行为；技术服务，主要是指一方以科学技术知识解决特定技术问题，并由接受服务的一方支付约定价款或者报酬的行为。

目前，我国对于上述技术开发、技术转让、技术咨询、技术服务等活动给予的税收优惠政策有：允许企业对技术开发费用进行所得税税前抵扣，允许企业加速研究开发仪器设备折旧，对国家需要重点扶持的高新技术企业减按15%的税率收企业所得税，对经技术市场登记的技术开发、技术转让合同免征营业税（增值税）等。

第二节　促进科技成果转化法

科技成果转化对于提升整个社会生产力和国家综合国力意义重大。1996年5月15日第八届全国人民代表大会常务委员会第十九次会议通过，并于2015年8月29日第十二届全国人民代表大会常务委员会第十六次会议修改的《中华人民共和国促进科技成果转化法》为科技成果转化提供了法律保障，把握和了解促进科技成果转化的主要法律制度，是技术经纪人的基本要求。

一、制定和修改

(一) 制定

改革开放以来，我国科技体制改革进行了探索实践，原有封闭的科技计划管理体制已经打破，科学与经济脱节的状况有了一定的改观，科技成果的应用、推广取得了可喜成绩，促进了我国经济发展与社会进步。但是在20世纪90年代，我国在体制、机制以及思想观念等方面还存在许多阻碍科学技术与经济结合的不利因素，科技成果转化率和科技进步贡献率依然较低，业已成为我国经济发展的重大瓶颈问题。因此，为了促进科技成果转化为现实生产力，加速科学技术进步，推动经济建设和社会发展，第八届全国人民代表大会常务委员会第十九次会议于1996年5月15日通过了《中华人民共和国促进科技成果转化法》，自当年10月1日起施行。

(二) 修改

《促进科技成果转化法》的实施对科技成果转化为现实生产力、推动经济社会发展发挥了积极作用。由于实践与认识上的历史限制，法律并未产生预期的影响和作用。随着经济社会的发展，我国经济体制和科技体制都发生了很大变化，原有的促进科技成果转化法已经不能适应建设创新型国家的需求，主要表现在：一是科技成果供求双方信息交流不够通畅，企业对科研机构取得的科技成果信息缺乏充分了解，影响科技成果转化。二是科研机构和科技人员的考核评价体系以及科技成果处置、收益分配机制没有充分体现科技成果转化特点，对科研机构和科技人员的考核评价存在重理论成果、轻成果运用的现象，国家设立的科研机构处置科技成果所得收益需按规定上交财政，且审批手续烦琐，影响科研机构和科技人员积极性发挥。三是科研的组织、实施与市场需求结合不够紧密，产学研合作落实得不够好，现有科技成果与企业需求有差距，企业在科技成果转化中的主导作用发挥不够。产学研合作各类创新主体的职责和权益界定不清，不利于调动和保护产学研各方的积极性；产学研合作的技术、市场、管理等风险分担缺乏相应法律约束，影响产学研合作的深入发展和可持续推进；产学研合作的知识产权归属及利益分配缺乏明确法律规范，产学研合作成果面临的流失或被侵权风险较大；产学研合作的科技成果转化的相关法律存在冲突，影响产学研合作相关激励政策落实到位；产学研合作形式缺乏明确的标准界定，新出现的各种产学研合作组织缺乏必要的法律法规保护。四是科技成果转化服务还比较薄弱，不便于科技成果转化的实施。产业技术创新服务平台的建设缺乏顶层设计，重复建设较为普遍；行业服务功能有待进一步加强，大部分平台只是为企业提供场地、物业管理和一般的咨询服务，缺少与科技信息、知识产权、创投资金和公共技术服务平台的有效融合；优质资源基本在本地或本区域发挥作用，跨地方的资源开放和共享服务程度低；创新资源分散，难以形成创新合力。

修改《促进科技成果转化法》，破除科技成果转移扩散的障碍，将成熟的行之有效的创新政策、实践经验上升为稳定的制度，为科技成果转化活动中的各主体提供法律保障，非常必要。促进科技成果转化法修订工作于2013年启动，2015年8月29日，第十二届全国人民代表大会常务委员会第十六次会议表决通过了《关于修改〈中华人民共和国促进科技成果转化法〉的决定》，修改后的法律自2015年10月1日起施行。

二、基本原则与制度

《促进科技成果转化法》是一部关于科技成果转化工作的专门法律，凸显了科技成果转化在科技工作中的重要战略意义。其根本的目的是促进科技成果转化为现实生产力，促进科技同经济的对接、科技人员创新劳动同其利益收入对接，为科技成果转化提供制度保障。

（一）基本原则

《促进科技成果转化法》对于科技成果转化活动需要遵守的原则作出了规定，包括以下三个方面。

1. 科技成果转化应当面向经济建设的原则

（1）科技成果转化活动应当有利于加快实施创新驱动发展战略，促进科技与经济的结合。创新是驱动经济社会发展的第一动力。面对全球新一轮科技革命与产业变革的重大机遇和挑战，面对经济发展新常态下的趋势变化和特点，面对"两个百年"奋斗目标的历史任务和要求，必须深化体制机制改革，加快实施创新驱动发展战略。2015年3月，中共中央、国务院出台了《关于深化体制机制改革加快实施创新驱动发展战略的若干意见》，本法中的许多规定体现了这一文件的精神，并将其中的许多内容，用法律形式固定下来。加快实施创新驱动发展战略，要使市场在资源配置中起决定性作用和更好发挥政府作用，破除一切制约创新的思想障碍和制度藩篱，激发全社会创新活力和创造潜能，提升劳动、信息、知识、技术、管理、资本的效率和效益。

科技成果转化是科技与经济紧密结合的关键环节。科技成果转化为现实生产力，主要是促进经济和社会发展。科技与经济结合，就是使科学技术成为经济增长的源泉和动力，提供新的技术、产品和工艺，改进现有技术、产品和工艺。科学技术只有与经济相结合，为经济服务，才能真正实现它的经济价值和使用价值。本条强调促进科技与经济的结合，就是要避免科技与经济相脱节，形成"两张皮"，互相不对接。因此，要强化科技同经济对接、创新成果同产业发展对接、创新项目同市场需求对接、研发人员创新劳动同其利益收入对接，提高科技进步对经济发展的贡献度，营造大众创业、万众创新的政策环境和制度环境。

（2）有利于提高经济效益、社会效益和保护环境、合理利用资源。有利于提高经济效益，是科技与经济相结合的具体体现。经济效益，是以尽量少的劳动耗费取得尽量多的经营成果，或者以同等的劳动耗费取得更多的经营成果，即获得的利润回报。这是因为不是所有的科技成果和新技术，都能够提高经济效益、社会效益和保护环境与资源。如有的技术，应用成本太高，甚至对社会、对环境起危害作用，资源耗费太大，甚至起破坏作用，对这类科技成果的转化，就应当受到限制，即使转化成功，也不宜应用、推广。提高经济效益，就要求产生的科技成果要有使用价值，能够提高生产力，提高经济效益对于社会发展等具有十分重要的意义。社会效益，是指科技项目实施后为社会所作的贡献，一般是指产品和服务对社会所产生的积极的后果和影响，主要表现在公众反映和社会评价体系上。社会效益是相对于经济效益而言的。科技成果要能够保护环境，不能污染环境，并且能够合理的利用资源，解决可持续发展的问题。

（3）有利于促进经济建设、社会发展和维护国家安全。经济和社会需要发展，国家更需要安全。根据我国国家安全法的有关规定，国家安全是国家的基本利益，是一个国家处于没有危险的客观状态，也就是国家没有外部的威胁和侵害也没有内部的混乱和疾患的客观状态。当代国家安全包括10个方面的基本内容，即国民安全、领土安全、主权安全、政治安全、军事安全、经济安全、文化安全、科技安全、生态安全、信息安全。习近平总书记指出，要坚持总体国家安全观，走中国特色国家安全道路。因此，在新的形势下，本法突出强调科技成果转化要有利于经济和社会发展，也要有利于维护国家安全。

2. 科技成果转化活动尊重市场经济规律的原则

（1）应当尊重市场规律，发挥企业的主体作用。市场规律是在市场经济中发生作用的规律，包括供求规律、竞争规律、价值规律、货币流通规律等市场经济发展的一般规律。尊重市场规律，就要求要根据科学技术活动特点，把握好科学研究的探索发现规律，为科学家潜心研究、发明创造、技术突破创造良好条件和宽松环境；把握好技术创新的市场规律，让市场成为优化配置创新资源的主要手段。让企业成为技术创新的主体力量，让知识产权制度成为激励创新的基本保障；大力营造勇于探索、鼓励创新、宽容失败的文化和社会氛围。2015年修改的《促进科技成果转化法》，专门在总则强调要发挥企业在科技成果转化活动中的主体作用，同时在其他条文中还有许多具体的规定，都直接体现了企业的主体地位。如第二十四条规定，对利用财政资金设立的具有市场应用前景、产业目标明确的科技项目，政府有关部门、管理机构应当发挥企业在研究开发方向选择、项目实施和成果应用中的主导作用，鼓励企业、研究开发机构、高等院校及其他组织共同实施。

（2）遵循自愿、互利、公平、诚实信用的原则，依照法律法规规定和合同约定，享有权益，承担风险。

自愿原则，是民法的基本原则之一，它是指公民、法人等任何民事主体在市场交易和民事活动中都必须遵守自愿协商的原则，都有权按照自己的真实意愿独立自主地选择、决定交易对象和交易条件，建立和变更民事法律关系，并同时尊重对方的意愿和社会公共利益，不能将自己的意志强加给对方或任何第三方。只要进行交易或其他民事活动双方的交易等行为不违反法律规定，其他任何机关、团体、个人等第三方都不能干涉。以欺诈、强迫、威胁等违背交易主体意志的不正当竞争行为，都为法律所禁止。具体是指科技成果持有者可以自主决定将科技成果进行转化，以何种方式转化、什么时间转化、转化给谁，都由当事人自愿协商，除法律另有规定外，任何组织和个人不能强迫科技成果持有人将科技成果予以转化，也不能强迫当事人接受科技成果。互利原则，是指科技成果转化应使双方都获益，也就是不能以损害对方的利益来满足自己的要求，而要兼顾双方的利益。公平原则是民法的一项基本原则，它要求当事人在民事活动中应以社会正义、公平的观念指导自己的行为、平衡各方的利益，当事人应当遵循公平原则确定各方的权利和义务。公平原则强调在市场经济中，对任何经营者都只能以市场交易规则为准则，享受公平合理的对待，既不享有特权，也不履行不公平的义务，权利与义务相一致。公平与互利二者密切联系、不可分割。公平必然要求互利，只有互利才能达到真正的、实质上的公平。

诚实信用原则，是合同必须遵守的基本原则法律原则之一，是指当事人在进行科技成果转化活动时，应诚实守信，以善意的方式履行其义务，不得滥用权利及规避法律或合同规定的义务。当事人在市场活动中应讲信用，恪守诺言，诚实不欺，在追求自己利益的同时不损害他人和社会利益。诚实信用原则应当贯穿于合同订立、履行、变更、解除以及在终止的各个阶段。享有权利和承担风险都要按照法律法规和合同的约定执行。

（3）科技成果转化活动中的知识产权受法律保护。知识产权制度是国家以法定程序和条件授予智力成果完成人在一定期间内拥有一定的独占权，并以法律手段保障这一权利不受侵犯的法律制度。知识产权制度通过对智力成果完成人民事权利的保护，体现了国家发展科技、鼓励创新、促进产业发展、保持国家竞争力的政策意志和战略目标。随着当代科学技术日新月异，高新技术及其产业迅猛发展，世界范围内的经济竞争呈现信息化、知识化和全球化趋势，知识产权保护在国家经济、社会发展和科技进步中的战略地位进一步增强，成为国家技术创新体系的重要组成部分，发挥着激励创新、规范竞争、调整利益的重要作用。科技成果转化活动中的知识产权，主要包括发明专利权、计算机软件著作权、集成电路布图设计专有权和植物新品种等，既包括科技成果本身形成的知识产权，也包括科技成果在转化过程中新形成的知识产权。知识产权受法律保护，我国现有的法律中，《民法典》《科学技术进步法》《专利法》等都对保护知识产权的作出明确规定，对知识产权的保护以及权属问题，可依照相关的法律规定执行。依法保护科研机构、科技人员、发明创造者的合法权益不受侵犯，依法惩处各种形式的侵犯知识产权的违法行为。

3. 科技成果转化活动的守法原则

科技成果转化活动的守法原则包括以下几个方面：一是科技成果转化活动应当遵守法律法规。这是科技成果转化活动首先要遵守的，是基本准则。不仅要遵守法律，有关科技成果转化方面有大量的法规，包括行政法规和地方性法规，这些也必须要遵守。二是维护国家利益。国家利益是最高利益，不能为了本单位或者个人的利益，不顾国家利益。比如，按照本法规定，国家为了国家安全、国家利益和重大社会公共利益的需要，可以依法组织实施或者许可他人实施相关科技成果。有些情况下国家还可以无偿实施，这种情况下就要服务国家的利益。三是不得损害社会公共利益和他人合法权益。所谓社会公共利益，是指社会上大多数成员的利益，而不是哪一个单位、部门或者集团的利益，更不是某个个人的利益。社会公共利益具有广泛性和群众性，对公共利益的维护有利于公众的生活、生产、学习和工作，对社会公共利益的破坏将影响到广大群众的生产、生活与学习，给公众带来不便等等。

（二）基本制度

《科技成果促进法》的制定和修改，紧密结合了我国科技体制改革的形势发展需要。一方面总结、吸收改革实践的经验，将之上升为法律层面，另一方面为进一步改革作出了新的制度安排，推进一批相关政策措施的出台，为促进科技成果转化创造更好的宏观环境。归结起来，有以下基本制度：

1. 科技成果转化资金投入保障制度

科技成果转化是创新链、产业链与资金链的融合，必须有资金的支持和保障。在资金支持上，政府合理安排财政投入，引导社会投入，推动科技成果转化资金投入的多元化。

（1）合理安排财政投入。

好钢用在刀刃上，政府财政资金要实现目标的准确定位和效益的最大化。为此，《促进科技成果转化法》第十条明确规定："利用财政资金设立应用类科技项目和其他相关科技项目，有关行政部门、管理机构应当改进和完善科研组织管理方式，在制定相关科技规划、计划和编制项目指南时应当听取相关行业、企业的意见；在组织实施应用类科技项目时，应当明确项目承担者的科技成果转化义务，加强知识产权管理，并将科技成果转化和知识产权创造、运用作为立项和验收的重要内容和依据。"

对于科技成果转化项目，政府可采取政府采购、研究开发资助、示范推广等方式予以支持。在项目选择上，《促进科技成果转化法》第十二条规定了六种方向：第一，能够显著提高产业技术水平、经济效益或者能够形成促进社会经济健康发展的新产业的；第二，能够显著提高国家安全能力和公共安全水平的；第三，能够合理开发和利用资源、节约能源、降低消耗以及防治环境污染、保护生态、提高应对气候变化和防灾减灾能力的；第四，能够改善民生和提高公共健康水平的；第五，能够促进现代农业或者农村经济发展的；第六，能够加快民族地区、边远地区、贫困地区社会经济发展的。

在选择政府财政支持的科技项目承担单位时，为了确保公正、公开、公平性，《促进科技成果转化法》第十五条规定："各级人民政府组织实施的重点科技成果转化项目，可以由有关部门组织采用公开招标的方式实施转化。"

在财政投入的使用方式上，《促进科技成果转化法》第三十三条作出了明确规定："科技成果转化财政经费，主要用于科技成果转化的引导资金、贷款贴息、补助资金和风险投资以及其他促进科技成果转化的资金用途。"

（2）鼓励金融机构加大对科技成果转化的支持。

《促进科技成果转化法》第三十五条规定："国家鼓励银行业金融机构在组织形式、管理机制、金融产品和服务等方面进行创新，鼓励开展知识产权质押贷款、股权质押贷款等贷款业务，为科技成果转化提供金融支持。国家鼓励政策性金融机构采取措施，加大对科技成果转化的金融支持。"

《促进科技成果转化法》第三十六条规定："国家鼓励保险机构开发符合科技成果转化特点的保险品种，为科技成果转化提供保险服务。"

（3）支持多元化融资。

可以采取直接融资的方式。《促进科技成果转化法》第三十七条规定："国家完善多层次资本市场，支持企业通过股权交易、依法发行股票和债券等直接融资方式为科技成果转化项目进行融资。"

可以采取创业投资的方式。《促进科技成果转化法》第三十八条规定："国家鼓励创业投资机构投资科技成果转化项目。国家设立的创业投资引导基金，应当引导和支持创业投资机构投资初创期科技型中小企业。"

可以采取设立科技成果转化基金或者风险基金的方式。《促进科技成果转化法》第三十九条规定"国家鼓励设立科技成果转化基金或者风险基金，其资金来源由国家、地方、企业、事业单位以及其他组织或者个人提供，用于支持高投入、高风险、高产出的科技成果的转化，加速重大科技成果的产业化。"此举对于建立适应科技成果转化资金需求的投资制度，支持高投入、高风险、高产出的科技成果转化，有重要意义。

2. 科技成果转化权益保障制度

科技成果转化涉及科技成果的产生、转让、生产应用、推广等过程，国家、成果持有单位、成果受让单位、成果应用单位以及科技人员等各方面利益交织在一起，通过合理的制度安排处理和平衡好各方面的关系，是关系科技成果转化成败、效果的关键。

（1）国家权益的保障。

《促进科技成果转化法》第六条规定："国家鼓励科技成果首先在中国境内实施。中国单位或者个人向境外的组织、个人转让或者许可其实施科技成果的，应当遵守相关法律、行政法规以及国家有关规定。"在国内产生科技成果首先应让国家、人民受惠，国家创造各方面的便利条件鼓励科技成果在境内的实施。这是国家利益、人民利益高于一切的具体体现。

《促进科技成果转化法》第七条规定："国家为了国家安全、国家利益和重大社会公共利益的需要，可以依法组织实施或者许可他人实施相关科技成果。"科技成果国家实施制度是为了防止科技成果发明人对其成果进行不适当的垄断，但是不表明国家都可以无偿取得成果。科技成果国家实施后只能用于非商业目的。

（2）国有单位的权益保障。

《促进科技成果转化法》第十八条规定："国家设立的研究开发机构、高等院校对其持有的科技成果，可以自主决定转让、许可或者作价投资，但应当通过协议定价、在技术交易市场挂牌交易、拍卖等方式确定价格。通过协议定价的，应当在本单位公示科技成果名称和拟交易价格。"本条授予国家设立的研究开发机构和高等院校科技成果转化自主权，单位可以自主决定通过转让、许可或作价投资等方式进行转化，无须财政部门和主管部门审批和备案。同时规定，技术转移应采取市场化定价方式，如协议定价、在技术交易市场挂牌交易、拍卖等方式。科技成果处置权下放是促进科技成果转化试点改革的一项重要内容。

《促进科技成果转化法》第四十三条规定："国家设立的研究开发机构、高等院校转化科技成果所获得的收入全部留归本单位，在对完成、转化职务科技成果做出重要贡献的人员给予奖励和报酬后，主要用于科学技术研究开发与成果转化等相关工作。"该条对科技成果收益管理进行重大改革，由以前的科技成果转化收入归国家所有、应当全部或部分上缴国库，修改为全部留归单位，调动实施科技成果转化的积极性、主动性。

（3）转化合作方的权益保障。

《促进科技成果转化法》第四十条规定："科技成果完成单位与其他单位合作进行科技成果转化的，应当依法由合同约定该科技成果有关权益的归属。"对于合同未作约定的，本条规定提出按照下列原则办理：第一，在合作转化中无新的发明创造的，该科技成果的权益，归该科技成果完成单位；第二，在合作转化中产生新的发明创造的，该新发明创造的权益归合作各方共有；第三，对合作转化中产生的科技成果，各方都有实施该项科技成果的权利，转让该科技成果应经合作各方同意。"

（4）科技人员的权益保障。

科技成果的获得以及应用，主要依靠参与科技人员的智力劳动。为此，调动和保护科技人员的积极性，是促进科技成果转化法的重要关注点。《促进科技成果转化法》第四十三条已标明："对完成、转化职务科技成果做出重要贡献的人员给予奖励和报酬。"在此基础上，又专门设立第四十四条，规定："职务科技成果转化后，由科技成果完成单位对完成、转化该项科技成果做出重要贡献的人员给予奖励和报酬。"

《促进科技成果转化法》还专设第四十五条，规定："科技成果完成单位未规定、也未与科技人员约定奖励和报酬的方式和数额的，按照下列标准对完成、转化职务科技成果做出重要贡献的人员给予奖励和报酬"本条规定提及的标准为：第一，将该项职务科技成果转让、许可给他人实施的，从该项科技成果转让净收入或者许可净收入中提取不低于百分之五十的比例；第二，利用该项职务科技成果作价投资的，从该项科技成果形成的股份或者出资比例中提取不低于百分之五十的比例；第三，将该项职务科技成果自行实施或者与他人合作实施的，应当在实施转化成功投产后连续三至五年，每年从实施该项科技成果的营业利润中提取不低于百分之五的比例。国家设立的研究开发机构、高等院校规定或者与科技人员约定奖励和报酬的方式和数额应当符合前款第一项至第三项规定的标准。国有企业、事业单位依照本法规定对完成、转化职务科技成果做出重要贡献的人员给予奖励和报酬的支出计入当年本单位工资总额，但不受当年本单位工资总额限制、不纳入本单位工资总额基数。

3. 科技成果转化相关管理制度

(1) 科技成果信息发布制度。

《促进科技成果转化法》第十一条规定:"国家建立、完善科技报告制度和科技成果信息系统,向社会公布科技项目实施情况以及科技成果和相关知识产权信息,提供科技成果信息查询、筛选等公益服务。公布有关信息不得泄露国家秘密和商业秘密。对不予公布的信息,有关部门应当及时告知相关科技项目承担者。"加大信息公开力度,可以进一步增进社会公众对科技成果的了解,推进科技成果转化工作。

(2) 科技成果标准化制度。

《促进科技成果转化法》第十四条规定:"国家加强标准制定工作,对新技术、新工艺、新材料、新产品依法及时制定国家标准、行业标准,积极参与国际标准的制定,推动先进适用技术推广和应用。国家建立有效的军民科技成果相互转化体系,完善国防科技协同创新体制机制。军品科研生产应当依法优先采用先进适用的民用标准,推动军用、民用技术相互转移、转化。"本条规定主要是考虑到科技创新需要技术标准支撑,制定和实施技术标准,本质上就是推进科技成果转化。

(3) 科技成果转化绩效考核评价制度。

《促进科技成果转化法》第二十条规定:"研究开发机构、高等院校的主管部门以及财政、科学技术等相关行政部门应当建立有利于促进科技成果转化的绩效考核评价体系,将科技成果转化情况作为对相关单位及人员评价、科研资金支持的重要内容和依据之一,并对科技成果转化绩效突出的相关单位及人员加大科研资金支持。国家设立的研究开发机构、高等院校应当建立符合科技成果转化工作特点的职称评定、岗位管理和考核评价制度,完善收入分配激励约束机制。"

(4) 科技成果转化年度报告制度。

《促进科技成果转化法》第二十一条规定:"国家设立的研究开发机构、高等院校应当向其主管部门提交科技成果转化情况年度报告,说明本单位依法取得的科技成果数量、实施转化情况以及相关收入分配情况,该主管部门应当按照规定将科技成果转化情况年度报告报送财政、科学技术等相关行政部门。"

(5) 促进科技人员流动制度。

《促进科技成果转化法》第二十七条规定:"国家鼓励研究开发机构、高等院校与企业及其他组织开展科技人员交流,根据专业特点、行业领域技术发展需要,聘请企业及其他组织的科技人员兼职从事教学和科研工作,支持本单位的科技人员到企业及其他组织从事科技成果转化活动。"

(6) 单位技术秘密保护制度。

《促进科技成果转化法》第四十二条规定:"企业、事业单位应当建立健全技术秘密保护制度,保护本单位的技术秘密。职工应当遵守本单位的技术秘密保护制度。"在工作中,企业、事业单位可以与有关人员签订保密协议。职务科技成果的使用权和转让权属于单位,职工个人无权处分,不得将职务科技成果擅自转让或者变相转让。

《促进科技成果转化法》第四十一条规定:"科技成果完成单位与其他单位合作进行科技成果转化的,合作各方应当就保守技术秘密达成协议;当事人不得违反协议或者违反权利人有关保守技术秘密的要求,披露、允许他人使用该技术。"

4. 建立产学研合作长效机制

《促进科技成果转化法》第二十六条规定:"国家鼓励企业与研究开发机构、高等院校及其他组织采取联合建立研究开发平台、技术转移机构或者技术创新联盟等产学研合作方式,共同开展研究开发、成果应用与推广、标准研究与制定等活动。"

《促进科技成果转化法》第二十八条规定:"国家支持企业与研究开发机构、高等院校、职业院校及培训机构联合建立学生实习实践培训基地和研究生科研实践工作机构,共同培养专业技术人才和高技能人才。"

5. 科技成果转化税收优惠制度

《促进科技成果转化法》第三十四条规定："国家依照有关税收法律、行政法规规定对科技成果转化活动实行税收优惠。"

对科技成果转化实施税收优惠政策，是国家对征税对象在一定条件下给予鼓励和照顾的一种特殊政策，是培育新的经济增长点、涵养税源、增加财政收入的需要。科技成果转化为现实生产力乃至产生更大的经济效益需要有一个过程，在一定期限内给予税收优惠政策的扶持实为必要。我国对科技成果转化给予税收优惠，已经实施近三十年。中共中央《关于科学技术体制改革的决定》（1985年）、中共中央国务院《关于加速科学技术进步的决定》（1995年）等文件中一直有税收优惠的规定。本条的规定，为今后税收优惠政策的继续实行，提供了法律依据。

目前，我国对科技成果转化的税收优惠政策基本上是按照创新链条的各个环节来实施的，从高校、科研机构技术转移，到孵化器技术熟化，再到创业投资的科技金融支持，最后到企业的应用和市场推广等，同时包括对科技成果转化人才的股权激励相关税收优惠政策。但有些政策规定时间较早，不适合新形势的发展；有些政策普惠性差，政策效力很难保证；也有些政策是临时性政策，目前已经到期，需要研究予以调整完善。

三、与技术转移的关系

技术转移是科技成果转化的一个重要途径，促进科技成果转化法中有许多内容与技术转移直接相关或密切相关。总的来看，直接相关的包含以下方面。

（一）培育和发展技术市场

《促进科技成果转化法》第三十条规定："国家培育和发展技术市场，鼓励创办科技中介服务机构，为技术交易提供交易场所、信息平台以及信息检索、加工与分析、评估、经纪等服务。科技中介服务机构提供服务，应当遵循公正、客观的原则，不得提供虚假的信息和证明，对其在服务过程中知悉的国家秘密和当事人的商业秘密负有保密义务。"

随着社会主义市场经济体制的建立和完善，培育和发展技术市场对于发挥市场机制作用、促进科技成果转化具有重要意义，同时也面临着许多新的挑战。技术市场的政策设计上主要是鼓励技术输出放供给技术，而鼓励技术输入方采用新技术、新工艺的规定较少，相应的优惠和配套政策也不尽完备，难以调动用户的积极性；另外，对于技术转让的税收优惠政策需要进一步完善，技术转让所得税优惠的范围仍然较窄。

科技服务机构对于科技成果转化的成功，具有重要的支撑、保障作用。本条对科技中介服务机构的服务内容做了较详细的规定，同时明确了科技中介服务机构的义务。对为技术交易提供交易场所、信息平台以及信息检索、加工与分析、评估、经纪等服务等方面内容的概述，不仅提出了科技中介服务机构的重点任务，而且明确了专业化的发展方向。2014年国务院发布《关于加快科技服务业发展的若干意见》提出，总体上我国科技服务业仍处于发展初期，存在着市场主体发育不健全、专业化程度不高、高端服务业态较少、缺乏知名品牌、复合型人才缺乏等问题，需要国家进一步加强引导，提高其专业化服务水平。

（二）鼓励高校院所开展技术转移

《促进科技成果转化法》第十七条规定："国家鼓励研究开发机构、高等院校采取转让、许可或者作价投资等方式，向企业或者其他组织转移科技成果。国家设立的研究开发机构、高等院校应当加强对科技成果转化的管理、组织和协调，促进科技成果转化队伍建设，优化科技成果转化流程，通过本单位负责技术转移工作的机构或者委托独立的科技成果转化服务机构开展技术转移。"

《促进科技成果转化法》第十八条规定："国家设立的研究开发机构、高等院校对其持有的科技成果，可以自主决定转让、许可或者作价投资，但应当通过协议定价、在技术交易市场挂牌交易、拍卖等方式确定价格。通过协议定价的，应当在本单位公示科技成果名称和拟交易价格。"

我国大量的科技成果产生并沉淀于科研院所和高等院校，他们承担着科技成果转化的历史重任。因此，促进科技成果转化法特地授予国家设立的研究开发机构和高等院校科技成果转化自主权，单位可以自主决定转化方式，而无须财政部门和主管部门审批和备案。过去，在成果转让、作价出资过程中，审批程序过于烦琐，导致科研单位成果转化积极性降低。把科技成果的使用权、处置权充分赋予单位，可以使他们能够根据市场需求和单位情况，自主地开展科技成果转化活动。当然，单位拥有科技成果的使用权、处置权，应采取市场化方式确定科技成果交易价格，相关的交易方式要做到公平、公正、公开。法律明确规定国有单位可以设立负责技术转移的机构，或者委托独立的科技成果转化服务机构开展技术转移，体现了对技术转移工作的重视，为技术市场构建了组织体系。

(三) 鼓励合作开展科技成果转化

《促进科技成果转化法》第二十二条规定："企业为采用新技术、新工艺、新材料和生产新产品，可以自行发布信息或者委托科技中介服务机构征集其所需的科技成果，或者征寻科技成果转化的合作者。"

《促进科技成果转化法》第二十六条规定："国家鼓励企业与研究开发机构、高等院校及其他组织采取联合建立研究开发平台、技术转移机构或者技术创新联盟等产学研合作方式，共同开展研究开发、成果应用与推广、标准研究与制定等活动。"

科技中介服务机构是我国科技服务业发展的重要支撑力量，也是科技成果转化的桥梁和纽带。无论在信息收集、整理、技术咨询还是在技术交易服务等方面，他们因其专业性、系统性和综合性起到不可或缺的作用。

第三节　中华人民共和国科学技术普及法

2002年6月29日，由中华人民共和国第九届全国人民代表大会常务委员会第二十八次会议通过《中华人民共和国科学技术普及法》，自公布之日起施行。

《科学技术普及法》和技术转移的关系，主要体现在法律第一条和第二条的内容。第一条规定：为了实施科教兴国战略和可持续发展战略，加强科学技术普及工作，提高公民的科学文化素质，推动经济发展和社会进步，根据宪法和有关法律，制定本法。第二条规定：本法适用于国家和社会普及科学技术知识、倡导科学方法、传播科学思想、弘扬科学精神的活动。开展科学技术普及，应当采取公众易于理解、接受、参与的方式。

第六章
知识产权概述

知识产权是技术转移的根本基础和核心内容,也是技术转移从业人员的必备知识和技能。

第一节 知识产权的概念和特征

一、知识产权的概念

(一) 我国民法典的有关内容

《中华人民共和国民法典》第一百二十三条规定:民事主体依法享有知识产权。知识产权是权利人依法就下列客体享有的专有的权利:(一) 作品;(二) 发明、实用新型、外观设计;(三) 商标;(四) 地理标志;(五) 商业秘密;(六) 集成电路布图设计;(七) 植物新品种;(八) 法律规定的其他客体。

《民法典》采用列举的方式定义了知识产权。虽然在不少文献中把知识产权定义为"基于人类智力活动产生的、受法律保护的财产权",但是由于知识产权的种类多样,其产生基础、存在形式、保护期限等不尽相同,这些文献通常还都在上述概括性定义之后,用列举法补上典型的知识产权类型、如专利、商标、著作权等。所以,直接从作为"社会生活的法律百科全书"的《民法典》上直接学习、理解知识产权,更容易掌握知识产权的法律本质。

另外,下面给出两个国际条约给出的知识产权定义作为参考。

(二) 国际条约的规定

1. 《建立世界知识产权组织公约》对知识产权的规定

《建立世界知识产权组织公约》是1967年7月14日在斯德哥尔摩签订,1970年生效的国际公约。基于《建立世界知识产权组织公约》、1970年成立的世界知识产权组织(World Intellectual Property Organization,WIPO)是致力于利用知识产权(专利、版权、商标、外观设计等)激励创新与创造的联合国机构,也是联合国管理知识产权事务的专门机构。我国于1980年加入世界知识产权组织。

《建立世界知识产权组织公约》第三条第八款给出的知识产权定义是:"知识产权包括有关下列项目的权利:文学、艺术和科学作品,表演艺术家的表演以及唱片和广播节目,人类一切活动领域内的发明,科学发现,工业品外观设计,商标、服务标记以及商业名称和标志,制止不正当竞争,以及在工业、科学、文学或艺术领域内由于智力活动而产生的一切其他权利。"

2. 《与贸易有关的知识产权协议》对知识产权的规定

《与贸易有关的知识产权协定》(Agreement on Trade-Related Aspects of Intellectual Property Rights,

TRIPs）于 1993 年生效，是世界贸易组织（World Trade Organization，WTO）管辖的一项多边贸易协定。我国 2001 年加入世界贸易组织。

《与贸易有关的知识产权协定》界定的知识产权包括：①著作权与邻接权；②商标权；③地理标志权；④工业品外观设计权；⑤专利权；⑥集成电路布线图设计权；⑦未披露的信息专有权。

二、知识产权的特征

1. 法律规定性

知识产权是一种法律规定的民事权利。在我国，每一种类的知识产权都有与之相应的法律基础。以知识产权中常见的四种知识产权专利权、商标权、著作权、商业秘密为例，专利权的法律基础是《中华人民共和国专利法》，商标权的法律基础是《中华人民共和国商标法》，著作权法的法律基础是《中华人民共和国著作权法》，商业秘密的法律基础是《中华人民共和国反不正当竞争法》。

2. 主体作为性

知识产权是私权，主体的主动作为是获得权利的前提条件。这里说的主体的主动作为性是指在确权上要主动申请（专利权、商标权）、主动主张（商业秘密）、主动登记（软件著作）。

3. 排他专有性

知识产权是一种专有民事权利，未经权利人许可，他人不能擅自为谋求商业利益使用。

4. 区域管辖性

知识产权效力只。限于主权/行政管辖区域域内。

5. 保护时限性

知识产权仅在法律规定的期限内受到保护，例如，发明专利 20 年，实用新型专利 10 年，外观设计专利 10 年（2021 年 6 月 1 日起施行新修改的专利法，新法规定 15 年）；商标专用权 10 年，可不限次数延展；著作权作者终生及其死亡后 50 年。

第二节　技术转移中常见知识产权

在技术转移工作中，常见的知识产权种类有专利、商标、著作权和商业秘密，相应的法律分别是《中华人民共和国专利法》《中华人民共和国商标法》《中华人民共和国著作权法》和《中华人民共和国反不正当竞争法》。

一、《中华人民共和国专利法》

（一）制定与修改

1. 制定

《中华人民共和国专利法》（以下简称为《专利法》）是 1984 年 3 月 12 日中华人民共和国第六届全国人民代表大会常务委员会第四次会议通过的，自 1985 年 4 月 1 日起施行。

专利制度是国际上通行的一种利用法律的和经济的手段推动技术进步的管理制度。这个制度的基本内容是依据专利法，对申请专利的发明，经过审查和批准授予专利权，同时把申请专利的发明内容公诸于世，以便进行发明创造信息交流和有偿技术转让。

当时正积极实行改革开放的政策，经济的发展需要科学技术的发展，为了调动和保护科学技术人员的积极性，鼓励发明创造，亟待制定专利法；同时，企业的改革也要求将其财产权利从有形财产扩大到无形财产，并能以市场的方式取得所需的智力成果。在对外经济科技交流中，无论是为了引进国外的先进技术，还是保护我国的发明创造，都需要确立专利法律制度。在此情况下，不但有了制定专利法的迫切需要，而且也具备了制定专利法的良好环境，于是新中国的第一部专利法便应运而生。这部法律的立法目的被确定为是保护和鼓励发明创造，有利于发明创造的推广应用，促进科学技术的发展，适应社会主义现代化建设的需要。

2. 修改

到目前为止，我国专利法共有四次修改根据。1992年9月4日第七届全国人民代表大会常务委员会第二十七次会议《关于修改〈中华人民共和国专利法〉的决定》第一次修正，根据2000年8月25日第九届全国人民代表大会常务委员会第十七次会议《关于修改〈中华人民共和国专利法〉的决定》第二次修正，根据2008年12月27日第十一届全国人民代表大会常务委员会第六次会议《关于修改〈中华人民共和国专利法〉的决定》第三次修正。根据2020年10月17日第十三届全国人民代表大会常务委员会第二十二次会议《关于修改〈中华人民共和国专利法〉的决定》第四次修正。第四次修正的《中华人民共和国专利法》自2021年6月1日起施行。

需要说明的是，本书引用的《专利法》内容，均出自第三次修正的《专利法》。2020年6月1日，第四次修正的《专利法》施行后，读者请参考、援引第四次修正的《专利法》。

（二）指导原则与操作原则

1. 指导原则

专利法的立法指导原则是贯穿专利立法和司法的基本准则，它不仅体现了发明创造专利权不同于一般民事权利的特征，而且也是解释专利法律规则的依据。

我国专利法的基本原则可概括为保护发明创造和兼顾公共利益两个方面。

保护发明创造原则。具体表现在以下几方面。

（1）《专利法》依法赋予专利权人对发明创造的专有权，这种专有权具有财产权内容，包括发明创造的所有权、独占使用权和转让权。在人身权利方面，依发明法可享有发明人署名权和荣誉权。

（2）《专利法》不管其民事行为能力差别均同等地享有专利权。

（3）《专利法》在调整发明创造人与所属社会组织关系时，为同时兼顾作为出资者的社会组织和作为发明创造人的组织成员合法权益，规定职务发明创造专利申请权、专利权归单位享有，但当事人也可依合同确定权利归属。

（4）当专利权归属发生争议或专利权受到侵犯时，权利人享有诉请法院依法确认，请求保护的权利。

兼顾社会公共利益原则。具体表现在：

（1）授予专利权的发明创造依法不得违反国家法律和社会公共利益。

（2）专利技术的实施应服从社会公共利益。

（3）禁止权利滥用。

2. 操作原则

书面原则。书面原则是专利的各种阶段均需适用的原则，不仅在申请阶段、审查阶段，也在授权后的侵权判定阶段。与书面原则相对可以叫做实物原则或事实原则，书面原则的意思就是不看实物，也不论事实，只看文本，如果看实物或论事实，也最多是一种对文本解释中的参照，但如果文本内容的表达已经足够清楚和确定，则实物和事实所表达的信息就无须采用。因为，专利制度中还存在一样捐献原则，即发明人可以发明了十个发明点，但他可以只要求保护一个点，其他都可以算做对社会公众的捐献。而且，专利制度中还有一个禁止反悔原则，即如果为了新颖性、创造性的需要，缩限了一个技术方案的保护范围，则后面任务情况下就都得再恢复扩大为原来要求的范围。

先申请原则。先申请原则是指两个以上的申请人分别就同样的发明创造申请专利的，专利权授予最先申请的人的原则。

优先权原则。优先权原则是指申请人自发明或实用新型在外国第一次提出专利申请之日起十二个月内，或者自外观设计在外国第一次提出专利申请之日起六个月内，又在中国就相同主题提出专利申请的，依照该外国同中国签订的协议或者共同参加的国际条约，或者依照相互承认优先权原则，可以享有优先权。申请人自发明或实用新型在中国第一次提出专利申请之日起十二个月内，又向国务院专利行政部门就相同主题提出专利申请的，可以享有优先权。

一项发明一项申请原则。一份专利申请文件只能就一项发明创造提出专利申请。一件发明或者使用新型专利申请应当限于一项发明或者实用新型；一件外观设计专利申请应当限于一种产品所使用的一项外观设计。

充分公开原则。专利申请人在申请文件中必须对发明做出清楚、完整的公开。

修改不超范围原则。申请人在对申请文件进行修改时，必须遵从原则：修改不得超出原说明书和权利要求书记载的范围。

禁止反悔原则。专利权人如果在专利审批（包括专利申请的审查过程或者专利授权后的无效、异议、再审程序）过程中，为了满足法定授权要求而对权利要求的范围进行了限缩（如限制性的修改或解释），则在主张专利权时，不得将通过该限缩而放弃的内容纳入专利权的保护范围。

捐献原则。如果专利权人在专利说明书中公开了某个实施方案，但在专利申请的审批过程中没有将其纳入或试图将其纳入权利要求的保护范围，则该实施方案被视为捐献给了公众，当专利申请被授权后，专利权人在主张专利权时不得试图通过等同原则等将其重新纳入权利要求的保护范围。

专利权用尽原则。专利权人自己或者许可他人制造的专利产品（包括依据专利方法直接获得的产品）被合法投放市场后，任何人对该产品进行销售或使用，不再需要得到专利权人的许可或者授权，且不构成侵权。

侵权判定的全面覆盖原则。判断一项技术方案是否侵犯发明专利权的基本原则，也称相同原则，根据相同原则判定的侵权称为相同侵权。如果被控侵权产品或方法的技术特征包含了专利权利要求中记载的全部技术特征，则落入专利权的保护范围。

（三）我国专利制度的特点

1. 三种类型专利统一立法

在我国，专利分为发明、实用新型和外观设计三种类型。我国对发明、实用新型和外观设计三种类型的发明创造都授予专利权。在其他国家，专利一般特指发明；而实用新型和外观设立均有单独的立法予以规范。但对于发明专利，我国实行实质审查制度；对实用新型和外观设计，则实行初步审查制度。

发明专利权的保护期限为20年，实用新型专利权，外观设计专利权的保护期限为10年（第四次修正的《专利法》规定外观设计专利权的保护期限为15年），均自申请日起计算。

发明专利：我国《专利法》第二条第二款对发明的定义是："发明是指对产品、方法或者其改进所提出的新的技术方案。"首先，发明是一项新的技术方案。是利用自然规律解决生产、科研、实验中各种问题的技术解决方案，一般由若干技术特征组成。其次，按照性质划分，发明权利要求有两种基本类型，分为产品权利要求和方法权利要求。产品权利要求包括人类技术生产的物（产品、设备），方法权利要求包括有时间过程要素的活动，又可以分成方法和用途两种类型。专利法保护的发明也可以是对现有产品或方法的改进。

授予专利权的发明，应当具备新颖性、创造性和实用性。新颖性是指该发明不属于现有技术；也没有任何单位或者个人就同样的发明或者实用新型在申请日以前向专利局提出过申请，并记载在申请日以后（含申请日）公布的专利申请文件或者公告的专利文件中。创造性是指与申请日以前在国内外为公众所知的技术相比，该发明具有突出的实质性特点和显著的进步。实用性是指该发明能够制造或者使用，并且能够产生积极效果。

实用新型专利：我国《专利法》第二条第三款对实用新型的定义是："实用新型是指对产品的形状、构造或者其结合所提出的适于实用的新的技术方案。"同发明一样，实用新型保护的也是一个技术方案。但实用新型专利保护的范围较窄，它只保护有一定形状或结构的新产品，不保护方法以及没有固定形状的物质。实用新型的技术方案更注重实用性，其技术水平较发明而言，要低一些，多数国家实用新型专利保护的都是比较简单的、改进性的技术发明，可以称为"小发明"。实用新型与发明的不同之处在于：第一，实用新型限于具有一定形状的产品，不能是一种方法，也不能是没有固定形状的产品；第二，对实用新型的创造性要求相比发明较低。授予实用新型专利不需经过实质审查，手续比较简便。

外观设计专利：我国《专利法》第二条第四款对外观设计的定义是："外观设计是指对产品的形状、图案或其结合以及色彩与形状、图案的结合所作出的富有美感并适于工业应用的新设计。"外观设计是指产品外观的设计方案。它与发明或实用新型完全不同，即外观设计不是技术方案。外观设计是指对产品的形状、图案或者其结合以及色彩与形状、图案的结合所作出的富有美感并适于工业应用的新设计。外观设计专利的保护对象，是产品的装饰性或艺术性外表设计，这种设计可以是平面图案，也可以是立体造型，更常见的是这二者的结合。因此，外观设计专利应当符合以下要求。

（1）是指形状、图案或者其结合以及色彩与形状、图案的结合的设计。

（2）必须是对产品的外观所作的设计。

（3）必须富有美感。

（4）必须是适于工业上的应用。

2. 对职务发明实行一奖两酬

职务发明是指企业、事业单位、社会团体、国家机关等的工作人员执行本单位的任务或者主要是利用本单位的物质条件所完成的职务发明创造。职务发明人与其所在单位的关系是一种劳动合同关系。在专利法中，这种关系集中体现为职工完成的发明创造的权利归属问题，即职工完成的发明创造是职务发明还是非职务发明创造的问题。原则上，这一问题的解决应当遵从"合同优于法律"的原则，即有关发明创造成果权归属问题首先应当按照劳动合同中的约定来解决。

我国《专利法》第六条规定："执行本单位的任务或者主要是利用本单位的物质技术条件所完成的发明创造为职务发明创造。职务发明创造申请专利的权利属于该单位；申请被批准后，该单位为专利权人。非职务发明创造，申请专利的权利属于发明人或者设计人；申请被批准后，该发明人或者设计人为专利权人。利用本单位的物质技术条件所完成的发明创造，单位与发明人或者设计人订有合同，对申请专利的权利和专利权归属作出约定的，从其约定。

职务发明创造分为两类。

一类是执行本单位任务所完成的发明创造。包括下列3种情况。

（1）发明人在本职工作中完成的发明创造。

（2）履行本单位交付的与本职工作有关的任务时所完成的发明创造。

（3）退职、退休或者调动工作后1年内做出的、与其在原单位承担的本职工作或者单位分配的任务有关的发明创造。

另一类是主要利用本单位的物质条件（包括资金、设备、零部件、原材料或者不向外公开的技术资料等）完成的发明创造。如果仅仅是少量利用了本单位的物质技术条件，且这种物质条件的利用，对发明创造的完成无关紧要，则不能因此认定是职务发明创造。职务发明其申请专利的权利属于该单位。申请被批准后，该单位为专利权人；单位应当对发明人或设计人给予奖励。

实践中，《专利法》第六条所称本单位，包括临时工作单位；所称本单位的物质技术条件，是指本单位的资金、设备、零部件、原材料或者不对外公开的技术资料等。

职务发明创造被授予专利权之后，不论发明创造是否已经实施，单位都应该对作出该发明创造的发明人或者设计人给予奖励；专利实施后，专利权人应该根据其推广应用的范围和取得的经济效益，对发明人或者设计人进行合理报酬。也被称为"一奖二酬"：一次性给予奖金；本单位应用取得利润（或效益）；在向外单位实施许可或转让取得利润。

职务发明奖励与报酬的区别：首先：奖励与报酬在支付条件方面不同。其次：不管发明人或设计人是否与单位终止劳动人事关系，都不影响奖励报酬的给付；最后：奖励和报酬的具体计算标准、给付方式适用约定优先的原则。

3. 对专利权进行行政司法双轨制保护

我国专利行政保护与司法保护并行的双重体系，即"双轨制"。即对侵害知识产权的行为，权利人可直接向人民法院民事诉讼，也可向国家主管知识产权行政执法事务的相关部门投诉，请求对侵权行为进行查处。同时，对于严重侵权的刑事案件，由公安机关、人民检察院、人民法院依法办理或权利人提起自诉。体现了我国的国情特色，也符合有关国际公约要求。

（四）专利法与技术转移

专利法是利用市场机制开展技术转移的基础性法律。在技术转移过程中，专利法发挥着不可替代的作用。

1. 《中华人民共和国专利法》的内容与技术转移

《专利法》第一条规定：为了保护专利权人的合法权益，鼓励发明创造，推动发明创造的应用，提高创新能力，促进科学技术进步和经济社会发展，制定本法。这一条是《专利法》的立法目的，其中的"推动发明创造的应用"，即为推动新技术的应用，即为推动技术转移。可以说，推动技术转移时《专利法》的立法目的之一。

《专利法》第十条规定：专利申请权和专利权可以转让。转让专利审侵权和专利权，即为技术转移。

《专利法》第十二条规定：任何单位或者个人实施他人专利的，应当与专利权人订立实施许可合同，向专利权人支付专利使用费。被许可人无权允许合同规定以外的任何单位或者个人实施该专利。此处的"实施专利"，即为对取得了专利权的技术的应用，亦是就技术转移的一种。此处规定的"订立实施许可合同"，即为开展技术转移的一种重要形式。

2. 《中华人民共和国专利法》的内容对研究开发的影响

《中华人民共和国专利法》规定的对新技术方案的保护，直接促进了新技术的研究开发。而新技术，是技术转移得以开展的技术基础。

《专利法》第八条规定：两个以上单位或者个人合作完成的发明创造、一个单位或者个人接受其他单位或者个人委托所完成的发明创造，除另有协议的以外，申请专利的权利属于完成或者共同完成的单位或者个人；申请被批准后，申请的单位或者个人为专利权人。此处的合作完成的发明创造，即为科研管理上的联合研发。这条规定，对开展联合研发的各方在安排专利事宜方面提供了直接的法律基础。

《专利法》第十五条规定：专利申请权或者专利权的共有人对权利的行使有约定的，从其约定。没有约定的，共有人可以单独实施或者以普通许可方式许可他人实施该专利；许可他人实施该专利的，收取的使用费应当在共有人之间分配。除前款规定的情形外，行使共有的专利申请权或者专利权应当取得全体共有人的同意。这条规定亦对合作研究、联合研发有直接影响。

《专利法》第三十四条规定：国务院专利行政部门收到发明专利申请后，经初步审查认为符合本法要求的，自申请日起满十八个月，即行公布。国务院专利行政部门可以根据申请人的请求早日公布其申请。这条规定，有利于促进研发立项的目标改进。

3. 《中华人民共和国专利法》对商业行为的影响

《中华人民共和国专利法》对专利权的排他性规定，直接促进了向研究开发的投资。《专利法》第十七条规定：专利权人有权在其专利产品或者该产品的包装上标明专利标识这条规定有利于产品推广。

二、《中华人民共和国商标法》

（一）制定与修改

1. 制定

党的十一届三中全会以后，随着经济体制改革的逐步深入，1963 年颁布的《商标管理条例》已不能适应发展社会主义商品经济和健全社会主义法制的要求。1982 年 8 月 23 日，第五届全国人民代表大会常务委员会第二十四次会议审议并通过了《中华人民共和国商标法》（以下简称为《商标法》），并决定从 1983 年 3 月 1 日起实施。

这部《商标法》是适应改革开放形势的需要，在总结我国商标管理历史经验的基础上，借鉴发达国家商标立法的有益经验，结合我国经济发展的实际情况制定的，是一部既适合中国当时国情，又基本符合国际惯例的现代法律。《商标法》的实施，对于保护商标专用权，促使生产者维护商标信誉，保障消费者利益，促进经济发展，起了巨大的推动作用。

2. 修改

到目前为止，我国《商标法》共有四次修改。根据 1993 年 2 月 22 日第七届全国人民代表大会常务委员会第三十次会议《关于修改〈中华人民共和国商标法〉的决定》第一次修正。根据 2001 年 10 月 27 日第九届全国人民代表大会常务委员会第二十四次会议《关于修改〈中华人民共和国商标法〉的决定》第二次修正。根据 2013 年 8 月 30 日第十二届全国人民代表大会常务委员会第四次会议《关于修改〈中华人民共和国商标法〉的决定》第三次修正。根据 2019 年 4 月 23 日第十三届全国人民代表大会常务委员会第十次会议《关于修改〈中华人民共和国建筑法〉等八部法律的决定》第四次修正。

（二）立法原则与操作原则

1. 立法原则

保护商标专用权，加强商标管理。商标所有人为了取得商标专用权，将其使用的商标，依照国家规定的注册条件、原则和程序，向商标局提出注册申请，商标局经过审核，准予注册的法律事实。经商标局审核注册的商标，即为注册商标，享有商标专用权。商标专用权（也称"注册商标专用权"）是指商标经依法核准注册，由商标注册人对其注册商标所享有的专用权，也就是商标注册人对其注册商标享有排他性的支配权，可以独占使用，也可转让或者许可他人使用，但他人不得擅自使用。保护商标专用权，是商标法律制度的核心。为了实现对商标专用权的保护，确保在市场交易活动中商标功能的发挥，必须依法对商标权利的取得、运用、保护和救济等事项进行管理。

保证消费者、生产者和经营者的合法权益。商标作为商品或服务的标志，区别商品或服务的来源是其最基本的功能。生产者和经营者据此提供商品或服务，消费者借此识别和选购所需要的商品或服务。为了保障消费者的合法权益，商标所有人、使用人需要对其使用商标所对应的商品或服务质量负责，更不得假借商标而实施误导、欺骗消费者的行为。同时，商标蕴含着生产者、经营者基于市场经营活动所积累而成的信誉（也称"商誉"），需要法律给予适当的保护。因此，保障消费者、生产者和经营者的合法权益，在保障商标功能正常地发挥的同时维护商标信誉，是商标法律制度的基本原则。

促进社会主义市场经济的发展。商标在保证商品和服务质量，保障消费者和生产经营者的利益，促进社会主义市场经济发展方面起着重要作用。服务并促进社会主义市场经济，也是我国商标法律制度形成与发展的基本出发点。切实发挥商标在促进社会主义市场经济发展过程中的作用，一方面需要健全商标专用权的取得、使用、保护和救济等法律制度，提升市场主体创造、运用、保护和管理商标的能力。另一方面需要完善商标管理制度，规范市场交易和竞争秩序，推进经济结构调整和发展方式转变。

2. 操作原则

自愿注册原则。所谓"自愿注册原则"，是指企业使用的商标注册与否，完全由企业自主决定。

《商标法》第四条自然人、法人或者其他组织在生产经营活动中，对其商品或者服务需要取得商标专用权的，应当向商标局申请商标注册。而是否需要取得商标专用权，由商标使用人自己决定。如果不需要取得专用权，可以不注册，未注册的商标允许使用，但不受法律保护。商标法有关商品商标的规定，适用于服务商标。国家法律、行政法规规定必须使用注册商标的商品（主要指卷烟、雪茄烟、有包装的烟丝）的生产经营者，必须申请商标注册，未经核准注册的，商品不得在市场销售。

申请在先原则。所谓"申请在先原则"，是由注册原则派生出来的重要程序性原则之一。申请书提交的时间先后来决定商标专用权归谁所有，就不失为一种有效的方法。因此《商标法》第三十一条规定："两个或者两个以上的商标注册申请人，在同一种商品或者类似商品上，以相同或者近似的商标申请注册的，初步审定并公告申请在先的商标；同一天申请的，初步审定并公告使用在先的商标，驳回其他人的申请，不予公告。

审查原则。商标局受理商标注册申请后，依照法定形式审查该商标是否符合注册条件。符合注册条件的予以公告，自公告之日起3个月内，任何人均可提出异议。无异议或经裁定异议不成立，予以核准注册。经裁定异议成立的，不予核准注册。注册商标的有效期为10年。有效期限自该商标核准注册之日起计算。对已经注册的商标有争议的，可以自该商标核准注册之日起一年内，向商标评审委员会申请裁定。对核准注册前已经提出异议并经过裁定的商标，不得再以相同的事实和理由申请裁定。注册商标有效期满、需要继续使用的，应当在期满前12个月内申请续展注册，在此期间未能提出申请的，可给予6个月的宽展期。宽展期满仍未提出申请的，注销其注册商标。

（三）商标法与技术转移

商标法作为知识产权法的重要组成部分，也是在企业制定知识产权战略和规划的重要法律依据。市场经济环境中，商标不仅是区别商品和服务来源的标识，还凝结着商品经营者、服务提供者的信誉。商标作为一项市场主体的核心资产，既是市场主体核心竞争力的旗帜，也是市场主体商业信用的载体。法律层面，商标使用许可制度、驰名商标制度，对于促进商品经济的发展、吸引和促进企业间的技术与产品交易具有直接影响。实践中，商标许可使用与技术转移存在交叉的领域，主要体现在OEM和ODM两种成熟的商业模式之中。

OEM：是Original Equipment Manufacture（原始设备制造商）的缩写，称为定点生产。它是指一种"代工生产"方式，俗称"代工"，是指原始设备制造商具体的加工任务通过合同订购的方式委托同类产品的其他厂家生产。即品牌所有者（商标持有人）不直接生产产品，而是利用自己掌握的关键的核心技术负责设计和开发新产品，委托他人生产（承接加工任务的制造商被称为OEM厂商）并直接贴上自己的品牌商标。例如，苹果将iPhone交给富士康代工。

ODM：是Original Design Manufacture（原始设计制造商）的缩写，从合同的角度是指受委托方拥有设计能力和技术水平，基于授权合同生产产品，也叫"代研发"或者"贴牌"。从交易模式的角度是指采购方委托制造方提供从研发、设计到生产、后期维护的全部服务，而由采购方负责销售的生产方式。采购方通常也会授权其品牌，允许制造方生产贴有该品牌的产品。简言之，可以将ODM理解为由工厂设计、生产之后交由品牌方进行贴牌、销售。例如，小米手机整个2018年之中的ODM占比为75%，意味着七成以上的产品都并非自主研发、设计，而是由工厂设计之后交由小米公司进行贴牌销售。

三、《中华人民共和国著作权法》

（一）制定与修改

1. 制定

著作权法是调整文学、艺术和科学技术领域因创作作品而产生的各种社会关系的法律规范的总和。它调整的法律关系因作品创作而产生，表现为作者与传播者、作者与读者、传播者与读者、作者与社会之间的相互关系。因此，有关受保护作品的范围、著作权主体的资格及权利归属原则、著作权的内容及保护期限、著作权的使用及侵权的法律责任等事项构成了著作权法的主要内容。例如，我国著作权法第一条明确了制定著作权法的目的："为保护文学、艺术和科学作品作者的著作权，以及与著作权有关的权益，鼓励有益于社会主义精神文明、物质文明建设的作品的创作和传播，促进社会主义文化与科学事业的发展与繁荣，根据宪法制定本法"。现行《中华人民共和国著作权法》（以下简称为《著作权法》）于1990年9月7日第七届全国人民代表大会常务委员会第十五次会议通过自1991年6月1日起施行。

2. 修改

到目前为止，我国《著作权法》共有三次修改。根据2001年10月27日第九届全国人民代表大会常务委员会第二十四次会议《关于修改〈中华人民共和国著作权法〉的决定》第一次修正，根据2010年2月26日第十一届全国人民代表大会常务委员会第十三次会议《关于修改〈中华人民共和国著作权法〉的决定》第二次修正，根据2020年11月11日第十三届全国人民代表大会常务委员会第二十三次会议《关于修改〈中华人民共和国著作权法〉的决定》第三次修正。第三次修正的《中华人民共和国著作权法》自2021年6月1日起施行。

需要说明的是，本书引用的《著作权法》内容，均出自第二次修正的《著作权法》。2020年6月1日，第三次修正的《著作权法》施行后，读者请参考、援引第三次修正的《著作权法》。

（二）指导原则和操作原则

1. 指导原则

保护作品创作者的合法权益。著作权也被称为版权（Copyright）。是指作者及其他权利人对文学、艺术和科学作品享有的人身权和财产权的总称，分为著作人格权（也称"著作人身权"）与著作财产权。其中著作人格权的内涵包括了公开发表权、姓名表示权及禁止他人以扭曲、变更方式，利用著作损害著作人名誉的权利。著作财产权又称"著作权的经济权利"。对作品的使用、收益、处分权。作品使用权是指以复制、发行、出租、展览、放映、广播、网络传播、摄制、改编、翻译、汇编等方式使著作财产权用作品的权利。许可使用权是指著作权人依法享有的许可他人使用作品并获得报酬的权利。转让权是指著作权人依法享有的转让使用权中一项或多项权利并获得报酬的权利。转让的标的不能是著作人身权，只能是著作财产权中的使用权，可以转让使用权中的一项或多项或全部权利。

促进作品传播。作品的传播，是作品创作者各项经济权益实现主要途径。因此，促进传播作品是著作权法最重要的立法目标，加强版权保护的目的也是为了有利于作品在市场中的传播。同时，考虑到作品传播者的合法权益，我国著作权法中还规定了"邻接权"制度。邻接权的原意是与著作权相邻的权利，其确切含义应是作品传播者所享有的权利。邻接权保护的是作品传播者的权利，即作品传播者在原作品的基础上创造、加工，而对其创造、加工后的劳动成果享有的权利，如表演者的表演者权。我国《著作权法》中，邻接权包括出版者权、表演者权、录制者权和广播电视组织权。因为没有作品就没有传播，也就没有邻接权的产生，所以邻接权依赖于著作权。

促进社会主义文化和科学事业的发展。我国著作权法在保护作品创作者和传播者合法权益的同时，承担着实现保护著作权与促进技术创新、产业发展和谐统一的立法目标，肩负着促进文化产业的发展，丰富人民社会文化生活，提升我国整体文化实力和国际竞争力的立法使命。一方面加强文化创意、数字出版、移动多媒体、动漫游戏、软件、数据库等战略性新兴文化产业法律保护，扩展文化产业发展的领域，培育新的产业经济增长点；另一方面积极推动非物质文化遗产、民间文学艺术作品的保护、传承和开发利用，提高中华文化影响力。

2. 操作原则

自动取得原则。自动保护原则，也称"自动取得原则"，是指依据我国《著作权法》第二条第1款："中国公民，法人或者非法人单位的作品，不论是否发表，依照本法享有著作权。"意味着作品一经产生，不论整体还是局部，只要具备了作品的属性即产生著作权，既不要求登记，也不要求发表，也无须在复制物上加注著作权标记。相较于专利和商标，著作权的取得而无须履行审查、登记等任何手续，因此实践中该项原则也被称为"无手续原则"。

"思想"与"表达"二分原则。思想表达二分法是著作权的基本原理，具体是指著作权保护的对象是思想的表达形式而不是保护思想本身。该原则将它将作品分为思想与表达两方面，著作权只保护对于思想观念的独创性表达，而不保护思想观念本身。因此，著作权的对象是作品，是指文学、艺术、和科学领域内具有独创性并能以某种有形形式复制的智力成果。

作者利益与公众利益协调一致原则。著作权法律制度的基本原理在于，法律通过保护作者的权益，能够促使作者创作出更多、更好的作品，从而能够使社会公众从中获取更大、更多的收益，进而推动整个社会文明的进步和科学文化的发展。因此，著作权法不仅需要保护作者的合法权益，同时为了维护社会公众利益，还对作者的权利和权益做了必要的限制，以协调作者利益与公众利益之间的平衡关系。

作品类型法定原则。我国著作权法采取了"作品类型法定"的立法模式，限定了作品的表现形式。著作权法意义中的作品必须具备以下几个条件：首先，必须属于创作而非抄袭所得；其次，必须属于文学、艺术和科学范围的创作；再次，必须有一定的表现形式（文字、符号、色彩等）；最后，能够固定于有体物，能够复制使用。所以，作品应当时属于文学、艺术和科学范畴的具有独创性，是思想、情感的表现形式。根据我国著作权法的规定，受其保护的对象有：文字作品、口述作品、音乐、戏剧、曲艺、舞蹈、杂技艺术作品；美术、建筑作品；摄影作品；电影作品和以类似摄制电影的方法创作的作品；工程设计图、产品设计图、地图、示意图等图形作品和模型作品；计算机软件；法律、行政法规规定的其他作品。

不受著作权法保护的对象主要可以分为以下两种情形，其一，不具备作品实质条件，主要有历法、通用数表、通用表格和公式；其二，为保护国家或社会公众利益的需要，不适宜以著作权法保护。具体包括：法律、法规，国家机关的决议、决定、命令和其他具有立法、行政、司法性质的文件，及其官方正式译文；时事新闻（中华人民共和国著作权法实施条例第五条规定，著作权法和本条例中的时事新闻，是指通过报纸、期刊、广播电台、电视台等媒体报道单纯事实消息。）。

邻接权原则。我国著作权法除保护创作者的权利外，在著作权法第一条中还明确规定保护与著作权有关的权益。根据《著作权实施条例》第二十六条和第二十八条，与著作权有关的权益指出版者对其出版的图书、报刊的版式、装帧设计享有的权利，表演者对其表演享有的权利，录音录像制作者对其制作的录音录像制品享有的权利，广播电台、电视台对其制作的广播电视节目享有的权利。

邻接权是指作品传播者对在传播作品过程中产生的劳动成果依法享有的专有权利，又称为作品传播者权或与著作权有关的权益。具体是指表演者，是指演员、演出单位或者其他表演文学、艺术作品的人。表演者权是表演者基于对作品的表演而依法享有的权利。邻接权是指与著作权相关、相近似的权利，特指作品传播者的权利。因此，广义的著作权可以包括邻接权。邻接权以著作权为基础；对于著作权合理使用的限制，同样适用于对邻接权的限制；邻接权的保护期也为50年。邻接权与著作权的主要区别是：邻接权的主体多为法人或其他组织，著作权的主体多为自然人；邻接权的客体是传播作品过程中产生的成果，而著作权的客体是作品本身；邻接权中除表演者权外一般不涉及人身权，而著作权包括人身权和财产权两方面的内容。

（三）著作权法与技术转移

理论上，知识产权可以分为著作权和以专利权、商标权为代表的工业产权。理论上的差异，凸显了著作权与专利权、商标权直接的显著差异。著作权是指基于文学艺术和科学作品依法产生的权利，工业产权则是指基于商品生产、流通中的创造发明和显著标记等智力成果依法产生的权利。相较而言，著作权自作品创作完成之日起产生，而无须履行审查、登记等任何手续，也称无手续原则；工业产权必须通过登记、审查等程序，才有可能获得法律的授权。

在技术转移领域，涉及著作权法律制度的事项较为有限，主要集中在软件著作权保护问题等方面。计算机软件著作权是指软件的开发者或者其他权利人依据有关著作权法律的规定，对于软件作品所享有的各项专有权利。软件著作权的登记，通常指自然人或企业对自己独立开发完成的软件作品，通过向登记机关进行登记备案的方式进行权益记录/保护的行为。

软件著作权登记虽然不是取得著作权的必要条件，但软件著作权登记有非常重要的现实和法律意义。

从技术转移的角度，软件著作权登记的意义集中于技术入股和证据两个方面。

《关于以高新技术成果出资入股若干问题的规定》规定："计算机软件可以作为高新技术出资入股，而且作价的比例可以突破公司法20%的限制达到35%"，要求首先必须取得软件著作权登记。根据《计算机软件保护条例》及相关细则的规定，对已经登记的软件予以重点保护，如有侵权，可以作为行政执法的直接依据。发生纠纷时，也可以作为证据使用。此外，高新企业认证中，软件著作权登记数量也是关键指标之一。近年来，有关"图形用户界面"（简称GUI）的法律保护问题，成为了业界关注的焦点。一般而言，GUI可以作为版权法意义中的"作品"，可以纳入版权保护的范围。在2014年5月1日起实施的修改后的《专利审查指南》增加了包括图形用户界面的产品的外观专利。同时也规定了如下内容不是外观专利的保护客体：游戏界面以及与人机交互无关或者与实现产品功能无关的产品显示装置所显示的图案。例如，电子屏幕壁纸、开关机画面、网站网页的图文排版。

四、《中华人民共和国反不正当竞争法》

（一）制定与修改

1. 制定

"不正当竞争"的概念首次正式出现于1883年《保护工业产权巴黎公约》，该公约第10条规定："在工业或商业中任何违反诚实习惯的竞争行为都是不正当的竞争行为。"在定义方面"不正当竞争"泛指经营者违反法律规定，损害其他经营者的合法权益，扰乱社会经济秩序的行为。经营者包括从事商品经营或者营利性服务的法人、其他经济组织和个人。反不正当竞争法泛指调整以企业为代表的市场主体之间竞争行为的规范，在维护国家的经济秩序和保护市场的公平竞争方面发挥了极其重要的作用。1993年9月2日中国第八届全国人民代表大会常务委员会第三次会议通过《中华人民共和国反不正当竞争法》（以下简称为《反不正当竞争法》），并于1993年12月1日起施行。

2. 修改

到目前为止，我国《反不正当竞争法》共有两次修改。2017年11月4日，第十二届全国人民代表大会常务委员会第三十次会议修订。2019年4月23日，第十三届全国人民代表大会常务委员会第十次会议《关于修改〈中华人民共和国建筑法〉等八部法律的决定》修正。

（二）基本原则

自愿原则。作为反不正当竞争法的基本原则之一，"自愿"是市场主体参与市场交易活动的基础性条件，对应着市场主体能够自愿参与市场交易活动，设立、变更和终止特定的法律关系。其内涵可以分为三个方面：第一，市场主体可以自主决定参与市场交易活动；第二，市场主体可以自主选择交易的对象；第三，以胁迫、强制或强迫等手段而实施的市场交易活动为法律所不容。

平等原则。平等原则是指参与市场交易活动的市场主体具有平等法律地位，在平等的基础上通过协商等途径从事市场交易活动。因此，滥用市场竞争优势地位或行政权力限制市场交易活动，干预市场竞争秩序的行为于法律所不容。

诚实信用原则。诚实信用原则，也称为"诚信原则"，既是市场主体公认的商业规则，也是社会道德在法律层面的体现。市场主体需要秉承诚实、守信的观念参与市场交易活动。据此，假冒他人注册商标，秘密窃取商业秘密等有违诚实信用的行为于法律所不容。

（三）我国反不正当竞争法律制度的特点

不正当竞争行为的违法性，主要表现为违反了反不正当竞争法的规定，既包括违反了关于禁止各种不正当竞争行为的具体规定，也包括违反了该法第2条的原则规定。

经营者的某些行为虽然表面上难以确认为该法明确规定的不正当竞争行为，但是只要违反了自愿、平等、公平、诚实信用原则或违反了公认的商业道德，采用不正当的手段破坏市场竞争秩序、损害其他经营者的合法权益，扰乱了社会经济秩序。

有些不正当竞争行为，如虚假广告和欺骗性有奖销售，还可能损害广大消费者的合法权益。

反不正当竞争法规制的对象是各类不正当竞争行为，因此反不正当竞争法是从市场主体行为规则的角度进行法律规制，属于规范市场主体的市场交易行为以及管理者相应的管理行为的法律规范。在具体条文中，通过列举的方式明确了七种不正当竞争行为。

第一，商业混淆。又称假冒或欺骗性交易行为，特指市场主体不得实施下列混淆行为，引人误认为是他人商品或者与他人存在特定联系：擅自使用与他人有一定影响的商品名称、包装、装潢等相同或者近似的标识；擅自使用他人有一定影响的企业名称（包括简称、字号等）、社会组织名称（包括简称等）、姓名；擅自使用他人有一定影响的域名主体部分、网站名称、网页等；其他足以引人误认为是他人商品或者与他人存在特定联系的混淆行为。

第二，商业贿赂。通常泛指市场主体为了获取市场交易机会、竞争优势或者排斥竞争对手为目的，向能够影响市场交易活动的人秘密给付财物或者其他经济利益的行为。即不得采用财物或者其他手段贿赂下列单位或者个人，以谋取交易机会或者竞争优势：交易相对方的工作人员；受交易相对方委托办理相关事务的单位或者个人；利用职权或者影响力影响交易的单位或者个人。经营者在交易活动中，可以以明示方式向交易相对方支付折扣，或者向中间人支付佣金。经营者向交易相对方支付折扣、向中间人支付佣金的，应当如实入账。接受折扣、佣金的经营者也应当如实入账。经营者的工作人员进行贿赂的，应当认定为经营者的行为；但是，经营者有证据证明该工作人员的行为与为经营者谋取交易机会或者竞争优势无关的除外。

第三，虚假宣传。市场主体在市场交易活动中夸大产品、服务的功效（特别是质量、销售状况、用户评价等），通过虚假或者引人误解的商业宣传渠道传递出与实际内容不符或是虚假的信息，误导甚至欺骗消费者；以及组织虚假交易帮助他人进行虚假宣传以牟取不正当利益的行为。虚假宣传的具体表现形式，参见《中华人民共和国反不正当竞争法》第八条的规定。

第四，侵犯商业秘密。依照我国相关法律规定，商业秘密是指不为公众所知悉，能为权利人带来经济利益，具有实用性并经权利人采取保密措施的技术信息和经营信息。侵犯商业秘密，是指市场主体以不正当手段，获取、披露、使用或允许他人使用权利人的商业秘密，给权利人造成重大损失的行为。侵犯商业秘密的具体表现形式，参见《中华人民共和国反不正当竞争法》第九条的规定。经营者不得实施下列侵犯商业秘密的行为：以盗窃、贿赂、欺诈、胁迫、电子侵入或者其他不正当手段获取权利人的商业秘密；披露、使用或者允许他人使用以前项手段获取的权利人的商业秘密；违反保密义务或者违反权利人有关保守商业秘密的要求，披露、使用或者允许他人使用其所掌握的商业秘密；教唆、引诱、帮助他人违反保密义务或者违反权利人有关保守商业秘密的要求，获取、披露、使用或者允许他人使用权利人的商业秘密。经营者以外的其他自然人、法人和非法人组织实施前款所列违法行为的，视为侵犯商业秘密。第三人明知或者应知商业秘密权利人的员工、前员工或者其他单位、个人实施本条第一款所列违法行为，仍获取、披露、使用或者允许他人使用该商业秘密的，视为侵犯商业秘密。本法所称的商业秘密，是指不为公众所知悉、具有商业价值并经权利人采取相应保密措施的技术信息、经营信息等商业信息。

第五，不正当有奖销售行为。是指市场主体在销售商品或提供服务时，以提供奖励的名义，实质上采取欺骗或者其他不当手段损害消费者或者损害其他经营者合法权益的行为。也泛指经营者违反诚实信用原则和公平竞争原则，利用物质、金钱或其他经济利益引诱购买者与之交易，排挤竞争对手的不正当竞争行为。不正当有奖销售的具体表现形式，参见《中华人民共和国反不正当竞争法》第十条的规定。

所设奖的种类、兑奖条件、奖金金额或者奖品等有奖销售信息不明确，影响兑奖；采用谎称有奖或者故意让内定人员中奖的欺骗方式进行有奖销售；抽奖式的有奖销售，最高奖的金额超过五万元。

第六，诋毁商誉的行为。泛指市场主体为了获得竞争利益或者竞争优势，捏造、散布虚假事实，损害他人商誉，侵犯他人商誉权的行为。诋毁商誉的具体表现形式，参见《中华人民共和国反不正当竞争法》第十一条的规定。

第七，互联网领域不正当竞争行为。互联网领域不正当竞争行为的具体表现形式，参见《中华人民共和国反不正当竞争法》第十二条的规定。未经其他经营者同意，在其合法提供的网络产品或者服务中，插入链接、强制进行目标跳转；误导、欺骗、强迫用户修改、关闭、卸载其他经营者合法提供的网络产品或者服务；恶意对其他经营者合法提供的网络产品或者服务实施不兼容；其他妨碍、破坏其他经营者合法提供的网络产品或者服务正常运行的行为。

（四）《反不正当竞争法》与技术转移

反不正当竞争法中有关商业秘密的规定与技术转移的关系最为密切。商业秘密作为企业无形资产的一个重要组成部分在市场竞争中发挥了越来越重要的作用，作为技术转让的标的之一在技术转移活动中也扮演着非常重要的角色。《反不正当竞争法》第九条规定："本法所称的商业秘密，是指不为公众所知悉、具有商业价值并经权利人采取相应保密措施的技术信息、经营信息等商业信息。"实践中商业秘密包含两项基本内容：一是技术秘密，如技术方案、方法、技巧、产品秘方、技术情报和资料等；二是经营秘密，如技术转让、质量控制策略、供货渠道、市场信息、经营手段等。加强技术转移过程中商业秘密的法律保护，既是企业应当技术转移法律风险的据具体措施，也是我国技术转移转让法律体系建设的关键问题。

在技术转移活动中，可以在合同中约定让与人和受让人实施专利或者使用技术秘密的范围。此外，《中华人民共和国对外贸易法》（2016年修订）中有关技术转让的限制性条款。例如，在许可合同中规定排他性返授条件等行为之一，并危害对外贸易公平竞争秩序的，国务院对外贸易部门可以采取必要的措施消除危害。

第三节　植物新品种和集成电路布图设计

藏粮于技，解决好种子问题，端牢中国人自己的饭碗。

一、植物新品种

（一）立法概况

植物新品种保护是知识产权保护的一种，保护育种者对其所培育品种的相关权利。在不同国家，其具体保护形式不完全一致。在中国，是以植物新品种权的形式对植物新品种进行保护。

根据《中华人民共和国植物新品种保护条例》（2014修订）第二条规定，植物新品种是指经过人工培育的或者对发现的野生植物加以开发，具备新颖性、特异性、一致性和稳定性并有适当命名的植物品种。品种权包括经济权利和精神权利。其中经济权利是指完成新品种育种的人（包括单位和个人）依法对其品种享有的独占权，以及自己实施或许可他人生产、销售、使用并获得报酬的权利；精神权利是指完成新品种的培育人享有的表明其是该品种完成者这一身份的权利以及因完成该品种而获得相应的奖励和荣誉的权利，它与完成新品种的培育人的人身不可分离，是人身关系在法律上的反映。一般在提到品种权时，仅是指其经济权利。品种权的保护期限品种权并非永恒的权利，它是由法律授予的无形财产权，只能在法律规定的期限内有效。中国目前将品种权的保护期限规定为，自授权之日起，藤本植物、林木、果树和观赏树木为 20 年，其他植物为 15 年。

（二）植物新品种与技术转移

《中华人民共和国植物新品种保护条例》（2014 修订）第九条规定"植物新品种的申请权和品种权可以依法转让。中国的单位或者个人就其在国内培育的植物新品种向外国人转让申请权或者品种权的，应当经审批机关批准。国有单位在国内转让申请权或者品种权的，应当按照国家有关规定报经有关行政主管部门批准。转让申请权或者品种权的，当事人应当订立书面合同，并向审批机关登记，由审批机关予以公告。"

二、集成电路布图设计

（一）立法概况

集成电路布图设计权是一项独立的知识产权，是权利持有人对其布图设计进行复制和商业利用的专有权利。

由于现有专利法、著作权法对集成电路布图设计无法给予有效的保护，世界许多国家就通过单行立法，确认布图设计的专有权。2001 年 3 月 28 日国务院通过了《集成电路布图设计保护条例》，于 2001 年 10 月 1 日生效。根据《集成电路布图设计保护条例》，特制定《集成电路布图设计保护条例实施细则》。

我国《集成电路布图设计保护条例》规定，集成电路布图设计专有权的保护期为 10 年，自集成电路布图设计登记申请之日或者在世界任何地方首次投入商业利用之日起计算。如集成电路布图设计登记申请之日与在世界任何地方首次投入商业利用之日不一致的，以较前日期为准。但是，无论是否登记或者投入商业利用，集成电路布图设计自创作完成之日起 15 年后，不再受《集成电路布图设计保护条例》保护。集成电路布图设计专有权的内容如下。

（1）复制权。是指权利人有权通过光学的、电子学的方式或其他方式来复制其受保护的布图设计。

（2）商业利用权。是指布图设计权人享有的将受保护的布图设计以及含有该受保护的布图设计的集成电路或含有此种集成电路的产品进行商业利用的权利。

（二）集成电路布图设计与技术转移

依据我国《集成电路布图设计保护条例》第二十二条的规定，布图设计权利人可以将其专有权转让或者许可他人使用其布图设计。转让布图设计专有权的，当事人应当订立书面合同，并向国务院知识产权行政部门登记，由国务院知识产权行政部门予以公告。布图设计专有权的转让自登记之日起生效。许可他人使用其布图设计的，当事人应当订立书面合同。

民法典，又被称为形式意义上的民法，是指按照一定的体系结构将各项基本的民事法律规则和制度加以编纂而形成的规范性文件。[1] 民法典是一国民事立法的体系化呈现，也是调整包括技术转移在内的所有民事法律关系的"基本法"。"民法典不管是在哪里，都往往被当作整个法律制度的核心"。[2]

---

[1] 王利明，2020. 民法 [M]. 北京：中国人民大学出版社：5.
[2] 艾伦·沃森，2005. 民法法系的演变与形成 [M]. 李静冰，姚新华，译. 北京：中国法制出版社：184.

第七章
《民法典》与技术转移

第一节 民法典与技术转移概述

2020年5月28日,经过多轮审读,广泛向社会公众征求意见,十三届全国人大第三次会议审议通过了《中华人民共和国民法典》,并于2021年1月1日正式施行。从此,我国民事立法由《合同法》《物权法》《侵权责任法》《继承法》《担保法》等单行法并存的"零售"模式转为《民法典》的"批发"模式。

一、民法典的作用

《民法典》是中华人民共和国第一部以"典"命名的法律,"在中国特色社会主义法律体系中具有重要地位,是一部固根本、稳预期、利长远的基础性法律",① 对国家治理和社会生活具有十分重要的作用,具体可概括为以下三点。

第一,《民法典》是市场经济的基本法。市场经济以市场作为资源配置的主要方式,而市场配置资源必须遵循一定的规则,否则会陷入无序和混乱的状态。《民法典》明确了平等、意思自治、公平、诚实信用、公序良俗等市场经济的基本准则,② 规定了自然人、法人和非法人组织等市场主体,以及物权、合同、侵权责任等市场配置资源的重要制度,确立了市场经济的运行规则。

第二,《民法典》是社会生活的百科全书。从社会关系看,社会生活往往体现为社会成员之间的人身关系和财产关系,而这正是《民法典》的调整对象。对于每一个民事主体而言,其在社会生活中的每一个事项几乎都与《民法典》息息相关,享有权利的同时履行义务。可以说,《民法典》是社会生活有序开展不可或缺的保障。

第三,《民法典》是依法行政和司法的重要依据。《民法典》是一部规范公权,保障私权的法典。对于行政机关而言,必须遵循"法无授权不可为"的基本原则,在法律、行政法规的授权范围行使权力,不得逾越《民法典》所规定的民事主体权利界限。对于司法机关而言,《民法典》是其处理民事纠纷的基本准则,是实现依法裁判的重要保证。

二、技术合同概述

（一）技术合同的概念

所谓合同,是指民事主体之间设立、变更、终止民事法律关系的协议。③ 技术合同是合同的一

---

① 习近平,2020. 充分认识颁布实施民法典重大意义,依法更好保障人民合法权益 [J]. 求是（12）: 4-9.
② 王利明,2010. 民法 [M]. 北京:中国人民大学出版社:6.
③ 《中华人民共和国民法典》第464条.

种，指当事人就技术开发、转让、许可、咨询或者服务订立的确立相互之间权利和义务的合同。① 技术合同主要有以下特征：

第一，技术合同是《民法典》明文规定的有名合同。有名合同与无名合同相对，是指法律已明确规定其类型名称和规则的合同。在《民法典》中，合同编第二十章"技术合同"即是技术合同的特别规则。因此，在法律适用时，技术合同应当优先适用"技术合同"章的特别规则，对于该章未有规定的内容，可适用合同编第一分编"通则"的合同一般规则。

第二，标的的特殊性。技术合同的标的是凝聚着人类智慧的创造性劳动成果，或者是利用劳动成果为社会提供的服务。② 技术合同的标的主要表现为技术成果，即利用科学技术知识、信息和经验做出的涉及产品、工艺、材料及其改进等的技术方案，包括专利、专利申请、技术秘密、计算机软件、集成电路布图设计、植物新品种等。③ 除此之外，技术合同的标的也可以是与技术相关的特定行为，如技术中介、技术培训等行为。

第三，技术合同是双务合同和有偿合同。在技术合同中，当事人在享有合同权利的同时负有合同义务，任何一方当事人权利的享有，都是以其负担相应的义务作为对价。

（二）技术合同的类型

根据《民法典》第843条，技术合同主要有以下五种类型。

第一种类型为技术开发合同。技术开发合同是指当事人之间就新技术、新产品、新工艺、新品种或者新材料及其系统的研究开发所订立的合同，包括委托开发合同和合作开发合同。当事人之间就具有实用价值的科技成果实施转化订立的合同，在法律性质上近似于技术开发合同，参照适用技术开发合同的有关规定。④

第二种类型为技术转让合同。技术转让合同是合法拥有技术的权利人，将现有特定的专利、专利申请、技术秘密的相关权利让与他人所订立的合同，⑤ 具体包括专利权转让、专利申请权转让、技术秘密转让等合同。

第三种类型为技术许可合同。技术许可合同是合法拥有技术的权利人，将现有特定的专利、技术秘密的相关权利许可他人实施、使用所订立的合同，⑥ 具体包括专利实施许可、技术秘密使用许可等合同。技术许可合同本质上是许可人授予被许可人技术成果的使用权，专利权、专利申请权、技术秘密的相关权利等仍由许可人享有，而技术转让合同是让与人将技术成果的专利权、专利申请权、技术秘密的相关权利等转让给受让人，让与人对技术成果不再享有上述权利。因此，技术许可合同与技术转让合同存在本质不同，两者的法律规则有所区别，是故《民法典》将技术许可合同从技术转让合同中独立出来，作为一种独立的技术合同类型。

第四种类型为技术咨询合同。技术咨询合同是当事人一方以技术知识为对方就特定技术项目提供可行性论证、技术预测、专题技术调查、分析评价报告等所订立的合同。⑦ 与其他类型的技术合同不同，技术咨询合同履行的结果不是某种技术成果，而是供委托方选择、尚待实践检验的报告或意见。

第五种类型为技术服务合同。技术服务合同是当事人一方以技术知识为对方解决特定技术问题所订立的合同。⑧ 这里的特定技术问题，是指需要运用专业技术知识、经验和信息解决的有关改进产品结构、改良工艺流程、提高产品质量、降低产品成本、节约资源能耗、保护资源环境、实现安全操

---

① 《中华人民共和国民法典》第843条.
② 黄薇，2020. 中华人民共和国民法典释义［M］. 北京：法律出版社：1531.
③ 《最高人民法院关于审理技术合同纠纷案件适用法律若干问题的解释》第1条.
④ 《中华人民共和国民法典》第851条.
⑤⑥ 《中华人民共和国民法典》第862条.
⑦⑧ 《中华人民共和国民法典》第878条.

作、提高经济效益和社会效益等专业技术问题。①

除此之外，实践中还存在技术中介合同和技术培训合同。技术中介合同是指是指当事人一方以知识、技术、经验和信息为另一方与第三人订立技术合同进行联系、介绍以及对履行合同提供专门服务所订立的合同。② 技术培训合同是指当事人一方委托另一方对指定的学员进行特定项目的专业技术训练和技术指导所订立的合同，不包括职业培训、文化学习和按照行业、法人或者其他组织的计划进行的职工业余教育。③ 技术中介合同与技术培训合同与技术服务合同的内容大体相似。因此，《民法典》第887条规定："法律、行政法规对技术中介合同、技术培训合同另有规定的，依照其规定。"由该条可以推出，技术中介合同、技术培训合同应优先适用特别法的规定，对于特别法未有规定的事项，应适用《民法典》技术服务合同的相关规则。

（三）技术合同的体系位置

技术合同存在外部体系与内部体系之分。外部体系主要指技术合同的规则与《民法典》其他规则之间的关系，内部体系主要指各类型技术合同规则之间的逻辑安排。

就外部体系而言，《民法典》共有七编，按照"总—分"和"财产—人身"顺序编排，依次为总则编、物权编、合同编、人格权编、婚姻家庭编、继承编和侵权责任编，技术合同规定于其中的合同编。合同编之下按照"总—分"的逻辑分为三个分编，依次为通则、典型合同和准合同，通则分编规定适用于所有合同的"公因式"规则，典型合同分编和准合同分编规定各类型合同、无因管理和不当得利的特殊规则。技术合同与买卖合同、赠与合同等并列，属于典型合同中的一种。

就内部体系而言，技术合同一章按照"总—分"逻辑分为四节，第一节为"总"，规定适用于所有类型技术合同的"公因式"规则，第二到四节为"分"，分别规定技术开发合同、技术转让合同和技术许可合同、技术咨询合同和技术服务合同的特殊规则。在法律适用上，应首先明确技术合同的类型，优先适用该类型技术合同的特殊规则，特殊规则未有规定者可适用技术合同的"公因式"规则。

三、技术转移涉及的其他重要民法概念

除技术合同外，技术转移还会涉及其他诸多民法概念，有的概念须直接约定于技术合同的条款之中，有的概念虽不体现于技术合同的条款之中，但会直接影响技术合同的生效、履行和救济。为便于技术转移的实践，本书对技术转移涉及的其他重要民法概念进行整理和介绍，如表7.1所示。

表7.1 技术转移涉及的主要民法概念

名词	含义
民事权利能力	民事主体享有民事权利、承担民事义务的资格
民事行为能力	民事主体以自己行为取得民事权利、承担民事义务的能力
自然人	自然状态下出生之人，其基于出生而取得民事主体资格
法人	具有民事权利能力和民事行为能力，依法独立享有民事权利和承担民事义务的组织
营利法人	以取得利润并分配给股东等出资人为目的成立的法人，包括公司和其他企业法人等
非营利法人	为公益目的或其他非营利目的成立，不向出资人、设立人或者会员分配所取得利润的法人，包括事业单位、社会团体、基金会、社会服务机构等
特别法人	既不属于营利法人，也不属于非营利法人的特殊法人，包括机关法人、农村集体经济组织法人、城镇农村的合作经济组织法人、基层群众性自治组织法人

---

① 黄薇, 2020. 中华人民共和国民法典释义 [M]. 北京：法律出版社：1576.
② 《最高人民法院关于审理技术合同纠纷案件适用法律若干问题的解释》第38条.
③ 《最高人民法院关于审理技术合同纠纷案件适用法律若干问题的解释》第36条.

(续表)

名词	含义
非法人组织	不具有法人资格,但是能够依法以自己的名义从事民事活动的组织,包括个人独资企业、合伙企业、不具有法人资格的专业服务机构等
民事法律行为	民事主体通过意思表示设立、变更、终止民事法律关系的行为,合同属于民事法律行为的一种
代理	代理人以被代理人的名义或自己的名义独立与第三人为民事法律行为,由此产生的法律效果直接或间接归属于被代理人
所有权	权利人依法对自己的财产享有占有、使用、收益和处分的权利,依据权利人的不同,可分为国家所有权、集体所有权和私人所有权
合同成立	合同当事人的意思表示达成一致
合同生效	已经成立的合同产生当事人预期的法律效力
侵权行为	侵害他人的人身或财产权益,依法应承担民事责任的行为
侵权责任	侵权人依法应当承担的人身性质或财产性质的不利法律后果

第二节 技术合同的生效

一、技术合同生效的形式要求

根据《民法典》的规定,技术合同的生效必须满足形式方面的要求,具体包括以下两个方面。

(一) 具备符合法律规定的合同形式

所谓合同形式,是指当事人的合意所采取的方式。我国对合同形式采取的是以非要式为原则,以要式为例外的模式。《民法典》第469条第一款规定:"当事人订立合同,可以采用书面形式、口头形式或者其他形式。"依据该款规定,在法律未限定合同形式的情况下,当事人可自主选择合同的形式,无论选择何种形式都不会影响合同效力。反之,如果法律、行政法规对某类合同明确设置了书面的形式要求,那么当事人就应当按照法律规定采用书面形式,否则会对合同效力产生不利影响,原则上可导致合同不成立。例外情形在于,一方已经履行主要义务且对方接受的,可依据《民法典》第490条第二款使合同成立。

《民法典》对不同类型的技术合同设置了不同的形式要求。根据《民法典》第851条第三款和第863条第三款的规定,技术开发合同、技术转让合同和技术许可合同都应当采用书面形式。这里的书面形式既包括合同书、信件、电报、电传、传真等可以有形地表现所载内容的形式,也包括以电子数据交换、电子邮件等方式能够有形地表现所载内容,并可以随时调取查用的数据电文。[①] 对于技术咨询合同和技术服务合同,《民法典》未对其形式加以限定,即书面形式、口头形式或其他形式均是符合法律规定的合同形式。

(二) 具备合同成立的必备条款

合同条款是合同内容的载体,必要的条款是合同成立与生效不可或缺的前提。根据《民法典》第845条的规定,技术合同的条款可分为三类。

第一类条款是倡导性条款。根据《民法典》第845条第一款,倡导性条款包括项目的名称,标的的内容、范围和要求,履行的计划、地点和方式,技术信息和资料的保密,技术成果的归属和收益

---

① 《中华人民共和国民法典》第469条.

的分配办法，验收标准和方法，名词和术语的解释等条款。这些条款是技术合同一般应当具备的条款，也是法律为促成合同成立、生效和明晰法律关系，倡导当事人在订立技术合同时约定的条款。如果当事人未约定其中的部分条款，通常也不会影响合同的效力。例外的是，如果合同的当事人、标的或数量无法确定，司法实践一般认定此类合同不成立。

第二类条款是可以按照当事人的约定作为合同组成部分的条款。根据《民法典》第845条第二款，此类条款包括与履行合同有关的技术背景资料、可行性论证和技术评价报告、项目任务书和计划书、技术标准、技术规范、原始设计和工艺文件，以及其他技术文档。这些条款通常是独立于合同的文档，并非是一般意义上的合同条款。但鉴于技术的复杂性和过程的长期性，可由当事人以约定的方式将上述独立的文档加入合同，作为合同的条款，但其不构成技术合同的必备条款。

第三类条款是必备条款。根据《民法典》第845条第三款，必备条款主要适用于技术交易对象为专利的情形，包括发明创造的名称、专利申请人和专利权人、申请日期、申请号、专利号以及专利权的有效期限。如果技术合同未约定专利的必备条款，导致专利信息不确定的，将会影响技术合同的效力。

二、技术合同生效的实质要求

依据《民法典》第143条和第850条的规定，技术合同应当具备下列四个实质生效要件。

（一）主体适格

主体适格是指技术合同的当事人符合法律、行政法规规定的条件，集中表现为当事人应当具备从事特定民事法律行为的民事行为能力。

依年龄、智力和精神健康状况，自然人的民事行为能力可分为三类，分别为完全民事行为能力、限制民事行为能力和无民事行为能力。完全民事行为能力人包括能够辨认自己行为的成年人和年满16周岁、以自己的劳动收入为主要生活来源的且能够辨认自己行为的未成年人，其可以独立实施包括订立技术合同在内的民事法律行为。限制民事行为能力人包括8周岁以上的未成年人和不能完全辨认自己行为的成年人。限制民事行为能力人可以独立实施接受奖励、赠与等纯获利益的民事法律行为以及与其年龄、智力、精神健康状况相适应的民事法律行为，实施其他民事法律行为则需要由法定代理人代理实施或者经其法定代理人同意或追认。限制民事行为能力人超出其年龄、智力、精神健康状况而独立订立的非纯获利益的技术合同，在获得其法定代理人追认之前，处于效力待定的状态，如果其法定代理人拒绝追认或善意相对人行使撤销权，则该技术合同归于无效。无民事行为能力人包括不满8周岁的未成年人和8周岁以上、完全不能辨认自己行为的未成年人和成年人，其不能独立实施包括订立技术合同在内的民事法律行为，必须由其法定代理人代理实施。无民事行为能力人独立订立的技术合同，属无效合同。

与自然人不同，法人与非法人组织作为组织体，其不存在生理机能水平影响认知和意思能力的可能性，故而法人与非法人组织的民事行为能力与民事权利能力相一致，不适用民事行为能力或无民事行为能力的规则，均为技术合同的适格主体。实践中存在法人或非法人组织的经营范围限制是否影响合同效力的争议，即法人或非法人组织超出经营范围所订立的技术合同是否有效。一般认为，经营范围的法律性质是对法定代表人或非法人组织的负责人的代表权限限制，超出经营范围订立合同实质是法定代表人或非法人组织的负责人超越代表权限订立的合同，依据《民法典》第504条的规定，除非技术合同相对人知道或者应当知道其超越权限，否则该技术合同应为有效。

（二）意思表示真实

意思表示真实是指行为人在意思自治的前提下，通过一定的表示行为将其内心意思准确地表示出来。在《民法典》中，违反意思表示真实要求的情形主要有以下两种。

1. 行为人的内心意思与表示行为不一致

行为人的内心意思与表示行为不一致主要有两种情形,一种是虚伪表示,另一种是重大误解。

虚伪表示是指行为人与相对人通谋而为虚假的意思表示。《民法典》第 146 条第一款规定:"行为人与相对人以虚假的意思表示实施的民事法律行为无效。"有时,行为人虚伪表示的目的在于隐藏其真实的意思表示,例如,技术合同当事人出于避税等目的,故意订立一个低于真实交易价格的合同用于税收申报,则该合同即属于虚伪的意思表示,而当事人之间以真实交易价格订立的合同则构成该虚伪表示所隐藏的真实意思表示。《民法典》第 146 条第二款规定:"以虚假的意思表示隐藏的民事法律行为的效力,依照有关法律规定处理。"也就是说,当事人之间以真实交易价格订立的合同是否有效,应按《民法典》第 143 条和第 850 条规定另行独立判断。

重大误解是指行为人由于错误地认识了其所使用的表达方式的意义,或者内心意思的表达方式存在错误,致使意思与表示不一致。《民法典》第 147 条规定:"基于重大误解实施的民事法律行为,行为人有权请求人民法院或者仲裁机构予以撤销。"据此,基于重大误解订立的技术合同效力,取决于重大误解一方当事人是否行使撤销权。如果当事人依法行使撤销权,则技术合同归于无效;如果当事人未行使撤销权或行使撤销权不符合法律要求,则技术合同应继续有效。依据《民法典》第 152 条的规定,撤销权的行使有如下要求。

(1) 撤销权的行使方式为请求人民法院或者仲裁机构予以撤销。

(2) 当事人自知道或者应当知道撤销事由之日起九十日内行使撤销权,且距离技术合同订立之日不超过五年。

(3) 当事人知道撤销事由后,未明确表示或者以自己的行为表明放弃撤销权。

2. 行为人意思表示不自由

行为人意思表示不自由主要有三种情形,第一种是欺诈,第二种是胁迫,第三种是乘人之危导致显失公平。

欺诈是指合同当事人或第三人故意告知对方虚假情况,或者故意隐瞒真实情况,诱使对方当事人作出错误的意思表示。[①] 根据《民法典》第 148 条和第 149 条的规定,技术合同的当事人以欺诈手段使对方在违背真实意思的情况下订立技术合同,或者第三人实施欺诈行为使技术合同的当事人在违背真实意思的情况下订立合同,且技术合同对方当事人知道或者应当知道该欺诈行为的,受欺诈方有权请求人民法院或者仲裁机构予以撤销。

胁迫是指以给民事主体及其亲友的生命健康、荣誉、名誉、财产等造成损害或者以给法人的荣誉、名誉、财产等造成损害为要挟,迫使对方作出违背真实的意思表示。[②] 依据《民法典》第 150 条的规定,技术合同当事人或者第三人以胁迫手段,使对方在违背真实意思的情况下订立技术合同,受胁迫方有权请求人民法院或者仲裁机构予以撤销。

乘人之危导致显失公平是指一方当事人利用对方处于危困状态、缺乏判断能力等,为牟取不正当利益,迫使对方作出不真实的意思表示,合同成立时显失公平。依据《民法典》第 151 条的规定,一方当事人乘人之危使对方非自愿地订立显失公平的技术合同,受损害方有权请求人民法院或者仲裁机构予以撤销。

综上所述,行为人意思表示不自由的三种技术合同,与基于重大误解订立的技术合同相同,其效力取决于享有撤销权的合同当事人是否行使撤销权,以及撤销权的行使是否符合法律要求。

(三) 不违反法律、行政法规的强制性规定,不违背公序良俗

《民法典》第 153 条第一款规定:"违反法律、行政法规的强制性规定的民事法律行为无效。但是,该强制性规定不导致该民事法律行为无效的除外。违背公序良俗的民事法律行为无效。"在理解

[①②] 王利明,2010. 民法 [M]. 北京:中国人民大学出版社:137.

该规定时，应注意以下四点。

第一，能够导致技术合同无效的规范性文件，仅限于全国人大及其常委会颁布，由国家主席签发的法律，或者是国务院颁步并由国务院总理签发的行政法规，而不包括国务院各部委颁布的部门规章、地方人大及其常委会颁布的地方性法规、地方人民政府颁布的地方政府规章等规范性文件。

第二，能够导致技术合同无效的必须是强制性规定。民法规定存在任意性与强制性之分。任意性规定的目的是是为民事主体订立技术合同提供指引，当事人可以选择适用，也可以选择不适用。强制性规定是法律基于公共利益对民事主体意思自治所施加的限制，当事人在技术合同中必须遵守，否则会因损害公共利益而导致合同无效。

第三，能够导致技术合同无效的强制性规定必须是以维护公共利益为目的、禁止当事人采用特定行为模式的强制性规定。根据《民法典》第153条的文义，并非所有的强制性规定都会导致技术合同无效，须从形式和实质两个方面对强制性规定进行判断。从形式上看，如果强制性规定是禁止任何人在任何时间、任何地点以任何方式订立特定的技术合同，则违反该强制性规定会导致技术合同无效；反之，如果强制性规定仅是禁止特定主体，或者是禁止在特定时间，或者是禁止在特定地点，或者是禁止以特定方式订立技术合同，则违反该强制性规定不会导致技术合同无效。[①] 从实质上看，强制性规定否定合同效力的合理性依据在于公共利益优先于合同当事人的私人利益，是故强制性规定必须是以维护公共利益为其立法宗旨。

第四，违背公序良俗也会导致技术合同无效。公序良俗是公共秩序（政治、经济、文化等领域的基本秩序和根本理念）和善良风俗（全体社会成员所普遍认可、遵循的道德准则）的简称，是公共利益的概括性体现。公序良俗的一部分已通过法律、行政法规的强制性规定直接影响技术合同的效力，但毕竟强制性规定的范围有限，无法穷尽现实中所有损害公共利益的情形。因此，《民法典》第153条将公序良俗设定为兜底条款，将其他损害公共利益的技术合同均归于无效。

（四）不存在非法垄断技术或者侵害他人技术成果的情形

《民法典》第850条规定："非法垄断技术或者侵害他人技术成果的技术合同无效。"

对于非法垄断技术，立法机关将其归纳为限制另一方在合同标的基础上进行新的研究开发、限制另一方从其他渠道获取技术、阻碍另一方根据市场需求以合理的方式实施技术以及阻碍国家推广、使用技术等四种情形。[②] 2020年修订的《最高人民法院关于审理技术合同纠纷案件适用法律若干问题的解释》第10条将非法垄断技术进一步解释为以下六种具体情形。

（1）限制当事人一方在合同标的技术基础上进行新的研究开发或者限制其使用所改进的技术，或者双方交换改进技术的条件不对等，包括要求一方将其自行改进的技术无偿提供给对方、非互惠性转让给对方、无偿独占或者共享该改进技术的知识产权。

（2）限制当事人一方从其他来源获得与技术提供方类似技术或者与其竞争的技术。

（3）阻碍当事人一方根据市场需求，按照合理方式充分实施合同标的的技术，包括明显不合理地限制技术接受方实施合同标的的技术生产产品或者提供服务的数量、品种、价格、销售渠道和出口市场。

（4）要求技术接受方接受并非实施技术必不可少的附带条件，包括购买非必需的技术、原材料、产品、设备、服务以及接收非必需的人员等。

（5）不合理地限制技术接受方购买原材料、零部件、产品或者设备等的渠道或者来源。

（6）禁止技术接受方对合同标的技术知识产权的有效性提出异议或者对提出异议附加条件。

对于侵害他人技术成果，主要是指侵害他人知识产权或其他科技成果权的行为，主要包括两种情形。第一种是未经权利人许可，与他人订立自己无权处分的技术成果的技术合同；第二种是订立侵害

---

① 王轶，2007. 论物权法的规范配置 [J]. 中国法学（6）：110-125.
② 黄薇，2020. 中华人民共和国民法典释义 [M]. 北京：法律出版社：1543-1544.

技术成果完成人身份权、荣誉权的技术合同。①

第三节　技术合同的履行

技术合同的履行是指当事人依照技术合同的标的、质量、数量、履行期限、履行地点、履行方式等完成自己应尽的义务。当事人履行技术合同，应做到全面且适当。

一、技术合同履行的基本原则

（一）全面履行原则

《民法典》第509条规定了全面履行原则，即"当事人应当按照约定全面履行自己的义务"，并"遵循诚信原则，根据合同的性质、目的和交易习惯履行通知、协助、保密等义务"。该原则包含两个层面的含义：第一，技术合同的当事人应当全面履行合同约定的义务，不得选择性地履行部分义务；第二，即使技术合同没有对当事人的义务作出约定，但基于诚实信用原则的基本要求，当事人也应根据技术交易的习惯和目的履行通知、协助、保密等义务。例如，在技术咨询合同中，即使未约定受托人负有保密义务，受托人也应负有保守在技术咨询过程中获得的委托人技术信息和商业信息的义务。

（二）适当履行原则

合同目的的实现，仅由合同当事人全面履行合同义务是不够的，还需要合同当事人每一个合同义务的履行都符合适当的要求。所谓适当履行，是指合同当事人应当按照合同约定或者法律规定的范围和程度履行合同义务，包括合同履行主体适当、履行标的适当、履行期限适当、履行地点适当、履行方式适当等要素。例如，在委托开发合同中，研究开发人不仅要按时开发出标的技术成果，还要确保该技术成果的各项技术参数符合合同约定，并提供有关的技术资料和必要的技术指导，帮助委托人掌握研究开发成果。

（三）协助履行原则

协助履行原则是指合同当事人应当依照诚实信用原则的要求协助对方当事人履行合同义务的原则。《民法典》第509条第二款规定，当事人应当遵循诚信原则，根据合同的性质、目的和交易习惯履行协助义务。在技术合同中，协助履行原则包括以下内容：（1）债权人在债务人适当履行义务时，应及时受领给付，无正当理由不得拒绝。例如，专利实施许可合同的被许可人应当及时受领许可人交付实施专利有关的技术资料，否则须承担因此增加的履行费用。（2）债权人应创造必要的条件方便债务人履行义务。例如，委托开发合同的技术成果可能需要特殊的存储介质或存储条件，则委托人应当提供合适的存储介质或条件，使研究开发人能够顺利履行交付技术成果的义务。（3）债务人不能履行义务或者不适当履行义务时，债权人应当积极采取措施，防止损失扩大。

二、技术合同履行的具体规则

意思自治是技术合同法律规则的核心。《民法典》合同编所规定涉及技术合同的规则，几乎都是可由当事人选择适用与否的任意性规定。因此，技术合同履行的具体规则遵循当事人约定优先的基本准则，如果当事人在技术合同中对相关事项作出了明确约定，即使与《民法典》的规定相冲突，也应优先适用合同约定。在技术合同未有约定或约定不明时，《民法典》合同编的相关规则可以发挥补充当事人意思表示不足或解释当事人意思表示的功能，成为技术合同履行的规则。总体而言，这种发挥补充和解释功能的技术合同履行规则有两类，一类是适用于所有类型技术合同履行的一般规则，另一类是适用于某一类型技术合同履行的特殊规则。

---

① 黄薇，2020. 中华人民共和国民法典释义[M]. 北京：法律出版社：1543-1544.

（一）各类型技术合同履行的一般规则

适用于所有类型技术合同履行的一般规则主要涉及质量、价款或报酬、履行地点、履行期限、履行方式、履行费用等。《民法典》第510条规定："合同生效后，当事人就质量、价款或者报酬、履行地点等内容没有约定或者约定不明确的，可以协议补充；不能达成补充协议的，按照合同相关条款或者交易习惯确定。"如果按上述规则仍无法确定技术合同的相关履行规则，则应按以下规则履行：

1. 质量

依据《民法典》第511条第一项规定，技术合同履行质量要求不明确的，应当按照强制性国家标准履行；没有强制性国家标准的，按照推荐性国家标准履行；没有推荐性国家标准的，按照行业标准履行；没有国家标准、行业标准的，按照通常标准或者符合合同目的的特定标准履行。

2. 价款或报酬

依据《民法典》第511条第二项的规定，技术合同价款或者报酬不明确的，如果合同标的依法应当执行政府定价或者政府指导价，则依照规定履行；如果合同标的没有政府定价或者政府指导价，则按照订立合同时履行地的市场价格履行。

3. 履行地点

依据《民法典》第511条第三项的规定，技术合同履行地点不明确，应根据所履行合同义务的类型确定履行地点：（1）合同义务为给付货币的，在接受货币一方所在地履行；（2）合同义务为交付不动产的，在不动产所在地履行；（3）其他标的的合同义务，在履行义务一方所在地履行。

4. 履行期限

依据《民法典》第511条第四项的规定，技术合同履行期限不明确的，债务人可以随时履行，债权人也可以随时请求履行，但是应当给对方必要的准备时间。

5. 履行方式

依据《民法典》第511条第五项的规定，技术合同履行方式不明确的，按照有利于实现合同目的的方式履行。

6. 履行费用

依据《民法典》第511条第六项的规定，技术合同履行费用的负担不明确的，由履行义务一方负担；因债权人原因增加的履行费用，由债权人负担。

（二）各类型技术合同履行的特殊规则

1. 技术开发合同

技术开发合同可分为委托开发合同和合作开发合同，两者的履行规则有所区别。在当事人未对技术开发合同当事人的权利义务作出约定或约定不明时，应按照技术开发合同的类型适用《民法典》"技术合同"章第二节相应的规则。

就合作开发合同而言，各方当事人应履行以下义务：①按照合同约定进行投资，投资方式包括资金、技术等；②按照合同的约定分工参与研究开发工作，协作配合研究开发工作。

对于合作开发的技术成果，其在履行过程中需遵循以下规则：①合作开发的当事人共有申请专利的权利，按照共有的规则，只要合作开发的任何一方当事人不同意申请专利，其他各方就不得申请专利；②当事人一方转让其共有的专利申请权的，除非当事人另有约定，其他各方享有以同等条件优先受让的权利；③合作开发的当事人一方声明放弃其共有的专利申请权，除非当事人另有约定，可以由另一方单独申请或者由其他各方共同申请；申请人取得专利权的，放弃专利申请权的一方可以免费实施该专利；④在没有相同技术方案被授予专利权前，当事人均有使用和转让技术秘密成果的权利。

就委托开发合同而言，委托人应当履行以下义务：①按照合同约定支付研究开发经费和报酬；②按照合同约定提供技术资料，提出研究开发要求，完成协作事项；③接受研究开发成果。研究开发人应当履行以下义务：①按照合同约定制定和实施研究开发计划；②合理使用研究开发经费；③按期完成研究开发工作并交付研究开发成果；④提供有关的技术资料和必要的技术指导，帮助委托人掌握研究开发成果。

对于委托开发的技术成果，其在履行过程中需遵循以下规则：①除非法律另有规定或者当事人另有约定，申请专利的权利属于研究开发人；②研究开发人取得专利权的，委托人可以依法实施该专利；③研究开发人转让专利申请权的，委托人享有以同等条件优先受让的权利；④在没有相同技术方案被授予专利权前，当事人均有使用和转让技术秘密成果的权利。研究开发人不得在向委托人交付研究开发成果之前，将研究开发成果转让给第三人。

2. 技术转让合同

在当事人未对技术转让合同当事人的权利义务作出约定或约定不明时，应根据转让标的是否为技术秘密，适用《民法典》"技术合同"章第三节相应的规则。

对于转让标的为非技术秘密的技术转让合同，让与人应履行以下义务：①保证自己是所提供的技术的合法拥有者；②保证所转让的技术完整、无误、有效，能够达到约定的目标；③按照合同约定转让标的技术，包括提供技术资料等。受让人应履行以下义务：①按照合同约定支付转让费；②按照约定的范围和期限，对让与人提供的技术中尚未公开的秘密部分，承担保密义务。

对于转让标的为技术秘密的技术转让合同，让与人应履行以下义务：①按照合同约定提供技术资料，进行技术指导；②保证技术的实用性、可靠性；③承担保密义务。受让人应履行以下义务：①按照合同约定受让技术，支付转让费；②承担保密义务。

3. 技术许可合同

在当事人未对技术许可合同当事人的权利义务作出约定或约定不明时，应根据许可标的是非技术秘密、技术秘密还是专利，适用《民法典》"技术合同"章第三节相应的规则。

对于标的为非技术秘密的技术许可合同，许可人应履行以下义务：①保证自己是所提供的技术的合法拥有者；②保证所提供的技术完整、无误、有效，能够达到约定的目标；③按照合同约定许可标的技术的使用，包括提供技术资料、进行技术指导等。被许可人应履行以下义务：①按照合同约定支付使用费；②按照约定的范围和期限，对许可人提供的技术中尚未公开的秘密部分，承担保密义务。

对于标的为技术秘密的技术许可合同，许可人应履行以下义务：①按照合同约定提供技术资料，进行技术指导；②保证技术的实用性、可靠性；③承担保密义务，但该保密义务不影响许可人申请专利；④不得违反合同约定，擅自许可第三人使用该项技术秘密。被许可人应履行以下义务：①按照合同约定使用技术，支付使用费；②承担保密义务；③未经许可人同意不得擅自许可第三人使用该技术秘密。

对于专利实施许可合同，许可人应履行以下义务：①按照合同约定许可被许可人实施专利；②交付实施专利有关的技术资料，提供必要的技术指导；③不得违反合同约定，擅自许可第三人使用该项专利。被许可人应履行以下义务：①按照合同约定实施专利；②不得许可约定以外的第三人实施该专利；③按照合同约定支付使用费；

4. 技术咨询合同

在当事人未对技术咨询合同当事人的权利义务作出约定或约定不明时，应适用《民法典》"技术合同"章第四节相应的规则。

技术咨询合同的委托人应履行以下义务：①按照合同约定阐明咨询的问题，提供技术背景材料及有关技术资料；②接受受托人的工作成果；③支付报酬。受托人应履行以下义务：①按照约定的期限完成咨询报告或者解答问题，提出的咨询报告应当达到约定的要求；②在合同未有明确约定或约定不明时，负担正常开展工作所需费用。

如果技术咨询合同履行过程中产生了新的技术成果，应根据其产生情形区分归属：①受托人利用委托人提供的技术资料和工作条件完成的新的技术成果，属于受托人；②委托人利用受托人的工作成果完成的新的技术成果，属于委托人。

5. 技术服务合同

在当事人未对技术服务合同当事人的权利义务作出约定或约定不明时，应适用《民法典》"技术合同"章第四节相应的规则。

技术服务合同的委托人应履行以下义务：①按照合同约定提供工作条件，完成配合事项；②接受工作成果；③支付报酬。受托人应履行以下义务：①按照合同约定完成服务项目，解决技术问题，保证工作质量；②传授解决技术问题的知识；③在合同未有明确约定或约定不明时，负担正常开展工作所需费用。

如果技术服务合同履行过程中产生了新的技术成果，可按照前述技术咨询合同的规则确定其归属。

第四节　技术合同的救济

技术合同的救济，主要是指违约救济方式主要有三种，分别为双务合同履行中的抗辩权、解除合同和违约责任。

一、技术合同的违约形态

违约，即违反合同义务。技术合同的违约因合同类型的不同而表现各异。根据《民法典》的规定，技术合同的违约主要有以下表现：①技术开发合同：当事人违反约定造成研究开发工作停滞、延误或者失败；②技术转让合同：让与人未按照约定转让技术，受让人未按照约定支付转让费，以及让与人或受让人违反保密义务；③技术许可合同：许可人未按照约定许可技术，被许可人未按照约定支付使用费，许可人或者被许可人违反保密义务，许可人或被许可人实施专利或者使用技术秘密超越约定的范围，许可人违反约定擅自许可第三人实施该项专利或者使用该项技术秘密，以及被许可人未经许可人同意擅自许可第三人实施该专利或者使用该技术秘密；④技术咨询合同：委托人未按照约定提供必要的资料，影响工作进度和质量，委托人不接受或者逾期接受工作成果，以及受托人未按期提出咨询报告或者提出的咨询报告不符合约定；⑤技术服务合同：委托人不适当履行，影响工作进度和质量，委托人不接受或者逾期接受工作成果，以及受托人未按照约定完成服务工作。

在法律上，违约存在性质与程度的区分，不同性质与程度的违约所导致的法律效果也不尽然相同。例如，委托开发合同的研究开发人拒绝履行开发义务与研究开发人虽开发出了技术成果，但部分参数未达到合同约定，两者都是违约，但前者的违约程度明显比后者严重，相应的，两者在法律后果上也有所不同。基于此，学理上根据违约行为的性质和特点，将违约行为概括为以下四种形态。

（一）拒绝履行

拒绝履行是指合同一方当事人在能够履行的情况下，无正当理由拒绝履行合同的全部主要义务。《民法典》第577条第一句所称"当事人一方不履行合同义务"即是指拒绝履行的违约行为。拒绝履行一般具有三个特点：第一，拒绝履行是因合同当事人的主观原因导致的违约，必须是合同义务具有履行的现实可能性，否则应构成履行不能而非拒绝履行。第二，拒绝履行必须是合同当事人拒绝履行合同的全部主要义务，如果当事人仅拒绝履行合同部分义务，则属于不完全履行而非拒绝履行。第三，合同当事人拒绝履行必须是无正当理由，如果其存在正当理由，则通常不构成违约。

拒绝履行一般表现为合同义务履行期届满，合同当事人明确表示或以其行为表明拒绝履行合同义务。在合同义务履行期届满前，如果一方当事人明确表示或者以自己的行为表明不履行主要债务，依据《民法典》第563条第二项的规定，其构成拒绝履行的特殊形态——预期违约。

（二）履行不能

履行不能是指合同义务因客观原因而在事实上、法律上或经济上不能履行。违约行为是否构成履行不能，应当依社会一般观念判断，而非纯自然或物理标准。例如，因疫情管制需要关闭某实验室，导致委托开发合同的研究开发人在事实上不能继续开展研发工作，属于事实上的履行不能。又如，禁止某类生物技术的立法生效，将会导致以该类技术作为合同标的的技术开发合同在法律上履行不能。履行不能既可以是自始、全部履行不能，其也可以是合同履行过程中新产生履行不能事由的嗣后履行不能或者部分合同义务的履行不能。

（三）不完全履行

不完全履行是指当事人虽然履行了合同义务，但是其履行不符合合同约定，包括履行数量不足、履行质量未达到合同约定的标准、交付的标的物规格、型号等不符合合同约定或存在隐蔽瑕疵、履行地点或方式不符合合同约定等情形。除此之外，不完全履行还存在加害履行的特别情形，即当事人履行义务不符合合同约定外，还造成了对方当事人的其他财产或人身损害。例如，甲公司与乙公司订立以改良某产品工艺流程的技术服务合同，但乙公司提供的工艺改良方案不仅没有提升该产品的生产工艺，还因该方案中的错误导致生产设备损坏，则乙公司构成加害履行。

（四）迟延履行

迟延履行是指合同当事人在履行期限届满时，能够履行而没有按期履行合同义务。迟延履行需满足以下四个条件：①合同当事人违反了履行期限的约定，但通常在迟延一段时间后仍会履行，如果合同当事人在迟延后表示将不再履行，则转化为拒绝履行。②在履行期限届满时，当事人的履行存在现实可能性。如果合同义务在事实上、法律上或经济上不能履行，则属于履行不能而非迟延履行。③履行期限届满时合同当事人没有履行义务，而不包括不适当履行义务的情形。如果合同当事人在履行期限届满时仅履行了部分义务，仍可就未履行的义务构成迟延履行。④迟延履行的合同当事人必须不具有正当理由，否则将不构成违约。

二、技术合同的违约救济方式

（一）双务合同履行中的抗辩权

所谓双务合同履行中的抗辩权，是指在符合法定条件时，当事人一方享有对抗对方当事人的履行请求权，暂时拒绝履行其合同义务的权利。双务合同履行中的抗辩权是在对方当事人出现违约或存在违约的现实可能性时，法律赋予合同当事人的一种临时性的救济手段。如果对方当事人在抗辩权行使后及时履行或者提供适当担保，则该抗辩权消灭，当事人应当履行其合同义务，并可主张对方迟延履行的违约责任。反之，如果对方当事人在抗辩权行使后既没有及时履行，也没有提供适当担保，则可能构成预期违约、迟延履行经催告后在合理期限内仍未履行等合同解除权情形，由守约一方当事人享有合同解除权，并可主张对方拒绝履行、不完全履行或迟延履行的违约责任。

根据当事人之间履行顺序的不同，双务合同履行中的抗辩权可分为同时履行抗辩权、先履行抗辩权和不安抗辩权。

1. 同时履行抗辩权

《民法典》第525条规定："当事人互负债务，没有先后履行顺序的，应当同时履行。一方在对方履行之前有权拒绝其履行请求。一方在对方履行债务不符合约定时，有权拒绝其相应的履行请求。"根据该条规定，技术合同中的同时履行抗辩权应当满足以下构成要件：①当事人因同一技术合同而互负债务，且没有先后履行顺序之分；②当事人之间债务的履行期限已届满；③对方当事人未履行，或者履行不符合合同约定。未履行要求对方当事人既没有实际履行，也没有提出履行，否则不成立同时履行抗辩权；④当合同债务可分时，当事人的抗辩权只及于对方未履行或不适当履行部分的对待给付。例如，技术转让合同的标的为三项相互独立的技术成果，让与人完整地转让了其中两项技术，但第三项技术未按照合同约定提供关键技术资料，则受让人只能就第三项技术主张同时履行抗辩权，中止履行支付该项技术价款的义务。

2. 先履行抗辩权

《民法典》第526条规定："当事人互负债务，有先后履行顺序，应当先履行债务一方未履行的，后履行一方有权拒绝其履行请求。先履行一方履行债务不符合约定的，后履行一方有权拒绝其相应的履行请求。"与同时履行抗辩权不同，先履行抗辩权适用于双方履行顺序有先后之分的技术合同，当先履行的当事人不履行债务或者履行债务不符合合同约定，则后履行一方当事人可主张先履行抗辩权。与同时履行抗辩权相同，当合同债务可分时，先履行抗辩权只及于对方未履行或不适当履行部分的对待给付。

3. 不安抗辩权

依据《民法典》第527条的规定，不安抗辩权适用于双方履行顺序有先后之分的技术合同。应当先履行的当事人，有确切证据证明对方有法律规定的影响债务履行的事由时，可中止己方义务的履行，待对方影响债务履行事由消灭或提供适当担保后再恢复履行。法律规定的不安抗辩权事由主要有四项：①经营状况严重恶化。例如，技术转让合同的受让人产品大量滞销，现金流严重短缺，则让与人有权行使不安抗辩权，中止转让技术成果；②转移财产、抽逃资金，以逃避债务；③丧失商业信誉。例如，研究开发合同的研究开发人被爆出多次研发造假的记录，则委托人有权行使不安抗辩权，中止支付经费和报酬；④有丧失或者可能丧失履行债务能力的其他情形。

技术合同当事人行使不安抗辩权中止履行的，应当及时通知对方。对方在合理期限内未恢复履行能力且未提供适当担保的，视为以自己的行为表明不履行主要债务，中止履行的一方可以解除合同并可以请求对方承担违约责任。

（二）解除合同

所谓解除合同，是指在合同成立后，因一方或双方当事人的意思表示而使合同关系终了的制度。依据《民法典》第566条的规定，合同解除主要有以下三项法律效果：①合同尚未履行的部分终止履行。②合同已经履行的，根据履行情况和合同性质，当事人可以请求恢复原状或者采取其他补救措施，并有权请求赔偿损失。③合同因违约解除的，解除权人可以请求违约方承担违约责任，但是当事人另有约定的除外。

《民法典》规定的合同解除方式包括协议解除、约定解除和法定解除。协议解除是当事人通过订立一个新的合同来解除原来的合同，是协商一致的结果，通常不具有对违约的受害方提供救济的功能。约定解除是当事人事先在合同中约定一方解除合同的事由，该事由发生时，守约方通过行使解除权解除合同。约定解除以合同事先约定解除事由作为前提，当事人需在合同中就违约专门约定解除事由，约定解除权方可发挥违约救济的功能。

在当事人未对违约专门约定解除事由的情况下，受害方仍可通过法定解除制度终止合同关系。法定解除是合同当事人在法律规定的解除事由发生时，行使解除权解除合同。根据《民法典》第563条和第857条的规定，主要有以下五种法定解除事由。

1. 因不可抗力致使不能实现合同目的

依据《民法典》第180条第二款的规定，不可抗力是不能预见、不能避免且不能克服的客观情况，例如，疫情管制需要关闭部分实验室，导致研究开发人停工，即属委托开发合同履行的不可抗力。不可抗力不可归责于任何一方当事人，其可能会影响到合同的履行。如果影响程度较轻，合同目的仍有可能实现，可通过延期履行或情势变更实现合同目的。如果不可抗力对合同履行影响程度较重，致使合同目的无法实现，继续维持合同效力已无实际意义，此时合同各方当事人均享有法定解除权，并且通常不会涉及违约责任的问题。

2. 所开发技术已经由他人公开，致使合同履行没有意义

技术开发合同的目的在于开发新技术、新产品、新工艺、新品种或者新材料及其系统，如果开发标的已由他人开发且公开，则合同目的已然实现，继续研究开发已无必要。因此，《民法典》第857条规定，作为技术开发合同标的的技术已经由他人公开，致使技术开发合同的履行没有意义的，各方当事人均享有合同解除权，该解除权的行使通常不会涉及违约责任的问题。

3. 预期违约

预期违约发生于合同债务履行期限届满之前，但在一方当事人明确表示或者以自己的行为表明不履行主要债务的情况下，继续维持合同效力使守约方继续履行，未免对守约方过于不公。所以，《民法典》第563条第二项赋予预期违约的守约方以解除权，为其提供及时救济。守约方行使解除权，不影响其向违约方主张违约责任。

4. 迟延履行主要债务经催告后在合理期限内仍未履行

在迟延履行的情形下，守约方通常难以证明迟延履行致使合同目的无法实现，容易造成合同无法解除，损害守约方的利益。因此，《民法典》对迟延履行设置了推定规则，只要守约方催告违约方，违约方在合理期限内仍未履行的，就推定迟延履行致使合同目的无法实现，赋予守约方合同解除权。此处的合理期限，应结合当事人的约定、交易的内容和交易习惯加以确定。

5. 其他根本违约行为

根本违约行为是指导致合同目的无法实现的违约行为。履行不能、拒绝履行、不完全履行、迟延履行都有可能构成根本违约。例如，在技术转让合同中，让与人拒绝履行提供实施技术专用设备的义务，且受让人无法自行开发或从第三方处购得相同功能、质量的专用设备，则让与人的拒绝履行构成根本违约。再如，在委托开发合同中，研究开发人盗用他人所有的技术作为开发成果交付，其不完全履行亦构成根本违约。

（三）违约责任

违约责任是合同当事人违反合同义务所承担的责任。拒绝履行、履行不能、不完全履行和迟延履行的违约行为，守约方均可请求违约方承担违约责任，由此获得相应的救济。当前，《民法典》规定了三种违约责任方式，分别为继续履行、赔偿损失，以及赔偿违约金或定金，守约方可根据自身情况，主张其中一种或数种责任方式。

1. 继续履行

继续履行是指违约方不履行合同时，由法院强制违约方继续履行合同债务，使守约方尽可能地取得约定的标的的违约责任方式。继续履行存在三种实现方式：①违约方按原合同约定继续履行原合同义务；②根据债务的性质不得强制履行的，守约方可以请求守约方负担由第三人替代履行的费用。例如，技术咨询合同的受托人拒绝履行，委托人可以委托第三人出具咨询报告，由受托人承担咨询费用；③根据标的的性质以及损失的大小，守约方可以合理选择请求违约方承担修理、重作、更换、退货、减少价款或者报酬。例如，研究开发人研发的技术成果部分参数未达到合同约定，委托人可以请求研究开发人改进技术方案，直至符合合同约定。

当然，并非所有的违约情形都可以适用继续履行的责任方式。根据《民法典》第580条的规定，以下三种情形不适用继续履行：①法律上或者事实上不能履行；②债务的标的不适于强制履行或者履行费用过高；③债权人在合理期限内未请求履行。

2. 赔偿损失

赔偿损失是指违约方赔偿守约方因违约行为而遭受的损失。《民法典》第584条规定："当事人一方不履行合同义务或者履行合同义务不符合约定，造成对方损失的，损失赔偿额应当相当于因违约所造成的损失，包括合同履行后可以获得的利益；但是，不得超过违约一方订立合同时预见到或者应当预见到的因违约可能造成的损失。"例如，在技术转让合同中，转让标的技术因市场正常波动而价

值上升，让与人认为原合同转让价款过低，拒绝履行转让义务。此时，受让人可以请求让与人赔偿的损失除了其因履行该合同支出的所有费用和价款，还包括该技术上升的市场价值。但如果该技术是因当事人无法预见的突发疫情而价值骤升，则属于当事人订立合同时无法预见的损失，受让人不应请求让与人赔偿该技术上升的市场价值。

3. 赔偿违约金或定金

违约金是依据当事人事先约定，违约方违约时向守约方支付一定数额的金钱。违约金实质上通过事先约定的方式对赔偿损失数额的定型化，能够简化举证，提高违约救济的效率。当然，违约金与实际损失之间通常会存在偏差，如果相差过大未免会造成当事人之间的不公平。因此，《民法典》的585条第二款规定："约定的违约金低于造成的损失的，人民法院或者仲裁机构可以根据当事人的请求予以增加；约定的违约金过分高于造成的损失的，人民法院或者仲裁机构可以根据当事人的请求予以适当减少。"

定金是依据合同约定，由一方当事人在履行前预先向对方给付一定金额或其他替代物，以担保债务的履行。定金数额由当事人约定，但不得超过主合同标的额的百分之二十。定金对守约方的救济主要通过定金罚则实现：给付定金的一方不履行债务或者履行债务不符合约定，致使不能实现合同目的的，无权请求返还定金；收受定金的一方不履行债务或者履行债务不符合约定，致使不能实现合同目的的，应当双倍返还定金。

第八章
需求甄别与分析

什么是做事成功的基础和秘诀？对于这个问题每个人都有自己的理解，并不好达成共识。满足别人的需要从而获得某种收益或者成就感，身心愉悦，却是我们日常生活中的切实感受。

挖掘需求能力是组织和个人发展的命门？满足别人的需求是自己的价值所在，也是自己发展的基础。需求既是客户的真是需要和订单，也是一个组织正常运转的需要，恰到好处的挠到别人的"痒痒肉"，就打开了一扇大门。

满足需求是真功夫，硬道理？所谓时势造英雄，也可以说满足了时势需求的人成了英雄。科技成果转化工作也是如此，技术转移人员在准确掌握需求的情况下，更能事半功倍的工作，可谓"一拍即合"。

第一节 技术需求

很多技术转移工作者都苦于没有准确的技术需求信息，不能够把自己的技术转移出去或者孵化成企业。如何准确识别、挖掘技术需求是技术转移从业人员非常重要的一项技能。

一、技术需求的分类

分类是厘清事实脉络，探求真相，寻找解决方案的一个有效的，常用的方法。对技术需求的分类可以有很多种，为满足技术转移人员的工作需要，精准找到某个组织或某个人的需要，解决他们的难点、痛点、痒点的目标，我们从需求主体的视角切入并以此为线索对技术需求进行分类。这样更有利于找到技术需求的关键人物，决策者，也就有利于把控科技成果转化的关键环节和事项。

（1）对需求主体进行分类。技术需求的主体一般包括党和政府（治理体系和治理能力提升，五位一体发展布局的项目等）、军队和国防、科研机构、高校机构、企业需求、产业园区（引进、吸收某领域的技术和产品）等。不同的主题有不同的要求，有不同的资源和不同的组织模式，技术转移人员对他们的特点要十分清楚。

（2）按照技术用途分类。按照技术用途分类，一般可以分为：解决急需的现实难题、监管需求（安全、环保，能源）融资发展需要、发展战略需求（政府、行业和企业）、军队需求（满足作战、保障、装备等需要）等。

（3）按照技术形式分类。按照技术形式分类，技术包括一般应用技术、基础研究，共性技术和关键技术、战略级技术、经济和管理研究成果等。

（4）技术需求的表现形式。技术需求表现出来的形式，包括技术迭代（优化升级）、新产品技术、关键技术、共性技术等。

（5）其他分类。主要是作为上面三种分类的补充，目的是精准找到一个组织机构内对应用某项创新成果有直接且实质性影响的关键人物。

以上的分类方式从谁（什么机构）需要技术，用技术做什么事情，需要什么样的技术，哪些人掌握具体需求等几个维度梳理技术需求，穿成一条如何挖掘技术的主线（图8.1）。

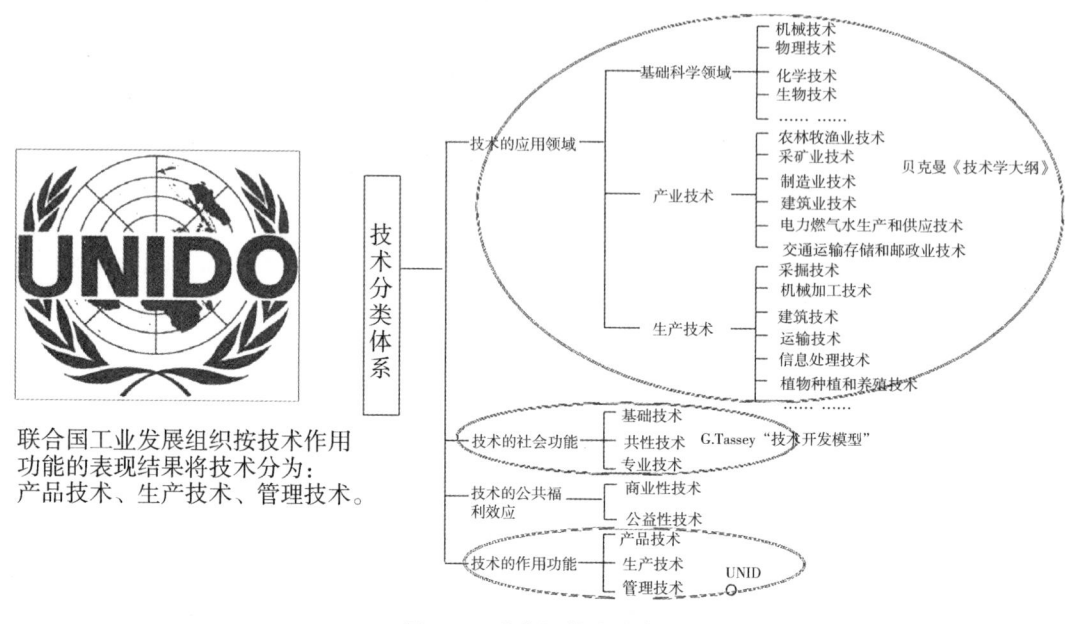

图 8.1 联合国技术分类

二、战略级技术

什么是"战略级"？那些能让小国变大国，弱国变强国，棋子变棋手，病夫变英雄的东西，就是战略级的东西。

对于企业来说，研发或吸收所谓战略级的技术一般都是为了研发下一代产品，获取较大的竞争优势，规避重大风险，或者拓展新的市场疆界，布局新领域等目标。

对战略级技术感兴趣，有操作空间的，基本上都在企业的高管团队，做战略级事情的人，必然有战略眼光。战略级技术多一个组织影响深远，甚至决定生死成败，所以这类技术的转移转化，多数都伴随着研究经济、管理、社会发展、政策趋势等事项的软科学研究工作。承担这类成果转化工作的人，必须熟悉并善于使用软科学研究，为决策者提供充分的论证，尽可能的降低他们的决策风险。这也是说服决策者们的必要工作。

所谓的战略级技术，它们的转转移转化工作是从软科学研究开始的并且伴随着整个过程，它们的转移转化是从研发立项阶段就开始酝酿，准备的。这两个特征是技术转移人员必须高度认识和重视的，影响如此深远的技术，在立项前必然有较长期的、充分的论证过程，要争取能够参与到这个论证过程当中去，掌握技术转移工作的主动权。

三、关键技术

关键技术是指在一个系统或者一个环节或一项技术领域中起到重要作用且不可或缺的环节或技术，可以是技术点，也可以是对某个领域起到至关重要作用的知识。比如，人工智能技术包含七个关键技术：机器学习、知识图谱、自然语言处理、人机交互、计算机视觉、生物特征识别、虚拟现实（VR）/增强现实（AR）。

关键技术是一个相对概念，一个系统中的关键技术放到另外一个系统就不一定是关键技术，任何一个系统或者产品都有自己的关键技术。关键技术不一定是多么先进的技术，它的价值在于不可或缺。

企业在技术迭代、寻求满足监管需要、遇到急需解决的难题等情况下，一般都会有关键技术的需求。需要注意的是，这时候的技术需求，往往会表现为对某种产品的需求。

四、产业共性技术

1992 年，美国国家标准与技术研究院（NIST）的经济学家 Gregory Tassey 提出了一个用于科技政策研究的"技术开发模型"，1997 年后称为"以技术为基础的经济增长模型"。围绕该模型，Tassey 将技术分成了基础技术、共性技术和专有技术，由此提出了共性技术（Industrial generic technology）的概念。

我国对共性技术的描述是在《国家创新驱动发展战略纲要》中，有"发展智能绿色制造技术，推动制造业向价值链高端攀升。加强产业技术基础能力和试验平台建设，提升基础材料、基础零部件、基础工艺、基础软件等共性关键技术水平。"

最典型的共性技术是信息与通信技术，它几乎影响了当今人类全部的经济和社会活动，其研发成果具有广泛的应用性和跨行业性。

由此可知，产业共性技术是在很多领域内已经或未来可能被普遍应用，其研发成果可共享并对一个或多个行业及其企业产生深度影响的一类技术。产业共性技术可以为多项相关技术的进步以及产业的发展提供平台支撑；产业共性技术具有广阔的应用前景（Multi Use），为多用户所用（Multi User），规模效应明显。根据它的影响和应用范围可将其分为产业间共性技术、产业内共性技术。

产业共性技术属于竞争前技术，其研究开发具有前瞻性、创新性与风险性；产业共性技术形成后，具有共用性、扩散性、层次性。

共性技术具有市场失灵和组织失灵的双重失灵特性。市场失灵是指在纯市场机制下，由于产业共性技术所具有的外部性、开放性、准公共物品性，导致企业技术研发积极性不高，出现产业共性技术市场供给不足。产业共性技术供给的组织失灵是指由于产业共性技术的高风险性、研发的高技术关联性，使得单个企业无法承受这种高风险，其能力与资源也无法满足研发的需求。

共性技术是战略级技术，它的双重失灵特性决定了它的研发、转化、推广应用等必须由政府机构、行业管理机构和产业内的支柱型企业的共同参与和积极推动。政府通过实施科技计划项目、科研基地、技术联盟、国家共性技术研究机构等多种形式构建产学研合作的纽带，整合优势科技资源，以解决单个个体在此类共性技术开发过程中的能力不足问题，减少共性技术扩散中的信息不对称性和收益不确定性，尝试将这类共性技术供给和扩散并推向市场。

第二节 从基础研究到产业应用

技术需求是潜藏在科技成果由基础研究到产业应用过程当中的，掌握这个规律，对挖掘和甄别技术需求大有裨益。技术转移人员可以在科技成果转移转化的每一个阶段挖掘出特定的需求，匹配最合理的转化模式和服务。

一个完整的新的科学技术应用过程一般要经过原理技术（基础研究）发现阶段、应用研究阶段、技术开发和生产经营几个阶段。图 8.2 是科技哲学家门总结出来的科学知识生产与应用线性模式图，清晰地表明了技术由生产到应用的过程，也表明了技术成果有生产向生产力转化的过程。

图 8.2 中由技术开发到生产经营的转化，是个复杂、艰辛和充满变数的过程，一般要经过产品开发、工艺开发、产业化生产、形成稳定的产品或者凝聚到产品中去的过程，如图 8.3 所示。从图中我们可以清晰地看到，技术应用的终点是产品的的销售情况，也就是说他代给技术使用者的最终获利能

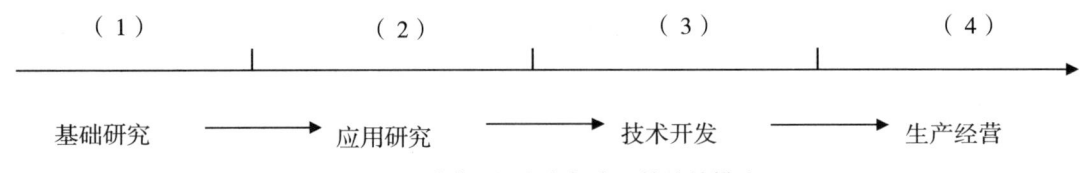

图 8.2 科学知识生产与应用的线性模式

力,是决定结束接受方是否愿意接受一项技术的最终决定因素。

将图 8.2 和图 8.3 结合起来,我们可以得到图 8.4 技术创新流程图。该流程图系统地反映了科技创新由产生到应用的整个流程,也是科技成果向生产应用逐步转移的流程图。

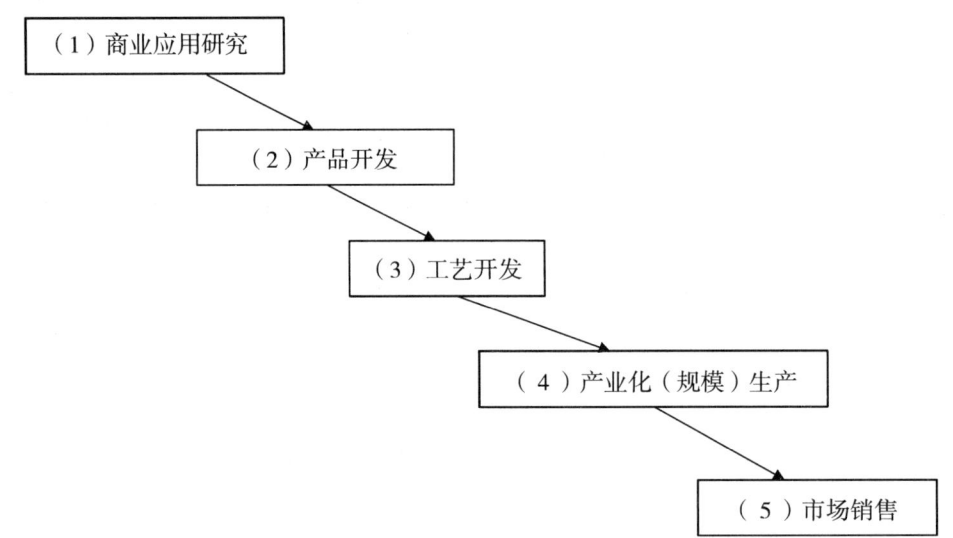

图 8.3 应用性科技成果转化流程

从科学发现到生产应用流程的纵向链条上看,技术转移可能涉及的技术相关主体,至少有基础技术研发者、应用技术研发者、企业等。由此技术转移也分为若干种的,其一是从基础应用技术研究者手里转移到应用技术开发者手里;其二是从应用技术的开发者手里转移到企业;其三是企业把技术转移到产品或工程里去;其四是从基础应用技术研发者手里直接转移到企业,这个过程跨度大,环节多,需要二次开发,涉及的人员多,也是最复杂的。

在技术由生成到形成产品或融合到产品中的过程中,处于第一梯队的是科学研究人员,主要进行知识创新;第二梯队是应用技处研究人员(竞争前技术,共性技术,一般不能直接用来获利,只有二次开发或者与其他技术集成后才可以获得现实的经济利益);第三梯队的应用开发人员;第四梯队的工程技术人员;第五梯队的则是销售工程师或产品工程师。这五个梯队的人员共同完成科学技术有实验室到生产力转化的过程,但是他们有不同价值观、生活习惯、利益追求和不同的社交范围,最终导致他们技术价值的判断标准不一致、对技术研发的过程认识不一致,这是技术转移中遇到的最大障碍!

技术转移,特别是科学技术转化成现实生产力的过程,实际上都是从第二梯队转移到第五梯队人员手里,完成从上游研发都技术产业应用的过程。有些技术经过由概念产品到应用产品的过程;有些技术经历一个由试验结果到产业化应用的过程;所有的技术在向下游转移的过程中都是不断的改进、提高、完善甚至自我否定的。最终的检验标准是市场的接受程度或者技术对产业发展的促进作用或者两者都有。在这个过程中技术研发可以划分为四个层次:

第一个层次,科学发现和部分基础应用技术。它是解释物质世界存在的宏观到微观的存在及其运动方式,它是基础研究,客观实际已经存在的物质世界,从宏观到微观,科学家的责任就是揭示它的

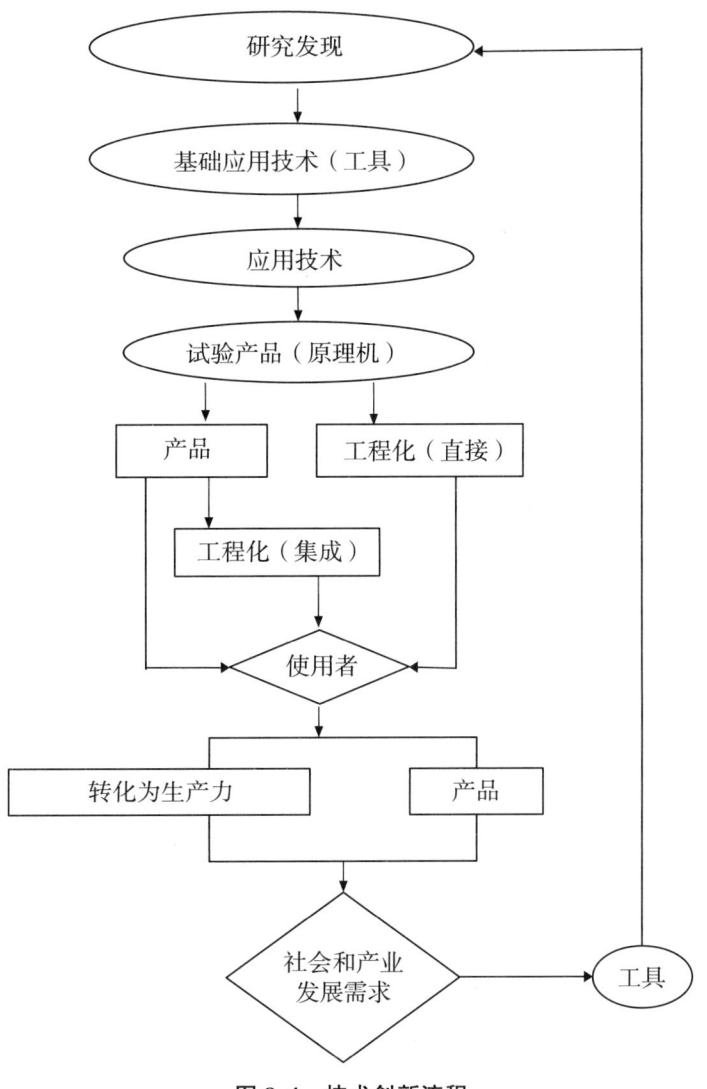

图 8.4 技术创新流程

存在形式和运动规律,这是科学发现的范畴,应当属于科学家从事基础理论研究的任务。科学发现和基础应用技术(第二层次)的研究(包括一部分产业共性技术),一般由研究性大学和战略性研究院所承担,有很强的公益性质,一般有国家匹配资金。

第二个层次,基础应用技术和共性技术研究。是指按照长期经济增长的战略要求或者其他战略发展理论,从基础科学研究中提炼,通过实验室试验后付诸应用,支持和引导专有技术发展的通用知识集合,主要包括核心的产品和加工技术[①]。这个层次的技术研发工作,一般由企业或应用型的科研机构完成,他们更直接的面对工程应用和产品应用,已经接近市场的要求。

第三个层次,技术发明。运用科学发现所揭示的规律以及基础应用技术等作为手段,采取工程化的方式,来研发有实用价值的产品或工程技术,主要由产业里的研发工程师来完成的。

第四个层次,技术发明还停留在成果的层次上,需要工程化、产品化和市场化。如果技术成果最终不能实现工程化和产业化,这个技术成果束之高阁没有任何社会经济意义。产业化主要靠企业家来组织,如果没有企业家把技术要素、资金要素组织起来,这个成果是转化不了的。

---

① 韩元建,2014. 对共性技术概念的再认识[J]. 中国科技论坛(7).

第三个层次和第四个层次的工作队伍重点应该在企业，技术转移活动的重点已经转移到市场看法，实现产业化经营上来，变为企业管理行为。在由科学技术向产品转化的过程中，最难实现的部分基本上是由企业来完成的。企业更直接的使用市场经济的眼光来评判技术的价值，承担着科学技术向生产力转化的重要任务。

我们讨论技术转移实际上应该明确技术从哪一层级转到哪一层级转移的问题，笼统的认为技术转移就是直接向生产应用转移的观点，是不完美的，也是不科学的，与技术转移事实不相符。

理想的技术转移过程大致可分为市场预测确定科研目标、科技成果的产生、科技成果的转移和科技成果的使用四个阶段。科技成果转化的四个阶段是相互联系的、渐进的过程，只有完成了这四个阶段，才能达到科技成果转化为现实生产力的目的。

图8.5是对这个过程的具体描述。

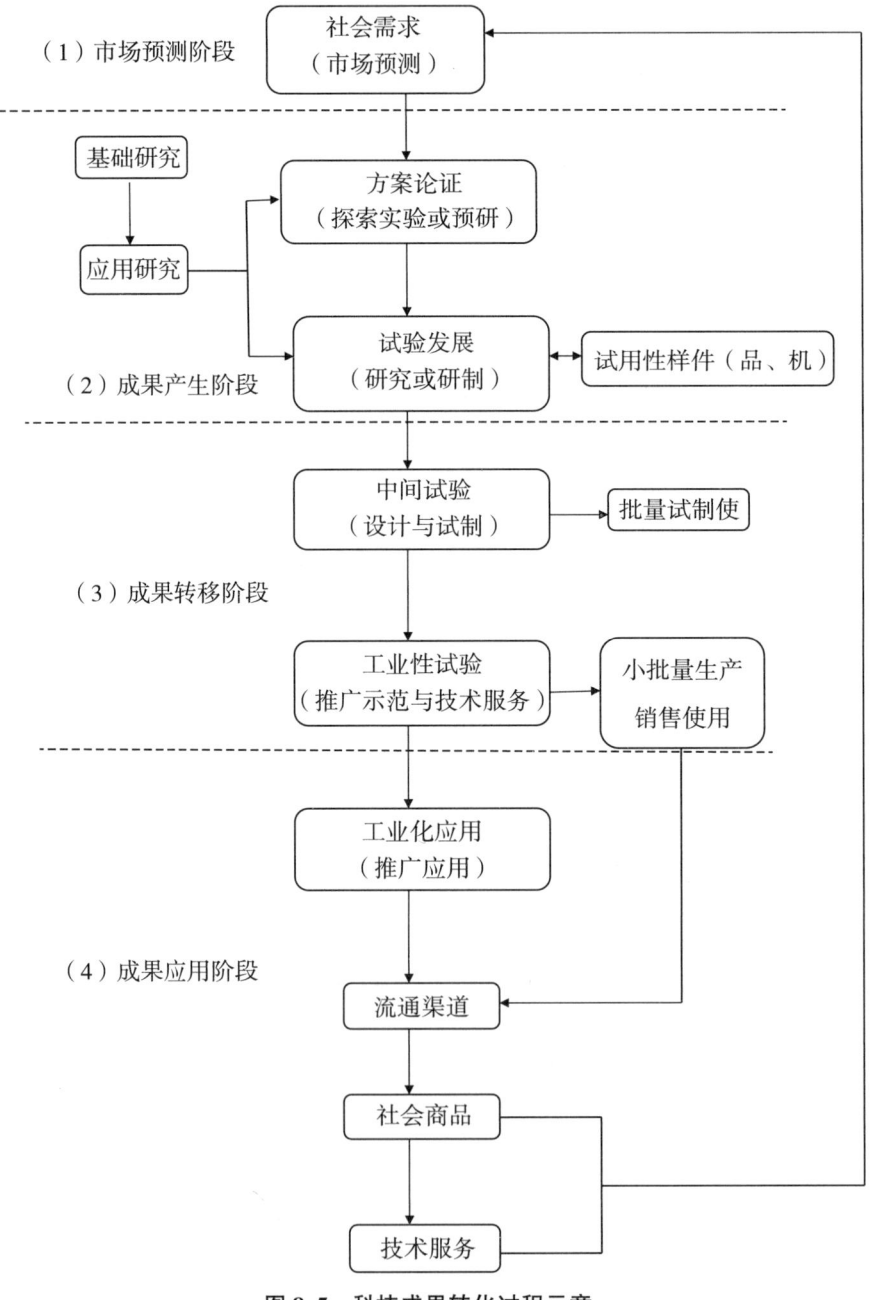

图 8.5　科技成果转化过程示意

第三节 技术需求识别

在创新驱动高质量发展的新时代，社会，产业、企业有大量的技术需求，高校和科研院所有大量的科技成果，而且还在不断产生新的成果，为什么会出现科技成果转化率非常低和企业找不到所需要的技术呢？

问题出在什么地方呢？

一、企业分类与技术需求分析

众所周知，科技成果的转移转化通常有两种路径：一种是从供给端到需求端，另一种是从需求端到供给端。前者通常是科研界已有一项技术成果，再向产业界转化；后者通常是企业提出技术需求，再到科研界去找供应方。如果挖掘不到企业技术需求，技术转移人员也就无法开展。

本教材按照方便理解科技成果转移转化，方便技术转移人员挖掘技术需求的方式对企业而进行分类。按照这规则可以把企业分为一般生产性企业、品牌企业、领军企业、支柱性企业等，它们对技术有不同的需求，表现形式，需求类别都有很大区别。

一般生产型企业，主要是配套的中小型民营企业和外资企业，技术需求相对比较少，对数是可以直接拿过来使用的具有"货架产品"性质的技术；品牌企业，兼具研发和生产，有较大的技术需求，无论是直接使用的技术还是偏向战略性的技术都有需求；领军企业，是指某行业或某地区的企业排头兵，在经济规模、科技含量或者社会影响力方面具有领先地位，有较大的的技术需求；支柱性企业，这类企业大都是国有大型企业，有能力促进整个产业技术的升级换代，是战略性技术研发的组织者之一，有大量技术需求。

不同企业类型企业对技术的需求不同。企业性质不同，经营范围不同，体量不同对技术的需求也存在着较大的差异性（表8.1）。

表8.1 不同类型企业的技术需求

企业类型	需求内容
民营企业	小型民营企业大部分以代工为主，技术含量低，大部分都没有技术需求，只有小部分有创新意识的老板会对新的技术感兴趣。大部分企业技术需求会集中在中大型民用企业，这些企业成立时间长，市场稳定，财务状况健康。对于降本增效，节能减排，以及对成熟的新项目引进方面存在较大需求
外资企业	大部分外资企业在华的主要职能是生产与销售，他们有自己的核心技术与产品。这些企业基本没有技术需求，或者是很难去操作的行业难题
领军企业	领军企业有比较强的创新性，尤其是行业领军企业，它们普遍依靠领先的技术获取领军地位的，更愿意接受新的技术和方法
国有企业	国有科技企业与其他性质企业相比，通常能够获得更多的资源支持，自有渠道资源也较多，这些企业对项目技术的要求往往会很高。要求项目技术成熟，待产业化，具有一定的先进性

企业表述解决亟须的现实难题的技术需求多数是有关产品升级类和降本增效方面的；满足监管需求的技术多是集中在节能减排、安全保护需要、环保和新能源利用方面；基于融资发展需要的技术基本分布在新产品拓展，上下游资源整合，拓展新领域等方面。政府、产业管理机构和大型企业重点寻找战略性技术，促进高质量发展；军队和国防建设寻求满足作战、保障、装备等需要的产品和技术，综合性比较强，新产品类、降本增效类、节能类都有很大需求。

技术转移人员了解了企业分类和技术需求的分类，在企业技术需求挖掘的时候就会更有方向性，减少遗漏需求的机会，也能更加系统地服务好企业。企业技术需求分为六大类：降本增效类、节能减排类、产品升级类、新产品拓展类、产业链上下游整合类以及其他类（表8.2）。

表8.2 技术经理人对接企业技术需求

需求类别	需求内容
降本增效类	通过新技术的引入来降本增效，提高企业竞争力，此类需求主要集中在工艺路线改进，机器换人，自动化改造等
节能减排类	通过引入新技术来解决环保及能耗问题以到达环保部门的要求，此类需求主要集中工业三废的处理
产品升级类	产品升级换代是指用质量更好、效率更高、功能更齐全的新型产品取代原有产品。此类需求较常见。例如，苹果公司每年都会更新新一代的 iphone
新产品拓展类	通过扩大产品线在市场上的范围以增加产品线长度。例如，企业原来只生产手机，现在拓宽产线到生产电脑，平板等新的产品
产业链上下游整合类	企业利用现有市场渠道资源，整合上下游优质项目。例如做永磁材料企业，寻找永磁电机技术向下延伸
其他类	此类企业往往对优质的、成熟的技术都感兴趣，对新技术的所属行业类别没有限制

不同发展阶段的高技术企业，其技术需求也有所差异。根据企业生命周期，将企业划分为初创期企业、成长期企业、成熟期企业、衰退期四大类来考察四类企业在技术需求方面的差异（图8.6）。

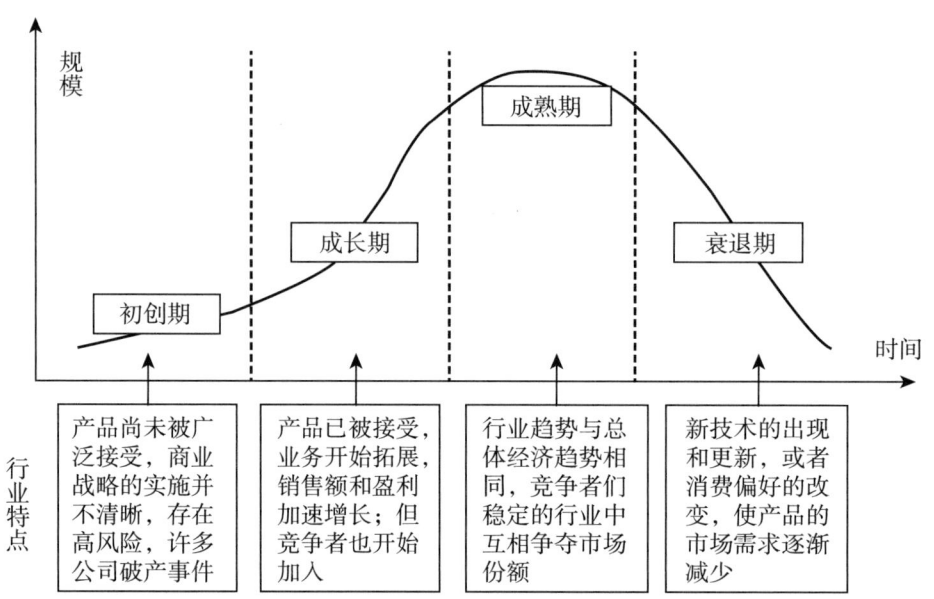

图8.6 不同发展阶段企业的技术需求

初创期的企业的首要任务是从无到有，把产品或服务卖出去，掘到第一桶金，在市场上找到立足点，使自己生存下来。在这一阶段生存是第一位的，一切围绕生存运作。此阶段企业对技术的需求较少。成长期的企业基本形成自己独特的产品系列，产品市场份额稳步提高，市场竞争力逐渐增强，业绩增长速度加快。此阶段的企业，对技术的主要需求主要集中在降本增效及节能减排，多数倾向于内部解决。成熟期的企业表现是企业的规模、产品的销量、利润和市场占有率都达到了最佳状态，企业的营销能力、生产能力以及研发能力也处于鼎盛时期，企业及其产品的社会知名度很高。此阶段企业迫切需要通过新的技术来提高利润和竞争力，开始积极寻求与外部的合作。无论什么企业什么主流产品在经历了发展、成长、成熟三个阶段以后，都将面临衰退，这是市场的必然规律。一家企业如果想要实现可持续发展，那么在衰退期到来之前就要未雨绸缪，通过其他途径为企业注入新的生命力，通过不断的注入新鲜血液让企业重新焕发生机，企业在这一阶段所做的工作我们可以称之为企业转型。

此阶段的企业对于新技术、新项目需求迫切，偏好产业链条内的项目，这些需求都是技术经理人基本素质和能力的体现。

二、高校和科研机构中的科技成果转移转化

高校和科研机构中的创新和科技成果以论文、专著和原理样机为主，他们侧重方法和理论的研究，追求理论和技术原理的突破，追求源头创新，做理论技术前沿的开拓者。因此高校院所的科技成果距离商业化、规模化应用，对稳定性、可靠性要求较高的企业需求之间尚有一段距离。要完成大量的试验和检测，还需要较大投入，由于经济学原理的作用，一般企业不愿意冒险投入。

高校和院所中教师和研究人员，主要研究任务和经费都来时国家资助，获得更多，更高级别的政府或上级单位研究课题和经费支持是他们的主要努力目标。虽然政府、社会和高校院所本身都积极呼吁并制定了大量的政策和优先扶助措施，然而身在其中的教职员工和科研人员积极性和实际行动并没有达到预期的效果。

出现这种状况，主要是三方面的原因？一是受制于高校院所科研成果本身的特性，不适宜直接转化应用。二是高校院所研究人员的职业发展方向不在于依靠把自己的成果转化而是依靠获得更多的项目，发表更多的文章，这才是真正影响他们职业发展的工作内容。高校院所对科研人员的考核、职称评审等等工作，主要评判依据也是以项目和文章为主。三是受限于个人资源和发展机遇，大多数科研人员没有条件和渠道把自己的科研城转化，也是造成社会上、产业中有大量技术需求，高校院所有很多技术，实际上却不能转化的重要原因。

有部分研究人员，有机会与能力直接和需求方对接，承担面向一下技术需求的研发任务。他们更喜欢用技术开发和技术咨询的方式，专项研发，就地转化。他们的研发既可以是一般应用技术也可以是战略级的技术。关键看他们所接触的层次和需求方的能量。

软科学研究的机构更多关注对模式创新，管理创新，体制机制创新的研究和应用，现行的成果转化包括了领导批示、政府实际采纳、发表文章或获奖等方式。这些成果能够直接和产业、企业等机构发生实质性联系的比较少，双方都需要，就是没有稳定的渠道和方法。

科研人员与企业度科研成果的认知与评价差异、工作（考核）目标与职业发展差异以及彼此之间的习惯差异等原因，是科技成果转化困难的关键原因。

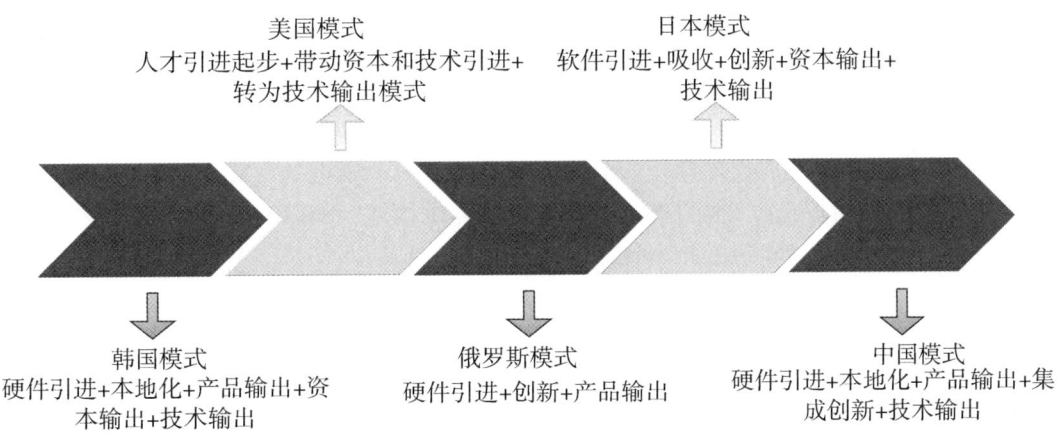

图 8.7　国际技术转移的典型模式

三、技术需求与科技成果转移转化服务

挖掘和分析技术需求是为了更好的满足科技成果转移转化工作需要，因此只有把技术需求挖掘与分析和技术转移服务的内容和模式结合起来，才能提供针对性的精准服务，服务才能落地。

技术转移服务涵盖了信息服务、投融资服务、技术交易服务、技术价值评估服务、咨询论证服务和资源整合服务等，这些工作是为了科技成果的顺利转化落地，产业化应用。资源整合是技术转移中最核心、最精髓、最有难度的核心工作，也就是技术转移服务中最核心、最精髓、最有难度的工作，是最高级别的科技成果转移转化服务。资源整合的精髓是跨界，跟着技术转移的步伐，整合不同阶段所必须的不同资源。

技术转移人员必须努力将提供信息服务、技术（工程）咨询、检测（实验）服务、智库服务、共同研发、共同申报、技术转让、授权许可、技术开发等服务模式，精准的和各种技术需求匹配起来，有效满足需求主体的业务和发展需要，才能实现科技成果转移转化。

四、技术需求的三个层面

需求分为三个层面，真正需求（必须满足的）；利益出发点（为什么会有这个需求）和表层需求（客户表达的）。由于认知过程、工作立场、个人表述能力等原因，人们所表述出来的需求不一定是真正的需求。比如企业说，"我要一匹跑的更快的马"，如果他不是赛马的，那么这其实只是一个"表象需求"，技术转移人员需要挖掘背后的"本质需求"是什么，这个本质需求可能是要加快现有设备的运行速度，也可能是更快的交通工具，绝对不能单纯的理解为要是"一匹跑的更快的马"。

理解技术需求必须理解企业的核心任务是什么？如果不能从根本上理解企业设立目的和发展目标都是围绕盈利进行的，那很难挖掘到企业真正的技术需求，很难长期合作下去。

企业发展盈利需要什么呢？资金、技术、人才、政策、市场空间……技术创新。

第四节　技术需求挖掘中的信息服务

技术转移人员应该具备敏锐的科技成果和技术需求的捕捉能力，包括对信息的识别、获取信息和筛选能力，具备挖掘与匹配技术需求与成果信息、撰写某地某年度的重点技术需求与成果报告、收集国内外有价值技术需求和成果信息的能力。

一、技术需求信息的形成与传递

我们看到的需求描述有一个形成过程，经历了事实、数据、信息、知识、情报五个阶段，如图8.8所示。每个阶段都经历了一次加工，都会加进主观的判断和表述，有些内容就可能被夸大或者出现描述偏差。

技术需求更是如此，如图8.8所示，由某种需求客观事实开始，经历需求描述，再把需求描述转化成实现某种功能，由功能转成技术指标，最终形成技术需求。依据这个技术需求匹配的技术能否满足最初的功能需求呢？功能要求又能否客观的需求呢？需求描述，能否体现本质需求呢？是不是只是简单地描述了表象需求？非战略级的技术需求，可以尽量基于应用场景。技术转移人员最好到现场或者模拟现场去了解需要解决的具体技术问题。战略级技术需求则要充分了解战略的制定过程并和战略决策者深入沟通，将自己对技术需求的理解与他们的预期做对比，确认是否满足了规划。这实际上是给战略级技术设置了一个模拟场景。

技术转移人员必须尽可能的依据场景核准并进一步挖掘技术需求。有很多深层次需求，需求者自己可能未必会意识得到，需要技术转移人员帮忙挖掘。比如：用户想要打车，这是用户想到的需求。技术转移人员必须想到，用户更想打到更舒适更便宜的车，最好打车时还能认识到新朋友，找到新资源，这些需求肯定不能直接提出来，但确是技术转移人员科技挖掘的隐藏在背后的深层次需求。聆听用户需求，主动挖掘寻找深层次需求，发现用户痛点、痒点，这是需求挖掘的精髓。

挖掘技术需求的时候，首先要非常清晰地描述出对方需要解决的核心问题，而不是简单地阅读他

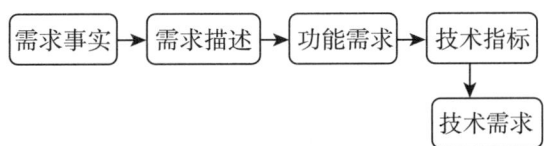

图 8.8 技术需求信息的生成

们提供的资料。提供的需求资料偏离原本的核心需求,这是技术需求失真的直接原因所在,由于多层次的信息传递和不同人不同角度的表述,导致要解决的核心技术问题不能准确、完整呈现出来。

最好的方法是技术转移人员亲自到需求现场勘察,同一线管理人员、工程技术和操作人员一起确认需要解决的问题,确定他们希望的技术形式和技术指标。

在与需求方核准完技术形势和技术指标后,技术转移人员应尽快收集现有的"货架产品"性技术(以下简称"货架技术"),评估与客户技术需求的匹配度。

如果没有成熟的货架技术,技术转移人员则应该讲客户的需求调整为功能需求并寻找哪家机构有相关的研究基础。邀请专家论证客户所需要的技术研发的可行性和技术路线,形成新的技术需求链。

二、信息服务的内容

科技成果转移转化中的信息服务,既是为需求主体提供服务,也是为技术转移人员自己服务,需要满足以下需求:

(1) 收集分析关于客户未满足的需求等方面的信息。
(2) 发现能够执行需求链所必需的技术。
(3) 匹配需要完成的职能的技术信息。
(4) 准备整合资源。
(5) 为解决顾客问题的产品和服务。
(6) 完善信息与资源体系。

三、需要什么样的信息

技术需求挖掘的所需要的信息,包含需求信息、专家信息、技术信息、成果信息、团队信息、政府和政策、应用场景信息等。

应用场景,是新技术应用和推广的重要途径,也是多种技术集成示范应用场地,体现着产业发展方向和前沿,能够整合多家机构、多种产品、多学科,技术转移人员必须高度重视,时刻关注,积极投入到应用新场景规划、设计和建设当中去。

专家(信息需求和信息提供者)既可以提供需求,也可以提供技术供给信息,还能够帮助技转移人员分析与判断需求信息。专家信息，不仅仅是指专家的身份信息，还应该挖掘专家自己掌握的信息。分析一个技术转移机构专家的构成就基本可以知道它的业务范围，能够提供的服务类型和水平了；同理观察一个企业的专家类型和来源，也可以分析出它的业务水平、发展方向和技术需求。

技术信息的重点是最新技术发展动态信息，可以从政府资助科研立项信息、科研机构立项信息、基金项目信息，甚至专利申报信息中挖掘相关的数据。如果只有技术需求而没有想对应的技术供给或者研究团队信息，那么技术转移人员就不能这个技术需求，可以视为该需求是伪需求。

技术转移机构和从业人员必须掌握政府科技与产业动态，掌握政策动态，努力成为解读和运营政策的高手，为自己，为客户挖掘其中的资源。成果信息，应该重点关注高校院所成果信息、重点企业专利信息、科技奖励信息和基金项目成果等。

四、信息源和信息渠道

成熟的技术转移人员和技术转移机构都会有自己的信息源和信息渠道，有一套成熟的信息获取、分析和挖掘的工具和方法，会锁定和自己业务领域相关链的技术需求信息源，能够及时掌握业内几乎需求和发展的动态。

信息获取渠一般包括官方渠道、专家渠道、网络渠道、媒体渠道和情报渠道等。专家渠道可以是技术转移机构和技术转移人员自己的专属渠道，提供高质量的技术需求和技术供给信息。也可以委托专门的情报机构收集相关的专业信息，他们有自己独特的渠道和信息加工能力，通过沟通、磨合，专业的技术情报机构能够挖掘出准确的技术需求和技术供给信息。

我国有各级各类研究院所5 000多个，是最重要的信息源。他们的信息通常比较系统、正规、完整，可信度较高。

我国有2 000多所高等院校是技术需求和技术供给重要的信息源之一，他们既有需求又是技术的供给者。

企业在技术需求挖掘中可以是技术买方、技术卖方以及技术中介多重身份出现，能够体重多重信息。

技术市场是信息交流、技术交易的重要基地，也是技术需求挖掘的重要信息来源。

一些科技服务机构，事业单位从政府部门中派生出来，从事技术推广和成果转化工作，另一些单位则靠近企业，为企业的发展与技术革新服务。他们获取政府和企业需求有着天然的优势。

政府、行业总会、技术市场管理部门。政府不仅承担着营造环境、制定政策、协调服务等职能，而且掌握着最大量的资源，在推动技术市场的发展方面起着不可替代的作用；行业总会可以提供专业技术需求信息，以及行业发展规划与政策的相关信息；技术市场管理部门能够提供政策法规、技术商品、项目需求、市场行情、条件信息等与技术需求挖掘相关的各种信息。

五、信息服务的知识和技能要求

北京市地方标准《技术转移服务人员能力规范》中对技术转移人员信息服务能力有很专业的描述：掌握和运用市场调查的理论、方法与工具，技术信息分类和整理方法与工具，相关领域专业技术和行业相关知识；需求信息获取、挖掘、分析和整理，统计分析方法和知识，信息发布工作的有关政策及法规等知识，能够判断、制定技术商品的市场信息采集范围与策略，分析判断技术市场需求信息的准确性和有效性，拓展信息共享、交互、交易与对接的渠道。请参阅相关章节。

在需求信息挖掘中，最能够帮助技术转移人员找到真实需求，并匹配好资源，实现目标的是什么呢？技术转移人员的杀手锏是什么？技术需求挖掘中最重要的是什么？从公开中找到秘密；从复杂纷乱，看似无用的信息中萃取粗高质量的科技成果转化链条及其资源信息。

正如从图8.9的一团乱麻中，整理出清晰，明确的如图8.10的清晰的链条。

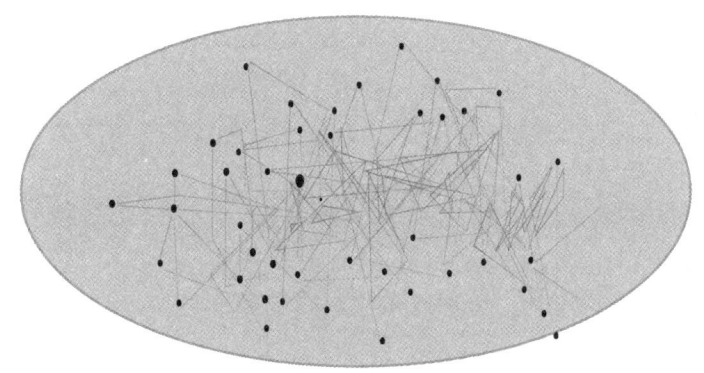

图 8.9　一团乱麻的信息

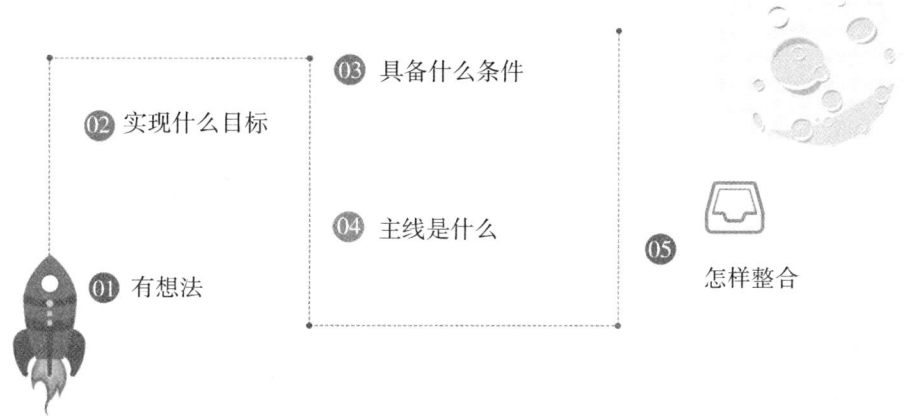

图 8.10　清晰的链条

职业敏感性，是技术转移人员做基础，也是最厉害，最有效的技能。首先是有随时发现和积累自己技术和技术需求储备的意识，不断丰富自己的矿藏；其次，也是需要同时具备的，能够发现和自己储备相匹配的潜在需求；最后，把潜在需求转化成商业机会。

第五节　需求挖掘的方法和步骤

技术需求，包括两类，其一是企业运营方面的技术需求，其二是党和国家发展的重大部署和企业的战略级需求。一般讲的技术需求是指企业发展和运营所需求的技术。

一、如何挖掘需求——技术需求挖掘的方法

（1）从客户业务方向挖掘需求，在客户的主营业务方向上必然存在大量的技术需求，围绕客户主营业务匹配相关的科技创新成果，有比较高的转化成功率。这种方法的操作难点在于如果技术转移人员对目标客户业务范围的专业技术不是特别熟悉，就不能找到他们实际问题和实际需求。

（2）通过头脑风暴挖掘需求，这种方法成功的关键点有两个，其一是参加头脑风暴的人，其二是头脑风暴的主题和议程组织模式。高质量的头脑风暴，都会邀请行业内外的精英人士参加，他们有专业的知识，相关的信息、有自己独特的认识，有自己的资源，既对主题有比较深的了解同时也能够跳出特定的圈子，熟悉"外面的世界"，能够为解决问题带来新鲜的内容。头脑风暴的组织模式可以参考借鉴"私董会"的会议议程，可以进行多轮讨论，逐层深入，最终形成最优的解决方案。

（3）文献法，是指通过阅读、分析、整理有关文献材料、政策资料和市场资料等，全面、正确地研究政府、军队、某行业、产业或者企业技术需求的方法。实施步骤：①确定挖掘目标，编写大纲；②搜集并整理有关的资料；③详细阅读有关资料，摘录重点部分和敏感部分；④对材料进行分项分条加以分类；⑤分析研究材料，挖掘技术需求。其优点：①技术转移人员可以选择他们不能直接接触的客户进行挖掘；②不会引起目标客户的情绪反应；③信息容量大、省钱。其缺点是：许多文献的作者往往带有一定的思想倾向性；时效性比较差；大多时候不能找到精准反映目标客户真实情况的资料。

（4）问卷调研，就是结合目标客户的业务或者技术转移人员所负责的技术设计并制作问卷，请有关人员填写后收回进行分析，从而挖掘到技术需求的一种方法。问卷调研法成功的关键在于问卷设计的合理性和填写问卷的是什么样的人。优秀的调研问卷能够激发填写者的兴趣和乐趣，循循善诱，引导填写者说出自己真实的想法和不能够准确表述的想法，在这个过程中获得乐趣。

（5）需求走访与用户反馈，通过与客户的交互行为倾听客户的问题描述和业务流程。技术转移人员必须经常性的到技术需求方那里去走访，了解他们的工作状况，发展计划，有其中关于设备创新、技术创新，产品升级换代方面的信息，预测他们需求的技术。走访之前必须做好充足的准备，计划好如何获取这些信息并提炼出技术需求内容。可以采用预先准备一些问题和可行的技术方向，将这项方案作为可能的技术供给提供给客户，根据客户的反馈，反复几轮后可以精准把握客户的继续需求。

（6）竞品分析，分析目标客户竞争对手的情况，并转化为为目标客户的SWOT分析，进而挖掘目标客户潜在的技术需求，为他们获得竞争优势，寻找相匹配的技术，构筑与之相适应的科技成果转化模式。

竞品分析是一个很辛苦的工作，把握好竞品分析的目的，角度和方法，集中分析盈利模式，产品定位及目标、目标用户及特征，核心功能及特点（这是挖掘技术需求的重点），可以起到事半功倍的效果。

（7）运营数据挖掘，是一种专业性比较强的挖掘方法，需要借助专业数据管理与分析技术人员的辅助。常用的方法有MBR分析（用已熟知的案例（case）来预测未来案例的一些属性（attribute）。购物篮分析（由顾客的购买行为来了解是顾客构成以及这些顾客购买动机，探寻规律，挖掘产品需求和技术需求）。决策树（解决归类与预测上，用一系列的问题终能导出所需的结果），聚类分析（找出数据中以前未知的相似群体，挖掘其中的技术需求）。连接分析（以事务之间关系为主线，由人与人、物与物或是人与物的关系发展出相当多的技术需求）。

（8）场景分析，通过运用场景来复原和模拟等对目标客户系统的功能点或业务流程的描述，从而挖掘出技术需求的一种方法。场景法一般包含基本流和备用流，从一个流程开始，通过描述经过的路径来确定的过程，经过遍历所有的基本流和备用流来完成整个场景。第一步，识别场景，制定流程。通过产业洞察、行业洞察、友商分析等手段，了解客户工作生活的方方面面，真实地记录目标客户的工作。第二步，识别痛点，寻找切入点；各个场景步骤的执行中是否存在不方便、效率低下、问题频发、成本高、路途远、需要高水平的人才能做、成本特别高等等，这些都是场景中的痛点。第三步，竞品分析，找出差异价值竞争点，找到技术需求和技术匹配点；通过与竞品或替代品进行特性差异化对比分析，寻找技术对客户的价值点（这一点很关键，你把煤洗白的能力再强，解决不了客户需求，就无法实现科技成果的转移转化），构筑科技成果与客户相适应的商业模式、盈利模式，最终形成基于需求特性分析的产品整体策划。

（9）网络平台，就是充分利用互联网的便利性，收集相关信息，进行技术需求挖掘。利用网络平台挖掘技术需求必须明确清晰自己要实现的目标，围绕目标确定要收集什么样的数据（数据描述，选择，数据质量评估和数据清理）并建立稳定的数据联系，确保及时获取到最新的数据。在确定所需数据的时候，要事先建立模型。建立模型是一个反复的过程，需要须评价模型输出的结果，判断哪个模型最适合挖掘技术需求。

二、技术需求挖掘的基本能力

技术转移人员必须掌握一定的技术需求挖掘的方法，具备必要的挖掘能力。第一，要培养自己灵敏的技术需求嗅觉和必要的专业知识，锻炼自己从别人不太经意的地方中寻找科技成果转移转化机会的能力。第二，要有意识的积累和建设自己的信息渠道，能够及时获得相关的信息。第三，要不断提高自己"需求走访与用户反馈"的能力，掌握识别需求所需要的专业知识，具有不断提升自己从客户业务方向挖局技术需求的能力。第四个能力，也是很吃功力，考验技术转移人员功底的技能，场景复原和场景分析能力。它的核心是给技术设计并建成一个应用环境，充分展现科技创新带来的便利和机遇，应用场景要能够回答好为什么会有这个需求，这个需求的利益出发点在哪里？

应用新场景是加快成果转化，培育新产业的重要举措，有深厚的市场需求和政策基础。技术转移人员必须学会如何将应用场景转化为推动技术创新和落地应用的新方法和新路径。

三、技术需求挖掘与分析的基本流程和关键节点

技术需求挖掘与分析的基本流程和关键节点如下。

（1）组建技术需求挖掘与分析的核心队伍，培养相应能力，规范工作方法与工作流程，确定工作质量标准。

（2）构建客户挖掘渠道，明确客户群体并储备潜在客户群。

（3）掌握客户信息：了解客户背景，掌握客户包括运营方向，中长期战略、行业地位、竞争对手等在内的基本信息和实际情况，把握客户领域技术发展最新动态和前沿技术，估计可能的需求，初步确定几个推荐方案和议程。

（4）客户调研：倾听客户问题描述和业务流程，挖掘并分析客户迫切需要解决的问题；问题引导，确认需求存在，全面完善表述；能够用客户的语言来描述双方产品，让客户理解产品；提问简单有效，单刀直入，观点你明确，然后封闭问题，回答是或者否。

尤其要注意的是用客户的语言来描述技术转移人员自己理解的技术需求，这是寻找相匹配技术的基本前提条件。

（5）收集用户反馈，澄清问题。

（6）通过图形界面原型，启发客户需求，挖掘客户真实需求：很多时候客户所陈述的需求，并非真正需求。例如当客户说希望调整战略的时候，有可能是希望优化流程，控制成本。为了客户真实需求，应该尽可能和用户各层级员工进行交流。

（7）有条件的情况下，产业链调研。

（8）编写项目视图和范围文档：从业务需求、用户需求、功能能要求、非功能要求四个层面入手。用户群分类。

（9）选择用户代表：与客户沟通，进一步了解和分析，确定客户的主要关注点与核心需求，在沟通中依据自身了解和资源，适当推荐和询问；针对基本需求，试探性给出方案或项目建议，分析可行性及优势，通过观察和沟通做种识别客户需求。

（10）确定使用实例，检查问题质量报告和需求重用。

四、需求挖掘的主要内容

技术需求挖掘的主要内容包括三方面的内容，三方面内容组成一个完整的有机体，共同支撑技术需求挖掘的使命，最根本的是从显性需求挖掘到隐性需求，找到技术需求的宝藏。

（1）探查清楚哪里有技术需求，它的主题是什么样子，有什么特征，掌握什么资源，核心诉求是什么？期待什么样的技术。

（2）这个需求的应用场景是什么样子，为什么有这个需求，它的利益出发点是什么？在客户的表述中，哪些是真正必须满足的需求，客户期待解决的问题？这个需求是某个技术就可以解决，还是一个完整的技术体系。

（3）能否满足客户的技术需求，如何满足？如果没有技术和能力满足客户对这个需求所带来的利益，那么这个需求同样不是一个真正的需求。因为它不能够形成闭环，是没有商业价值的伪需求（图8.11）。

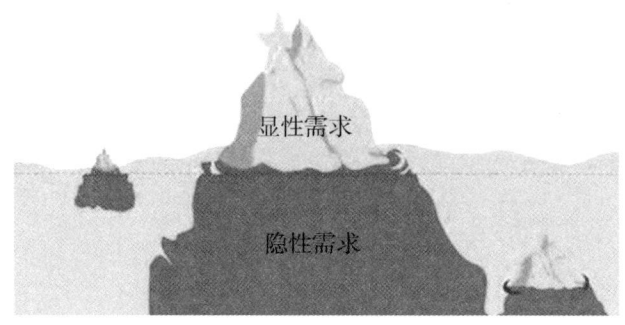

图 8.11 显性需求和隐性需求

五、技术需求报告

形成需求报告是需求挖掘的总结性工作，也是技术挖掘与分析成果的体现载体。技术需求报告一般要包括技术挖掘的动因（委托者）、挖掘目标，挖掘的方法、流程和标准，采用的技术手段、所依据的政策，信息来源和渠道，技术需求内容、需求主体的特征、挖掘与分析完成人等情况。

需求内容是需求报告的核心部分，必须清晰、严谨地描述出技术需求范围和形式，需求的核心问题，需要实现的功能指标和技术参数（技术选择的标准），可采用的技术交易方式和方法，需求时效与分布，需求供给路径和技术路线等落地实施所必需的基本事项。

第九章
技术评估评价

科技成果市场价值评估是技术转移工作中非常重要的基础性内容，包括科技成果转化方式评估和科技成果价值评估两部分内容。前者是对某成果可转化性以及转化条件、转化模式等的评估，后者是确定科技成果的价格。

第一节 我国科技评估的演变

我国的科技评价评估工作大致经历了科技成果鉴定、科学技术评价和科技评估三个阶段。

一、科技成果鉴定

科技成果鉴定是评价科技成果质量和水平的基本方法之一，主要依据是《科学技术成果鉴定办法》（1994年10月26日以国家科学技术委员会令第19号发布。该《办法》分总则、鉴定范围、鉴定组织、鉴定程序、鉴定管理、法律责任、附则7章40条，自1995年1月1日起施行。1987年10月26日国家科委发布的《中华人民共和国国家科学技术委员会科学技术成果鉴定办法》予以废止。）。它可以鼓励科技成果通过市场竞争，以及学术上的百家争鸣等多种方式得到评价和认可，从而推动科技成果的进步、推广和转化。经鉴定通过的科技成果，由组织鉴定单位颁发《科学技术成果鉴定证书》。

鉴定方式有检测鉴定（指由专业技术检测机构通过检验、测试性能指标等方式，对科技成果进行评价。）、会议鉴定（指由同行专家采用会议形式对科技成果作出评价。需要进行现场考察、测试，并经过讨论答辩才能作出评价的科技成果，可以采用会议鉴定形式）和函审鉴定（指同行专家通过书面审查有关技术资料，对科技成果作出评价。不需要进行现场考察、测试和答辩即可作出评价的科技成果，可以采用函审鉴定形式）。列入国家和省、自治区、直辖市以及国务院有关部门科技计划（以下简称科技计划）内的应用技术成果，以及少数科技计划外的重大应用技术成果，都要进行鉴定。科技计划内的基础性研究、软科学研究等其他科技成果的验收和评价方法，不进行鉴定。

鉴定内容包括：

（1）是否完成合同或计划任务书要求的指标。
（2）技术资料是否齐全完整，并符合规定。
（3）应用技术成果的创造性、先进性和成熟程度。
（4）应用技术成果的应用价值及推广的条件和前景。
（5）存在的问题及改进意见。

2016年，科技部根据《国务院办公厅关于做好行政法规部门规章和文件清理工作有关事项的通知》(国办函〔2016〕12号)精神,按照依法行政、转变职能、加强监管、优化服务的原则和稳增长、促改革、调结构、惠民生的要求,决定对《科学技术成果鉴定办法》等规章予以废止。

《科学技术成果鉴定办法》被废止后,根据《科技部、教育部等五部委发布的关于改进科学技术评价工作的决定》和《科技部发布的科学技术评价办法》的有关规定,今后各级科技行政管理部门不得再自行组织科技成果评价工作,科技成果评价工作由委托方委托专业评价机构进行。

二、科学技术评价

2003年9月科学技术部关于印发《科学技术评价办法》(试行)的通知(国科发基字〔2003〕308号)明确科学技术评价是科学技术管理工作的重要组成部分,是推动国家科学技术事业持续健康发展,促进科学技术资源优化配置,提高科学技术管理水平的重要手段和保障(第二条)。评价内容是对科学技术活动以及与科学技术活动相关的事项所进行的论证、评审、评议、评估、验收等活动。评价客体中央或地方财政资金资助的科学技术计划、项目、机构、人员、成果的科学技术评价(第三条)。

科学技术部是科学技术评价工作的主管部门,县级以上地方人民政府科学技术行政管理部门负责本地区科学技术评价活动的指导、管理和监督工作。

科技成果评价作用如下。

(1) 国家科技成果登记和推荐国家科技奖励的重要佐证材料。

(2) 有利减少技术交易中买卖双方的沟通和谈判成本,提高交易效率。

(3) 有利于获得投资方和合作方的认可,是在获取投资、许可、转让、合作中对成果价值的重要评判依据。

(4) 有利于获取政府财政资金支持。国务院印发的《"十三五"国家科技创新规划的通知》中把第三方的评价结果作为财政科技经费支持的重要依据。

科技部、教育部等五部委2003年发布的《关于改进科学技术评价工作的决定》(国科发基字〔2003〕142号)和科技部发布的《科学技术评价办法》的有关规定,各级科技行政管理部门不得再自行组织科技成果评价,科技成果评价工作由委托方委托第三方专业评价机构。科技部在2009年就启动了科技成果评价试点工作,代表机构有国家科技评估中心(科技部科技评估中心)、各省级单位科技部门所属成大能科技评价工作的事业单位、中科合创(北京)科技成果评价中心、全国技术转移公共服务平台等。

三、科技评估

科技评估是对科技活动的评估,是指由科技评估机构(简称评估机构,下同)根据委托方明确的目的,遵循特定的原则、程序和标准,运用科学、可行的方法对科技政策、科技计划、科技项目、科技成果、科技发展领域、科技机构、科技人员以及与科技活动有关的行为所进行的专业化咨询和评判活动[①]。

科技评估是科技宏观管理的关键环节,世界各国政府都非常重视科技评估工作。在许多国家中,对科技项目质量和水平的评价采取科技评估的方式,这种方式也是对科研项目及研究人员工作成绩的一种认定。许多发达国家已逐步建立一整套科技评估体系和规范,并建立了各种科技评估机构。

2016年12科技部 财政部 发展改革委印发《科技评估工作规定(试行)》(国科发政〔2016〕382号)明确指科技评估是指政府管理部门及相关方面委托评估机构或组织专家评估组,运

---

① 刘继芬,2001.国外科技评估机构、方法的比较研究及对我国的科技成果管理工作的启示[J].农业科技管理(2).

用合理、规范的程序和方法，对科技活动及其相关责任主体所进行的专业化评价与咨询活动。旨在优化科技管理决策，加强科技监督问责，提高科技活动实施效果和财政支出绩效（第二条）。

科技评估适用范围包括，国家科技规划和科技政策、中央财政资金支持的科技计划（专项、基金等）（以下简称科技计划）及项目，科研机构、项目管理专业机构等的评估。

其他科技活动的评估工作参照执行（第三条）。

科技部、财政部和发展改革委负责制定国家科技评估制度和规范，推动科技评估能力建设，牵头组织开展国家科技规划、政策的评估，组织开展中央财政科技计划、科研机构、项目管理专业机构的评估（第四条）。

科技评估主要考察各类科技活动的必要性、合理性、规范性和有效性（第八条）：（1）科技规划评估内容一般包括目标定位、任务部署、落实与保障、目标完成情况、效果与影响等；（2）科技政策评估内容一般包括必要性、合规性、可行性、范围和对象、组织与实施、效果与影响等；（3）科技计划和项目评估应突出绩效，评估内容一般包括目标定位、可行性、任务部署、资源配置与使用、组织管理、实施进展、成果产出、知识产权、人才队伍、目标完成情况、效果与影响等；（4）科研机构评估内容一般包括机构的发展目标定位、人才队伍建设、条件建设、创新能力和服务水平、运行机制、组织管理与绩效等；（5）项目管理专业机构评估内容一般包括能力和条件、管理工作科学性和规范性，履职尽责情况，任务目标实现和绩效等。

根据实际工作需要，可针对特定内容开展专题评估。

按照科技活动的管理过程，科技评估可分为事前评估、事中评估和事后绩效评估评价（第九条）。

积极开展科技评估理论方法体系研究和国内外科技评估业务交流与合作，推动建立科技评估技术标准和工作规范，加强行业自律和诚信建设（第二十八条）。

有关部门和地方积极引导和扶持科技评估行业的发展，建立健全科技评估相关的法律法规和政策体系，完善支持方式，鼓励多层次专业化的评估机构开展科技评估工作。

2020年6月科技部、财政部、发改委《中央财政科技计划（专项、基金等）绩效评估规范（试行）》（国科发监〔2020〕165号）本规范适用于中央财政科技计划（专项、基金等）（以下简称科技计划）绩效评估活动，包括国家自然科学基金、国家科技重大专项（含科技创新2030—重大项目）、国家重点研发计划、技术创新引导专项（基金）、基地和人才专项等的绩效评估（第二条）。

科技部、财政部牵头组织开展科技计划整体绩效评估。各有关部门根据管理职责参与科技计划整体绩效评估，按职责组织开展相关科技计划下设的专项（基金、基地、人才计划等）评估，提供有关专项（基金、基地、人才计划等）监测评估、财政预算绩效评价和过程管理资料。

科技计划绩效评估内容一般包括科技计划的目标定位、组织管理与实施、目标完成情况与效果影响等。在此基础上分析问题，提出相关建议（第十二条）。

第二节 科技成果评估概述

科技成果评估是科技评估的主要内容，也是政府部门科技成果管理的重要内容。它是一种以政府或科技中介机构为主体，在政府宏观指导下的市场行为，对成果的水平以、效果及其价值作出科学合理的评价。科技成果评估因为评估目的和评估对象不同而有很多种类，如：科技政策评估、技术状态评估（重点是先进性评估、技术周期评估、……）、技术可拓展行评估（重点是后继研究能力、技术的可拓展性）、获奖评估（重点是报级别和类别、申报技术点、竞争对手、……）、申知识产权评估（是否需要申请知识产权、知识产权申报点、知识产权形式、获取途径和概率、……）、适用性评估（功能评估、适用范围、有效性、性价比等）、风险评估（重点是技术风向、政策风险、匹配风险、运营风险)、科技成果转移转化成熟度评估(包括稳定性,可靠性、产业成熟度、市场成熟度)等等。

一、科技评估基本术语

《科技评估基本术语》科技部科技评估中心制定,是国家标准化管理委员会批准的国家标准制修订计划项目,由全国科技平台标准化技术委员会(SAC/TC486)提出并归口,2020年7月1日按照行业标准实施。

本标准规定了科技评估一般术语、科技评估类型术语、科技评估管理术语、科技评估组织实施术语、科技评估技术方法术语和科技评估结果术语,其中:一般术语包括:科技活动、科技评估、科技评估标准化、科技评估标准。

类型术语包括:科技评估分类、科技政策评估、科技规划评估、科技计划评估、科技计划概算评估、科技计划指南评估、科技项目评估、科技项目预算评估、科技成果评估、科技绩效评估、区域科技创新评估、科技机构评估、科技人才评估等22个词条。

管理术语包括:委托者、评估者、评估机构、评估对象等15个词条。

组织实施术语包括:评估目的、评估任务、评估内容、评估程序、评估方法等20个词条。

技术方法术语包括:问卷调查、比较研究、同行评议、文献计量等12个词条。

评估结果术语包括:评估证据报告、评估报告、评估工作底稿、评估档案等7个词条。

与科技成果市场价值评估紧密相关的是:利益相关者、科技评估准则、科技评估责任、科技评估质量、科技评估质量控制、科技评估任务、科技评估范围、科技评估信息、科技评估证据、科技评估依据、科技评估基准、科技评估指标体系。

二、科技评估基本准则

《科技评估基本准则》科技部科技评估中心制定,是国家标准化管理委员会批准的国家标准制修订计划项目,由全国科技平台标准化技术委员会(SAC/TC486)提出并归口,2020年7月1日按照行业标准实施。

本标准规定了科技评估活动应遵循的基本准则和应包含的要素,本标准适用于各类科技评估活动,适用于委托、组织、实施、应用和管理科技评估活动的相关机构、组织和人员,包括科技评估机构、评估人员、评估专家组及委托者等,科技评估机构和评估人员应指导助理人员及咨询专家了解相关要素,遵守相关准则。

科技评估的基本准则包括[①]:独立、客观、公正、科学、专业、可信、有用、尽责、规范、尊重。

科技评估活动的要素包括:目的、对象、委托者、评估者、内容、依据、信息、程序、方法、结果。

三、当前科技评估的基本政策和标准

当前正在执行的关于科技评估的政策文件和普遍接受的标准主要包括下列文件和标准。

(1)科技部 财政部 发展改革委关于印发《科技评估工作规定(试行)》的通知国科发政(〔2016〕382号)。

(2)科技术部印发《科学技术评价办法》(试行)的通知(国科发基字〔2003〕308号)。

(3)《科技成果经济价值评估指南》是国家市场监督管理总局,国家标准化管理委员会2020年7

---

① 科技部 财政部 发展改革委关于印发《中央财政科技计划(专项、基金等)绩效评估规范(试行)》的通知.

月发布，2021年2月1日实施的一项中国国家标准。

（4）中央财政科技计划（专项、基金等）绩效评估规范（试行）国科发监〔2020〕165号）。

（5）《科技成果转化成熟度评价规范》是全国首个针对科技成果转化成熟度进行评价的标准规范。该标准是2016年发布的团标，由首都科技服务业协会牵头，北京市科学技术协会、中国标准化研究院、中关村天合科技成果转化促进中心参与制定的，旨在为科技机构开展科技成果转化提供评价依据和操作规范，引领和规范科技服务业产业发展，实现科技服务标准化，助推国家标准化体系建设。

（6）李志男等在《技术转移过程中的竞争情报架构与常用指标体系研究》提出的"技术总体评价指标和常用分析方法"。

第三节　科技成果市场价值评估

科技成果市场价值评估是科技成果转移转化中的难点和痛点，涉及方方面面的利益和关系，很敏感的内容。科技成果市场价值评估有非常庞大的市场需求。

一、科技成果市场价值评估及其主要困难

科技成果市场价值评估，就是对某科技成果的交易价格的评估或者投资以及资本化中的价格进行评估，包括两个方面。其一是对科技成果转化形式和转化条件的评估，其二事对科技成果的价值评估。前者是后者的基础和前提，后者是前者未来价值的现值估价。

影响科技成果价值评估的因素[①]包括：科技成果的成熟度、科技成果的价值时效性、科技成果的垄断程度、科技成果应用模式、研发团队、科技成果转化实施方的自身条件等等。

国内科技成果市场价值评估的主要困难集中在"三个缺少"上，即缺少独立的高水平评估机构、缺少评估指标依据、缺少针对性的评估标准。

一是缺少独立的高水平的评估机构。社会对科技成果价值评估的需求不少，但是独立、公正、客观的第三方评估体系和机构与实际需求还有差距，导致很难委托到高水平的评估机构实现对科技成果的精准评估。同时，科技成果市场价值评估相关的从业人员数量少且普遍能力不足，造成整个科技成果市场价值评估行业不够活跃。

二是缺少评价指标依据。国内虽然对于科技成果市场价值评估评价的方法不少，比如德尔菲法、专利价值评估法、回归分析法、层次分析法、知识图谱分析法等等，依旧存在一般科技成果价值评估以定性的语言描述多、理论探索性的多、量化评价少，成体系的少的情况。在实际评估中主观因素作用较大，评估逻辑不够严谨，事实依据薄弱，评估结果缺乏说服力。

三是缺少针对性的评估标准。目前一般参照《科技成果经济价值评估指南》、《GBT 22900—2009科学技术研究项目评价通则》，科技部印发的《科学技术评价办法》和财政部印发的《中国资产评估准则》等是目前比较通用的评价办法和标准。但是，这些标准与实际工作仍有差距，系统科学的评价标准规范有待完善。

二、科技成果经济价值评估指南

当前相关度比较高的标准是《科技成果经济价值评估指南》GB/T 39057—2020）。该标准评估确定科技成果经济价值的方法有收益法、成本法和市场法。

运用收益法进行成果评估时：a）在获取的科技成果相关信息基础上，根据被评估科技成果或者

---

① 郭曼，2016. 对科技成果价值评估的几点认识 [J]. 中国科技产业（08）：14-16.

类似科技成果的历史实施情况及未来应用前景，结合科技成果实施或者拟实施企业经营状况，重点分析科技成果经济收益的可预测性，恰当考虑收益法的适用性；b) 合理估算科技成果带来的预期收益，合理区分科技成果与其他资产所获得收益[①]；c) 保持预期收益口径与折现率口径一致；d) 根据科技成果实施过程中的风险因素及货币时间价值等因素合理估算折现率，科技成果折现率宜区别于企业或者其他资产折现率。

运用市场法进行科技成果评估时[②]：a) 考虑被评估科技成果或者类似科技成果是否存在活跃的市场，恰当考虑市场法的适用性；b) 收集类似科技成果交易案例的市场交易价格、交易时间及交易条件等交易信息；c) 选择具有合理比较基础的可比科技成果交易案例，考虑历史交易情况；d) 收集评估对象以往的交易信息；e) 对比交易案例和被评估科技成果以往交易信息进行必要调整。

运用成本法进行科技成果评估时[③]：a) 根据被评估科技成果形成的全部投入，充分考虑科技成果价值与成本的相关程度，恰当考虑成本法的适用性；b) 合理确定科技成果的重置成本，科技成果的重置成本包括合理的成本、利润和相关税费；c) 合理确定科技成果贬值。

依据《科技成果经济价值评估指南》进行科技成果市场价值评估的不足之处主要在于"根据被评估科技成果或者类似科技成果的历史实施情况"。这个应用前提极大地限制了标准的使用性，因为越是创新级别高的科技成果就越没有历史可供借鉴。

第四节　科技成果市场价值评估的基本指标

指标和由各类指标构成的指标体系是科技成果市场价值评估的灵魂。每次评估科技成果的价值，都必须依据实际条件，选择合适的指标，构成科学的指标体系，其合理性与否直接关系到评估质量，关系到能否最大程度地反映真实的情况，能否最大程度地规避评估过程和评估结果的风险。

一、科技成果市场价值评估指标设置的基本原则

在科技成果市场价值评估中没有一成不变，兼顾所有，通行并识的指标体系，需要因事、因时、因人而异。设计指标体系时要坚持"简单、管用、好用、信息"四个基本原则。

简单，就是指标体系简单，不复杂，没有让人头大的理论性论述，最好三五个指标就能说明问题，让使用者对被评估技术有了比较精准的认识。指标简单的另一层意思是数据获取简单、直接、高效。在设计评估指标和评估程序的时候必须实现考虑数据信息的可获取性，如果不能满足某一指标的需求，则需要对评估指标进行修正甚至是替换。

管用，就是评估报告的使用者能够获取判断出被评估科技成果的交易价格，包含转让价格、资本化金额、使用费金额、共同研发或工头转化投入金额等；使用者能够清晰获取了被评估科技成果的转化条件、转化形式、操作模式、实施路线（路线图）、目标收益和资源需求等紧密关联要素以及要素的组合模式（施工图）等。

信息，就是满足评估所需要的数据信息，数据信息包括科技成果的描述性信息和通过多种方式获取的科技成果的商业化和经济目标进展的数据。对信息的要求，主要包含两点，其一是能够获取足够的，满足评估所需要的真实信息，指标再先进如果没有数据的支撑，这个指标都是没有任何用途的；其二是信息的规范化，要实现数据的结构化便于利用计算机技术进行分析评估。在制定科技成果经济价值评估方案的时候必须同步设计并评估数据的可获取性、适用性、有效性和及时性，制定详细的信息工作方案，确保评估需要。

好用，直接拿来用即可满足使用者的任务需求，不需要再增加或辅以其他工作；好用还要让使用

[①②③] 《资产评估准则——无形资产》和《专利资产评估指导意见》.

者之间没有争议，各方都能接受；好用也体现在评估结果通俗易懂，没有歧义上。

"简单、管用、好用、信息"的基本原则要求在做指标设计的时候必须同时考虑评估团队的人员构成及其组建方法，评估流程、标准和节点（他们是评估方法的具体化，明确了实施路径、评价依据、质量控制和重要事项）。

二、为什么要评估科技成果转化（应用）方式

为什么要评估科技成果的转化方式呢？

科技成果转化方式，包括了转化者或者技术应用者、转化（应用）条件、转化模式、转化路径等。科技成果的市场价值归根结底是由它可以给实际应用者带来的最终收益所决定的。不同的转化者或者技术应用者，因为能够调动的资源和采用的转化（或者对技术的应用）模式、路径不同，会直接影响到科技成果的最终收益。

因此科技成果的转化（应用）方式能够在多大程度上发挥科技成果的应用价值实现多少收益就成为该成果市场价格的前提条件。就是说科技成果的市场价值和转化（应用）方式有直接的关系，转化（应用）方式是不同的人对某项科技成果估值报价的基本衡量标准。

案例分析：应用路径决定成败——×××金属涂料

来自东北的某技术团队拥有一套××金刚纳米涂料技术。该技术可以将涂料渗透到钢材里，有效地提升钢材强度、任性、耐磨性等形状，将普通钢材提升一个质量级别。金刚纳米涂料的原材料供应丰富、稳定、价格低，而且使用该技术的工艺成本也相对低廉。该团队非常自信自己的技术有非常广阔的市场前景，在某产业园区的帮助下，自行转化。主要是向各类金属设备生产厂商提供技术，在他们购买的原材料上使用该技术，期待提升产品品质。奋战五年后，该技术团队生活艰难，转化收效甚微，他们的目标客户基本上都拒绝了继续使用他们的技术。

经人推荐他们咨询了某技术经纪人，期待找到失败的原因。某技术经纪人详细剖析了之前的推广应用案例后，认为该技术并没有给应用者带来收益。首先那些应用者并不能因为使用这项技术而降低原材料采购标准实现降低成本，也无法向市场提供因使用该技术二显著提升产品品质的证明，就无法增收。实际上，该技术降低了他们的收益。怎么可能技术使用呢！

某技术经纪人求教于国内钢铁行业的顶级专家，希望找到这项技术的最佳使用方式，能够带来收益。专家评估后，认为：这项技术的核心价值在于替换特种钢材中昂贵的合金物质，有效降低专业特种钢的锻造成本，国内几家著名的钢铁企业正在研究同类技术和相关应用与检测标准，争取尽快大规模使用。

该技术团队之前的技术转化方式不合理，应用模式错误，让他们自己受尽苦头，却没能让该技术创造出价值来。假如当初致力于与大型钢铁企业合作，有可能他们已经事业有成，腰缠万贯了。

三、科技成果市场价值评估的基本指标

科技成果市场价值评估的基本指标包含技术效用、商业可持续性、运营模式和价值评估四个基本指标，也是我们做科技成果市场价值评估的一级指标，是任何一项评估中都不能缺少的指标。

（一）技术效用

技术效用就是某项科技成果能够做什么用在评估科技成果的技术效用时，需要完成以下工作：

（1）可以用来做什么。

（2）实际用来做什么。

（3）市场需求（用户使用某项技术的核心目的，社会需求和市场需求、客户挖掘与划分）。

（4）用户测试（如何设计用户测试方案，完成对用户的范围、用户的态度和购买力，市场模式能否准确将产品推送给客户）。

(5) 性价比（应用条件和应用成本）。

（二）商业可持续性

商业可持续性主要评估对科技成果的持续应用能力，需要明确以下事项：

(1) 科技成果的产权状况。

(2) 谁在用（政府机构、军队、大型企事业单位、高校和科研院所、社会团体、民营企业，小微企业，个人、……）。

(3) 目标用户行业发展概况，产业影响力，主要设备和产品情况。

(4) 技术承接方的技术能力和愿望（技术配套情况、吸收能力和后继研发能力等）。

(5) 承接方的市场能力、资金状况、融资能力以及其他必要资源的整合能力（是否具备足够的能力和资源来实现预设的技术和规划等）。

（三）运营模式

运营模式反应科技成果的转化形式及其产品的推广形式以及相关资源的整合模式，重点做好以下工作。

(1) 采用技术创业方式，还是技术交易抑或是其他方式。

(2) 是商业模式创新还是技术创新，还是兼有技术创新和商业模式创新。

(3) 合作模式与财务模式（资源整合的范围，方式以及利润分配模式等）。

(4) 是否具备充要的条件。

(5) 技术应用可以持续多长时间。

（四）价值评估

价值评估是对科技成果市场价格的计算过程，完成以下工作：

(1) 科技成果的应用成本。

(2) 新产品的推广成本等。

(3) 市场收益。

(4) 转化系数（主要依据对前三个指标的综合评判来确定，三个指标分别赋值"1"，它们之间是相乘的关系，因此转化系数≤1）。

(5) 科技成果市场价格（收益现值）= 销售额×（1+销售增长率)^n×利润率×转化系数

案例分析：技术效用评估（技术专家的关键作用）——某饲料技术

某公司计划面向社会吸引、招募投资者加入他们的生产和运营，实现对他们自己科技成果的转化。受某有意向投资机构委托对该公司科技研发成果进行市场价值评估。

该公司科技成果及其产品介绍

公司每项课题，每个产品都经历了至少15年以上、30~50个生产周期的试验和优化。从2013年开始，在内蒙古、宁夏、新疆、青海、黑龙江、山西等地同时开展规模化养殖场试验，完成了所有预定的生产技术指标。

自有研发的专利技术，能够生产饲养雪花牛肉、雪花羊肉、雪花猪肉的高效饲料。公司饲料有效提升畜禽消化系统、呼吸系统和免疫系统疾病防治效果，能够提高畜禽采食率、屠宰率、产蛋率、产奶率。同时公司拥有新型生物有机肥技术；开展农业土传病害防治研究和肉奶蛋禽安全食品技术研究；开展了功能性食品开发技术研究和养殖环境与危废处理技术研究。

该公司号称，我们只选取：(1) 对人体、动物有健康作用的益生菌，如酪酸梭菌、乳杆菌、双歧杆菌、酵母菌等；(2) 对作物、环境有作用的微生物，如芽孢杆菌、解钾菌、解磷菌、解氮菌、环境降解菌等，进行定向、靶向研究和技术开发，并以益生菌发酵饲料和生物有机肥为载体，通过充分发挥微生物的分解、降解和包被作用，解决食品中农兽药残留、重金属污染、物生物污染和动植物抗病害、农业面源污染等问题。

公司计划通过借助乡村振兴、精准扶贫、农旅休闲、环境保护和食品安全等政策扶持，使用自有专利技术微生物技术（益生菌和发酵素）和产品（果蔬茶已经获得生态产品用户报告检测报告）建设现代化的生态农产场、生态牧场，生产雪花猪、雪花牛、雪花羊，获取高额利润。

从该公司的介绍资料看，他们拥有的核心专利微生物技术（益生菌和发酵素）并以此为核心设计了饲料加工、养殖、废弃物处理、生态果蔬、农业休闲等一个完整的企业运营生态体系。他们的技术和产品有很大的竞争优势，风险小，收益高。首先雪花牛肉、雪花羊肉和雪花猪肉是高端产品，属于市场空间大，深受欢迎的紧俏商品。国家在乡村振兴、精准扶贫、农旅休闲、环境保护和食品安全等方面的投入很大，提供个各种政策支撑，资金扶持等。该项目确实是较好的投资机会。很多投资机构都动了心，有意向投资，着手进行深入的调研和评估。

受投资机构委托我们对该公司技术成果转化进行可行性评估和风险评估。我们首先邀请了国内饲料、牛羊养殖方面的顶级专家做关于技术效用和技术先进性方面的评估。结论是：（1）其产品能一定程度上降低牛场气味和增进牛羊胃肠道健康（但不等于能增产）；（2）生产雪花牛羊肉等是一个幌子，真正能生产雪花的是饲料中的高能量；（3）没有技术突破；（4）有更多的人不懂反刍动物营养，该产品一定程度上能弥补知识或技术的欠缺（善意的）。

总体结论是：不太看好这项技术，回报微利，同类产品多；利润抵消因素比较多；是团队的尝试性工作。

在这个案例，通过评估，我们认识到了该饲料技术和其他同类技术相比并没有突破之处，技术效用很低，不知道投资，也就是这个成果的市场价值很低。

第五节　科技成果市场价值评估中的重要事项

科技成果市场价值评估是一件非常复杂，风险程度比较高的事情，其中的关键节点和关键事项必须反复研究，精心设计对应方案，以保证评估质量。

一、评估的客体

科技成果市场价值评估，绝对不是仅仅对成果本身进行评估就能完成的。评估客体包括技术本身、技术团队、承接机构与核心人物，这是由科技成果转化本身的经济特性决定的，这几个评估要素决定着科技成果的盈利能力。

对技术本身的评估在技术效用和商业可持续性两个一级指标里都有涉及，需要重点强调的是技术产权状况和技术本身的应用形式与价值。

技术团队是发挥技术效用的保证。特别是针对通过技术创业模式来转化成果的，技术团队的自我提升和技术衍生能力就非常关键，这是他们应对市场变化的基础。很多投资人在决定是否投资的时候主要看技术团队的能力和稳定性。

承接机构是成果转化以依托的平台，它的强弱和态度对激活和放大科技成果的价值非常关键。对承载机构的评价主要是看他的影响力，特别是行业与市场影响力。

核心人物是一个组织或团队的灵魂，他所追求的目标、决心和意志决定着成果转化的方案、路径、资源、进度和质量。对核心人物的评估在科技成果市场价值评估中占有很高的权重，在技术效用、运营模式和商业可持续性方面都有关键的作用。

二、两个关键的变量

在科技成果市场价值评估过程中，隐性与沉没成本、销售增长率、利润率、股权与定价、技术陷阱等都是能够影响评估质量的重要事项。隐性与沉没成本可能会比较高，会冲抵利润，拉低科技成果对的市场价格。技术陷阱主要是评估科技成果转化的承接机构的真实目的究竟是对技术本身，还是在技术的幌子下整合其他的资源，在合作转化、技术创业的评估中尤其要关注这个问题。股权与定价，主要评估的是承接机构的股权结构，衡量它们政策、战略目标的稳定性以及核心人物的掌控能力。

销售增长率和利润率这两个是其中最关键的变量，直接决定科技成果的市场价格（科技成果市场价格＝销售额×（1+销售增长率)^N×利润率×转化系数）。这两个变量直接决定科技成果市场价值评估的质量和风险。

对于新生的科技成果及其生成的产品，如何确定销售增长率和利润率是缺少甚至没有可以参考、参照依据的。创新等级越高，可参考的依据就越少，这两个变量的确定就越是依靠评估资料提供者主观的推测甚至是主观意愿。这是科技成果市场价值评估的最大风险点。

案例分析-技术定价中的关键变量-纳米涂料技术

某技术经纪人受委托代表某投资机构（以下简称"资方"），就其通过并购模式收购某化工企业（以下简称"纳米涂料"）纳米涂料技术，实现对该技术成果的转化和产业化进行股权谈判。某经纪人的主要任务就是与"纳米涂料"商定并购价格，资方以现金入股的形式获得"纳米涂料"51%的股权。"纳米涂料"以其全部技术作价，占49%的股份。为了便于理解和计算，本案例中的数据都按照整数计算。

乙方首先提出：按照每年销售额增长30%，销售纯利润率按照稳定的40%计算，未来五年公司销售利润折算到收购年月的现值是100亿元人民币（计算过程略，双方对计算方法和过程无异议）。按照持股比例，资方应出自51亿元人民币，收购"纳米涂料"51%股权。

某技术经纪人收到"纳米涂料"提交的收购方案后，询问销售增长率和销售纯利润率的确定依据和方法。"纳米涂料"解释销售增长率是按照对目前市场需求的预期和自己的经验设定的，市场需求则主要是参照已知的工程计划数量确定的。销售纯利润率也是根据预期设想确定的。某技术经纪人认为当前化工行业平均纯利润率在10%左右，方案中设定的40%的纯利润率缺乏合理的依据。可以参考销售价格减去直接成本和间接成本以及其他必要费用后的剩余部分作为依据，方案中没能给出产品价格高于现有产品或工程的依据。某技术经纪人同时认为确定销售增长率的依据不充分，不合理。因此要求全面收集资料，在深入调研的基础上确定销售增长率和销售纯利润率的制定规则和依据，重新核定未来五年的收入现值。

在这个案例中，科技成果定价的核心问题就是销售增长率和销售纯利润率，它们直接影响到了未来五年收益的净现值。最为核心与关键的是这两个比率的确定有很强的随意性，作为技术经纪的从业人员必须对它们有高度的敏感性并不断探索掌握确定这两个比率的理论、方法和流程以及标准。

思考题：假定资方和"纳米涂料"对销售增长率和纯利润率没有异议，认可未来五年可以赚到100亿元的现值利润。"纳米涂料"是否应该参加未来五年的分红，资方51亿元人民币的收购价格是否过高了。

三、如何确定评估团队

评估团队的专业能力和客观性是评估质量的保证。如何确定评估团队是很基础的重要事项，包括确定评估团队的专业结构和如何组建两个方面。

科技成果市场价值评估和其他科技评估的显著不同点在于，一般科技评估为了保持独立性、客观性，要求利益相关方不能参与评估过程，不能干扰评估团队的判断。在科技成果市场价值评估团队的时候利益相关方代表是一定要考虑的，因为科技成果的最终收益是大家共同努力的结果，他们的决心、智慧和力量对激活和放大科技成果的价值至关重要。

依据科技成果市场价值评估中的基本指标所获取信息的要求，关键事项以及评估质量标准，科技成果市场价值评估团队应该包括技术专家、评估专家、企业家、财务人员、管理专家、技术转移专家和利益相关方代表。

在确定评估团队的时候，还应该考虑如何让专家意见和行政决策之间更好的匹配，因此应该邀请利益相关方的高级管理人员进入工作团队。

评估专家的主要职责是组织和管理评估工作，制定基本规则、评估流程和节点工作的把控；企业家和管理专家主要负责评估科技成果实现未来收益的可行性与合理性；技术专家主要负责技术效用的评估；技术转移专家负责成果转移转化模式、流程以及合法合规性等方面的评估。

四、评估报告

科技成果市场价值评估报告应包括标题及文号、声明、摘要、正文、附件五部分内容。

声明部分，应该写明评估报告的法律效力，使用范围和有效期等。具体写明评估报告成立的前提条件和假设条件，评估结果的有效使用期限。评估结论仅供委托方以评估目的的使用和送交相关部门使用，并申明评估报告使用权归委托方所有，未经许可不得随意向他人公开或提交。

评估报告正文部分需要明确评估目的、评估范围、评估依据，评估客体、评估方法、评估指标、评估流程和评估结论等内容。

附件一般包括特别事项（可能对评估结果产生影响，报告使用者应特别关注的事项）说明、重要参考文件、测算过程和依据等。

第十章
技术转移融资渠道与金融工具

在技术转移过程中，金融发挥着巨大的催化作用。要促进技术转移往往需要大量的资金支持。对于科技成果来说，无论是在研究开发前期，还是在其转化后期，都需要大量资金支撑。一旦在技术转移期间出现资金问题，就难以有效保障科技成果的转化。因此，如何加强技术转移过程中的金融支持直接决定着科技成果在企业中的使用以及对经济增长的贡献。

第一节 科技金融概述

融资问题始终是技术转移过程中关键因素。科技金融要解决的就是技术转移中的融资问题。因此，作为技术转移从业人员，应该对科技金融概念的起源、发展、内涵和外延有所掌握。

一、科技金融的渊源

在西方经济学中，历史上并没有"科技金融"这一学术概念，在实践中也没有形成独立的"科技金融"概念。根据国内学者的研究，"科技金融"概念萌芽于早期财政、金融支持科技发展的具体政策和实践活动，表现形式主要是信贷市场的科技信贷以及科技财税政策中的财政贷款贴息等。1985年，党中央发布《中共中央关于科学技术体制改革的决定》，提出"广开经费来源，鼓励部门、企业和社会集团向科学技术投资"，同时还提出设立创业投资、开办科技信贷，拉开了中国金融支持科技实践发展的序幕。同年10月，中国人民银行、国务院科技领导小组办公室联合发布《关于积极开展科技信贷的联合通知》，这里提到的"科技信贷"，实际上已是科技金融的雏形了。1992年，我国成立了中国科技金融促进会，这也是"科技金融"第一次出现在目前可查的官方文件中。此后，"科技金融"使用频率不断提高，部分学者也开始了"科技金融"的研究。

不难看出，科技金融是政府部门和业内人士在探索金融支持科技创新的实践中逐渐形成的独具特色的政策术语。在实践中，部分实务界倾向于从产业金融的角度来理解"科技金融"，即将科技金融概括为金融服务于科技发展过程的一系列金融活动，其实质是在解决技术转移过程中的金融服务问题，兼具金融属性和财政属性。从实务角度出发，科技金融的研究方向包括了从研究开发、成果转化到高新技术产业等不同阶段的金融问题。在很长一段时间内，财政拨款是科技研发资金来源最重要的组成部分，为科学研究与发展提供了基本的经费保障。如果将财政政策纳入科技金融范畴，科技金融的渊源可能更早。

二、科技金融的内涵

改革开放以来，科技金融受到了政府部门的极大关注，有关研究成果也大量涌现，但尚未形成完整的科技金融理论体系，尚无统一的科技金融定义。在很长的一段时间里，"科技金融"被当做"科技与金融"或者"科技与金融相结合"的简称。但这显然是不够全面的。

国内有不少学者对科技金融做出了相关学术定义，如"科技金融是基于科技创新发展需要，促进科技开发与科技成果产业化发展，贯穿与科技创业企业与高新技术产业发展的各个生命周期，为其提供各项投融资服务的金融机构、金融工具与金融政策的组合"（胡苏迪、蒋伏心，2012）。"科技金融是指科技金融活动的参与主体为企业进行科技创新活动提供金融资本支持，以实现资本增值的一种特定形态的金融活动"（宁宇新，景琳，2016）。尽管关于科技金融概念和理论体系的研究日益丰富，但业界认可度较高的学术观点主要是赵昌文的"工具/政策论"和房汉廷的"范式论"。

赵昌文认为，科技金融是促进科技开发、成果转化和高新技术产业发展的一系列金融工具、金融制度、金融政策和金融服务的系统性、创新性安排。这一定义强调了金融支持科技创新的功能，认为科技金融本质上属于金融工具，同时具有制度和政策内涵。科技金融有关产品、服务和模式创新，有关金融政策的设计和优化，能够有效促进科技开发、成果转化及以高技术应用。"工具/政策论"对于科技金融支持创新驱动发展有较强的现实意义。

房汉廷则将科技金融的本质概括为四点：一是创新活动，即科学知识和技术发明被企业家转化为商业活动的融资行为总和。二是技术-经济范式，即技术革命是新经济模式的引擎，金融是新经济模式的燃料，二者结合起来就是新经济模式的动力所在；三是科学技术资本化过程，即科学技术被金融资本孵化为一种财富创造工具的过程；四是金融资本有机构成提高的过程，即同质化的金融资本通过科学技术异质化的配置，获取高附加汇报的过程。这一定义强调了科技金融的技术经济模式本质，将科技金融归纳为科技、经济和金融交互影响和发展的范式。"范式论"为国家经济、金融、科技等领域的体制机制改革创新和顶层设计提供了前瞻性、战略性指导。

在实践中，科技金融一般表现为综合运用各种金融工具和金融政策，引导和促进银行业、证券业、保险业和风险投资等，为从初创期到成熟期等各个阶段的科技型企业发展提供融资和金融服务。其核心问题是解决技术转移过程中的融资困难问题。具体包括四个层面的内容：一是以银行、担保、保险和债券为代表的四大金融体系下的政策、产品和服务；二是以多层次资本市场和风险投资为代表的股权投融资体系；三是以财政科技投入、税收政策为代表的政策性金融体系；四是为科技创新活动提供创新资源和服务的各类创新主体。

三、我国科技金融的发展

近年来，科技金融体系作为国家创新体系建设的重要内容，上升到国家战略层面，在我国受到广泛重视并得到深度发展，有关政策体系逐步完善，工具和手段更加丰富，实践形式也更加活跃。

首先，在政策体系方面，除传统的科技信贷和财政支持政策外，科技金融政策体系已经涵盖了科技创投、科技保险、科技担保、投贷联动、资本市场以及科技金融工作机制等各个层面。1999年，科技部、财政部出台《关于科技型中小企业技术创新基金的暂行规定》，设立了国家层面的科技型中小企业技术创新基金。2010年12月，科技部、中国人民银行等五部委出台《关于印发促进科技和金融结合试点实施方案的通知》（国科发财〔2010〕720号），从创新财政科技投入方式、加强银行业金融机构信贷支持、建设多层次资本市场、完善科技保险服务、健全科技金融合作平台、完善科技企业信用体系以及开展多种科技金融专项活动等方面提出了试点实施内容。2011年11月，科技部、财政部等八部委出台《关于促进科技和金融结合加快实施自主创新战略的若干意见》（国科发财〔2011〕540号），对科技金融结合的重点内容、协调机制和保障机制作了进一步明确。2014年，国务院又下发了《关于扶持小型微型企业健康发展的意见》（国发〔2014〕52号），银监会又相继下发了《关于大力推进体制机制创新扎实做好科技金融服务的意见》（银发〔2014〕9号）、《关于支持银行业金融机构加大创新力度开展科创企业投贷联动试点的指导意见》（银监发〔2016〕14号）等系列政策，标志着我国科技金融政策体系初步完善。

其次，在科技金融工具和实践形式方面，近年来，科技金融服务产品及工具更加丰富，企业债券、风险投资等新型科技金融工具已经逐步发展起来。财政科技投入方面，政府引导基金、母基金模式蓬勃发展；科技信贷方面，风险补偿基金、贷款贴息、知识产权质押贷款、科技支行、科技小贷、科技保险等齐头并进；借助于"互联网+"和大数据技术的发展，科技金融工具和产品的更新迭代和创新不断加速；资本市场方面，在2004年推出创业板的情况下，又相继推出了科创板、新三板和区域性股权市场等。随着创业投资、风险投资有关政策和机制不断完善，使得创投机构在科技型中小企业发展中发挥了越来越重要的作用。在地方实践方面，地方政府在开展科技金融实践探索过程中，在遵循金融资本市场属性的基础上，逐渐形成了金融、科技和产业深度融合、协同发展的态势，进而发展成为区域创新经济新范式，如北京中关村、上海张江科技园等。

最后，在宏观政策指引下，当前科技金融已经呈现出从政策驱动型、财政投入型向市场化驱动、社会资本驱动型发展的趋势。这主要表现为以商业银行为代表的金融机构参与的深度和宽度不断拓展，科技信贷规模及产品、科技金融服务平台种类及运作模式等都有了突飞猛进的发展，投贷联动运作模式也在政策设计和实践层面取得了双重突破；在资本市场方面，以科创板、全国中小企业股份转让系统（原新三板扩容到全国范围）和区域性股权交易市场（新设新四板）为代表，以及注册制改革等，通过多层次资本市场助力科技创新的市场化机制得到进一步完善。

第二节　技术转移中的融资渠道

本节主要研究在技术转移过程中，各国政府、企业、高校如何筹集研究资金的问题，包括但不限于财政拨款、自筹资金、银行贷款、创业投资、上市融资、接受企事业单位委托开展科研活动的收入、国外援助和其他经费等等。广义上也可以包括金融机构对金融工具的选择和运用。

一、根据主体划分的融资渠道

在技术转移主体方面，科研院所及大学的优势在于基础研究、技术创新能力较强，对产品产业化、市场需求的理解等方面较为薄弱，其研发资金主要依赖于政府财政资金及少量比例的企业委托开发资金，对金融资本缺乏必要的了解。企业作为市场的主体，有强烈的营利动机，对市场的理解较为透彻，有一定自有资金和研发能力，但其创新性与科研院所及高校相比较弱，同时受到逐利的本质影响，其在科技创新方面的资金投入量有限，更注重成本核算及回报预期。因此，当前技术转移的主要主体企业与科研机构都存在资金支持需求，需要由政府以科技金融为引领，在充分了解各方对风险及利益的诉求基础上，引入有关金融机构，共同推进技术转移。

从金融机构角度来看，提供金融选择时的主要依据是监管政策和投资风险。技术转移的阶段、领域不一样，面临的风险也是不一样的，相应的，金融机构可提供的融资选择也不一样。众所周知，技术转移本身具有较高的风险，这种风险是常规企业或者传统企业所不具有的。在金融机构看来，技术转移将面对的风险主要体现在市场风险、技术风险、投资风险以及其他风险，其他风险主要包括政策风险、购买力风险、财务风险等方面的风险（表10.1）。在有关技术转移案例中，金融机构可以根据不同的风险类型提供不同的融资服务。相应的，技术转移主体（非金融机构）的融资选择也要受到金融机构提供的融资服务选项的限制。

表 10.1 技术转移过程中的主要风险

风险类型	风险说明
技术风险	技术风险是指在研究开发过程中，研究开发方虽作出了最大限度努力，但由于现有的认识水平、技术水平、科学知识及其他现有条件的限制，仍然发生了无法预见、无法克服的技术困难，导致研究开发全部或部分失败，因而引起的财产上的风险。
市场风险	市场风险是指由于未来市场价格的不确定性对企业实现其既定目标的不利影响。这些市场因素可以直接对企业产生影响，也可能通过其竞争者、供应商或消费者产生影响。
信用风险	信用风险是银行贷款或投资债券中发生的一种风险，也即为借款者违约的风险。
投资风险	投资风险是指投资主体为实现其投资目的而对未来经营、财务活动可能造成的亏损或破产所承担的危险。投资风险是投资主体决定是否投资所进行预测分析的最主要内容。导致投资风险的主要因素有：政府政策的变化、管理措施的失误、形成产品成本的重要物资价格大幅度上涨或产品价格大幅度下跌、借款利率急剧上升等。
政策风险	政策风险是指因国家宏观政策（如货币政策、财政政策、行业政策、地区发展政策等）发生变化，导致市场价格波动而产生风险。
社会风险	社会风险（Social Risk）所谓社会风险，是指因个人或单位的行为，包括过失行为，不当行为及故意行为对社会生产及人们生活造成损失的风险。
购买力风险	通货膨胀风险又叫"购买力风险"，是指由于通货膨胀因素使银行成本增加或实际收益减少的可能性。通货膨胀还会使银行资产的实际收益下降。
财务风险	财务风险一般指筹资风险。筹资风险（Financial Risk），又称财务风险，它是指企业因借入资金而产生的丧失偿债能力的可能性和企业利润（股东收益）的可变性。

不难看出，技术风险、政策风险等技术转移过程中的主要风险加剧了金融机构在参与科技企业融资上的谨慎性，尤其是非股权融资。以银行、担保为主的金融机构在向科技型企业提供债权融资时，都普遍信任安全性、流动性和盈利性三项标准，导致这些机构宁愿放弃盈利也不愿意选择风险高的企业放贷。

二、根据技术阶段划分的融资路径

根据技术转移的趋势和特点，技术转移基本上可以分为科学成果阶段、技术成果阶段、技术产品阶段以及技术商品阶段。其中，科技成果阶段是某项科技成果的雏形，仅存在于意识领域或学术范围；技术成果阶段是某项科技成果突破意识领域进行技术层面的创造，即知识转化为技能的阶段；技术产品阶段是某项技术手段转化为产品并即将投入市场的过程；技术商品阶段，是某项科研产品已经研发成功并投放市场，即将获取收益的阶段[①]。

在上述四个阶段中，每个阶段的风险不尽相同，融资渠道和金融工具均有所不同（图10.1）。从风险角度看，科学成果阶段的风险主要表现为技术风险，技术成果阶段主要表现为资金风险，技术产品阶段主要表现为市场风险，而技术商品阶段主要表现为收益风险。这四个阶段的资金需求量基本上是逐渐增多的趋势。从主要融资模式来看，科学成果阶段主要选用企业自有资金、政府资金；技术成果阶段可以选用风险投资、政策性贷款、民间借贷；技术产品阶段可以选用风险投资、银行贷款、民间借贷、租赁融资、发行债券等；到了技术商品阶段则可选用发行股票、银行贷款、民间借贷、发行债券等手段。

---

① 于雪丽，2017. 科技成果转化过程中融资问题研究 [D]. 大连海事大学（3）.

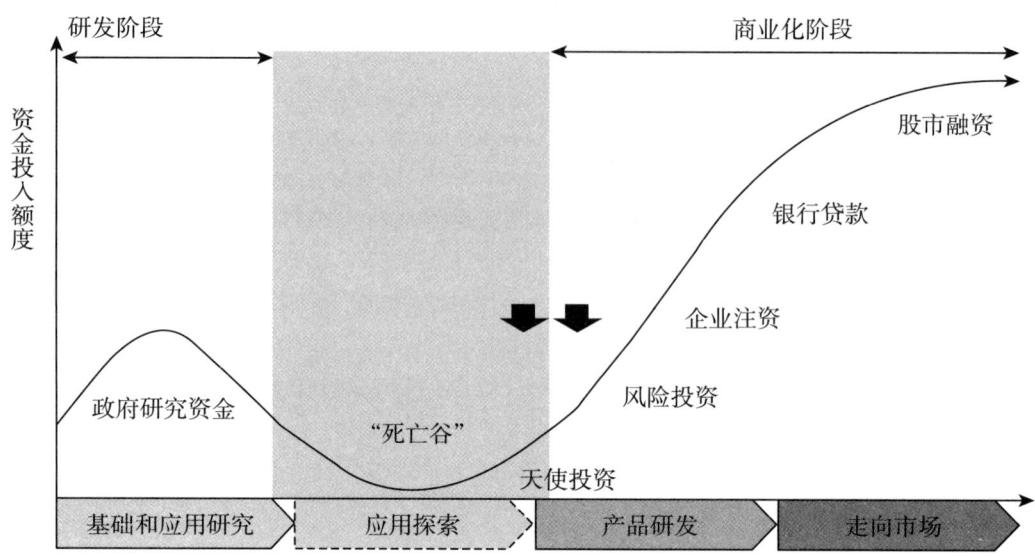

图 10.1 技术转移各阶段外部资金供给情况

表 10.2 技术转移各阶段融资渠道

技术阶段	风险	财务绩效	资金需求量	主要融资模式
科学研发阶段	技术风险	无	少	自有资金，政府财政资金，捐赠资金，接受委托资金。
技术成果阶段	资金风险	无或少量	较大	政府投资，自筹资金，民间借贷，天使投资。
技术产品阶段	市场风险	不稳定	大	创业投资，银行贷款，融资租赁或金融租赁，民间借贷。
技术商品阶段	收益风险	稳定	大	私募股权投资，银行贷款，租赁融资，担保融资，民间借贷，发行债券等。

三、根据企业发展阶段划分的融资路径

根据企业发展阶段不同，可以划分为初创期企业、成长期企业、成熟期或壮大期企业的融资路径，实务中还包括种子期。企业发展过程也就是企业生命周期。根据企业不同生命周期的特点，可以采取相匹配的融资方式（表 10.3）。

表 10.3 根据企业发展阶段划分的融资渠道

企业阶段	企业特点	融资策略
种子期	该阶段企业实体尚未建立，技术上也还处于研发阶段	理想的融资方式应为创业团队自筹或吸收天使投资，无论是商业银行还是政策性银行贷款都较少介入。
初创期	第一，在财务方面，资产负债率较低，高经营风险；现金周期较长；利润较少且极不稳定，缺少核心竞争力。第二，在经营方面，生产设备较为简单，处于轻资产阶段，无土地或厂房所有权；具备一定的知识产权或自有技术；生产规模较小，产品市场份额低甚至未上市销售；企业管理体制主要为集权模式；资本主要是股东投入；企业几乎不盈利，现金流转较为吃力；可快速适应环境的变化，调整经营模式。第三，制度尚不完善且执行不到位，企业管理一般都较为混乱。	企业初步建立，风险很高。科技信贷主要表现为具有政策性导向的科技开发贷款和政策银行贷款，以及属于非正规金融的民间金融科技信贷。

（续表）

企业阶段	企业特点	融资策略
成长期	第一，在财务方面，资产负债率较高，经营风险仍然较大；现金周期相应缩短；利润快速增长。第二，在经营方面，企业基本形成了特色产品，产品市场份额逐步提高，市场渠道打开，竞争能力逐渐增强。第三，各项规章制度逐渐完善。	企业不断扩张，快速成长，对资金需求很大，科技信贷是高新技术企业重要的融资来源。私募股权基金投资也在逐步介入。
成熟期	第一，在财务方面，资产负债率适中，财务风险处于相对适中的水平；现金周期进一步缩短，甚至为负数；利润趋于稳定；部分经营活动现金流量处于流入大于流出。第二，在经营方面，企业逐渐形成成熟的经理阶层。第三，有一定上市融资的需求。	企业经营稳健，社会信誉已建立，具备足量的可抵押资产，科技信贷的风险也有所降低。商业银行科技信贷为主要融资来源。

就初创期企业的融资策略和途径而言，企业初创期可细分为种子期与创业期。处于种子期的企业，有一定的专利、成果和样品，产品尚未大规模形成，项目和团队正在组建。企业在此阶段主要依靠家人、朋友等筹集资金。天使投资和政府扶持资金也是企业种子期最现实和最合适的融资途径。处于创业期的企业，已形成了初级产品，有较少的订单及客户资源，但其收入微乎其微。此阶段的企业对天使投资仍有一定的需求，但更希望获得短期、持续性的债权融资模式，以缓解其固定成本带来的紧张的资金压力，因此，政策性担保方式的债权融资、小额贷款及天使投资，是此阶段较为适合的主要融资方式。

就成长期企业的融资策略和途径而言，处于成长期的企业，其客户资源与初创期相比有明显增长，市场渠道更广。但企业财务方面仍较为简单，决策权、执行权过于集中。在成长中，企业经过几年的发展，收入有一定增长，融资成本与初创期相比有所下降，开始受到银行类债权融资机构的青睐。

就成熟期或壮大期企业的融资策略和途径而言，处于壮大期的企业，在资产规模、竞争能力、市场认可度等方面都达到了新的高度，有了一定的自有资金沉淀，资产负债率较低。壮大期企业筹集资金的主要方式为挂牌上市发行股票。

四、根据资金来源划分的融资渠道

根据资金的来源不同，技术转移的融资渠道可以分为外部融资和内部融资两部分（表10.4）。其中，内部融资主要是指企业自身资金的投入；外部融资大体上可以分为政策性融资以及外部市场融资两大部分。

表10.4 根据资金来源划分的融资途径

融资类别	融资方式
内部融资	企业内部资金、自筹资金。
外部融资	财政投入；科技贷款、创业投资、私募股权投资、股票融资、债券融资。

近年来，在创新驱动战略下，我国政府高度重视科技创新，在科技方面投入大量财政资金用于支持科技研发和技术转移。与此同时，随着我国资本市场的成熟化和国际化，外部市场融资逐渐多样，目前主要的外部市场融资方式包括金融机构的科技信贷、创业风险投资机构的投资、中小企业板和创业板的股票融资以及债券市场发行的企业债券。由于我国现存的金融机构大部分为传统的金融机构，这类金融机构对贷款抵押以及企业自身财务绩效要求比较高，因此金融机构贷款支持技术转移的情况并不乐观。

五、根据金融中介角色划分的融资渠道

根据是否有中介机构参与，可以分为直接融资和间接融资。其中，直接融资是指没有金融中介机构介入的资金融通方式。在直接融资中，需要资金的部门直接到市场上融资，借贷双方存在直接的对应关系。商业信用、企业发行股票和债券，以及企业之间、个人之间的直接借贷，均属于直接融资。债券融资与股票融资是直接融资的主要方式。

间接融资是指资金供给方与资金需求者之间不发生直接关系，而是分别与金融机构发生一笔独立的交易，即资金供给方通过存款或者购买银行、信托、保险等，将闲置资金先提供给金融中介机构，然后再由这些金融机构以贷款或通过购买有价证券等形式，把资金提供给资金需求者使用，从而实现资金融通的过程。在间接融资中，借贷活动必须通过银行等金融中介机构进行。信贷融资是间接融资的主要方式。

第三节　直接融资渠道

直接融资工具和间接融资工具是金融工具的一般划分。本节拟结合技术转移过程按照直接融资工具和间接金融工具的主要分类对各类金融工具或产品进行简要介绍。

一、私募股权投资基金

（一）概念

国内所称的"私募股权基金"，其全称应为"私募类私人股权投资基金"，是指主要投资于私人股权的投资基金，私人股权即非公开发行和交易的股权，包括未上市企业和上市企业非公开发行和交易的普通股、可转换为普通股的优先股和可转换债券。

从基金募集发行和基金投资标来看，私募股权基金既不同于公募股权类基金，也不同于私募证券投资基金（表10.5）。

表10.5　私募股权基金与其他基金的差别

基金种类	募集方式	投资标的
公募证券投资基金	公开募集	公开交易的证券（股票或债券）
私募证券投资基金	非公开募集	公开交易的证券（股票和债券）
公募股权投资基金	公开募集	非公开交易的股权
私募股权投资基金	非公开募集	非公开交易的股权

私募股权投资基金与创业投资基金既有联系也有区别。根据中国证券业投资基金协会关于私募投资基金的分类，创业投资基金是单独的一种私募投资基金类型（表10.6）。

表10.6　中基协关于私募投资基金"基金类型"的说明

基金类型	定义
私募股权投资基金	除创业投资基金以外主要投资于非公开交易的企业股权，包括非上市企业和上市企业非公开发行和交易的普通股（含上市公司定向增发、大宗交易、协议转让），以及可转换为普通股的优先股和可转债等私募基金。
创业投资基金	主要向处于创业各阶段的未上市成长性企业进行股权投资的基金（新三板挂牌企业视为未上市企业）。

(续表)

基金类型	定义
私募证券投资基金	主要投资于公开交易的股份有限公司股票、债券、期货、期权、基金份额以及中国证监会规定的其他证券及其衍生品种。
私募股权类 FOF	主要投向私募基金、信托计划、券商资管、基金专户等资产管理计划的私募基金。
创投类 FOF	主要投向创投类私募基金、信托计划、券商资管、基金专户等资产管理计划的私募基金。
私募证券类 FOF	主要投向证券类私募基金、信托计划、券商资管、基金专户等资产管理计划的私募基金。
其他私募 FOF	主要投向其他类私募基金、信托计划、券商资管、基金专户等资产管理计划的私募基金。
私募资产配置基金	应当主要采取基金中的基金的方式进行证券、股权等跨类别资产配置投资，80%以上已投基金资产应当投资于已备案的私募基金、公募基金以及其他依法成立的资产管理产品。
其他私募投资基金	投资除证券及其衍生品和股权以外的其他领域的基金。

（二）运作机制

完整的私募股权基金投资运作流程包括四个阶段：募、投、管、退。募，即从资本市场上筹集资金的过程；投，即考察项目，根据具体情况选定投资项目，投入资金获取股权，并在资金与管理等方面给予支持和建议；管，即投后管理，通过给被投企业提供赋能服务，帮助被投企业发展壮大。退，即根据投资项目的具体运行情况，选择适当的方式退出。四个阶段不断循环，构成私募股权投资基金的完整过程。

其中，私募股权基金的退出是所有环节中非常重要的一环，只有退出渠道的畅通才能保证投资者不断将资金投入企业。对私募股权基金的出资者和管理者来说，投资企业的目的一般并不是为了控制企业或者从企业获得长期持续的回报，而是使企业快速成长起来，通过退出获取高额的回报。私募股权基金的退出方式主要有四种：首次公开发行（IPO）、并购或股权转让交易、股权回购和清算破产。从目前情况看，IPO 仍是私募股权基金最主要的退出方式。

二、创业投资基金

（一）创业投资基金的概念

创业投资基金，是指主要投资于初创期、成长期的未上市成长性企业的股权投资基金。创业投资基金通过对企业的增量股权进行投资，从而为企业提供发展所需的资金。具体来说，创业投资基金的运作具有如下特点，第一，从投资对象来看，主要是未上市成长性初创企业；第二，从投资方式看，通常采取参股性投资，较少采用控股型投资；第三，从杠杆应用来看，一般不借助杠杆，以基金的自有资金进行投资；第四，从投资收益看，主要收益来源于所投资者企业的因价值创造带来的股权增值。对于高新技术企业来讲，创业投资基金在各种融资来源中具有显著地位。从企业生命周期角度看，创业投资基金是高新技术企业成长初期（种子期、初创期）和中期（扩张期）最重要的融资途径。同时，创业投资基金也是科技金融人才和科技金融资本的融合，这使得创业投资基金兼具"融资"与"融智"功能，从而增加了创业投资基金的附加值。

（二）创业投资基金与创业投资

创业投资，是指向处于初创期、成长期的未上述四成长性企业进行的股权投资，以期所投资创业企业发育成熟后，主要通过股权转让获取收益的投资方式。创业投资可以采取组织化或非组织化的方式。组织化创业投资是指机构或个人通过设立专业创投组织从事创业投资；非组织化创业投资是指非专业机构和个人分散从事创业投资。其中，天使投资是指除被投企业员工及其家庭成员和直系亲属以外的个人以其自有资金直接的创业投资活动。

（三）创业投资基金的社会经济效益

创业投资基金在应对中小企业特别是科技型小微企业的融资难题、促进科技创新等方面，具有其他资本形式难以比拟的优势。

首先,创业投资基金从项目来源、初步筛选、尽职调查、项目估值、投资条款的安排、投资后管理等多个环节,用多种机制尝试达到获取真实信息、限制企业家不当利用其信息优势的目的;其次,创业投资基金主要采用股权投资的方式,通过创新的动态的估值方法,可以实现风险和期望收益的均衡匹配;再次,创业投资基金通过丰富有效的投资后监督和增值服务,帮助被投资中小微企业更好的应对创业过程中的各种问题,提高其创业成功的可能性;最后,创业投资基金所进行的股权投资一般无须被投资企业提供担保,创业投资基金通常按企业发展阶段进行分阶段投资。这些安排较好的契合了中小微创业企业的发展特点。

三、政府投资基金

(一)政府投资基金的概念

政府投资基金是有财政资金和社会资本共同发起设立,对未上市企业进行股权投资和提供经营管理服务的利益共享、风险共担并具有政策导向的私募股权投资基金。根据2015年财政部发布的《政府投资基金暂行管理办法》(财预〔2015〕210号),政府投资基金是各级政府通过预算安排引导社会各类资本投资基金社会发展的重点领域和薄弱环节,支持相关领域和产业发展的基金。文件还进一步解释了政府出资的含义,即政府出资是指财政部门通过一般公共预算、政府性基金预算、国有资本经营预算等安排的资金。与政府投资基金相关的概念包括政府引导基金和政府出资的产业基金。引导基金这个概念最早出现在2008年10月国家发改委联合财政部、商务部共同出台的《关于创业投资引导基金规范设立与运作的指导意见》(国办发〔2008〕116号)中,该文件将引导基金定义为"由政府设立并按照市场运作的政府性基金",由于该文件主要规范对象是创业投资引导基金,因此,它将创业投资引导基金限定为主要扶持创业投资企业,引导社会资本进入创业投资领域。该文件还进一步指出,引导基金本身不直接从事创业投资业务。政府出资的产业基金,出自2016年12月国家发改委印发的《政府出资产业投资基金管理暂行办法》(发改财金规〔2016〕2800号),即政府出资产业投资基金,是指有政府出资,主要投资于非公开交易企业股权的股权投资基金和创业投资基金。其中,政府出资资金来源包括财政预算内投资、中央和地方各类专项建设基金及其他财政性资金(表10.7、表10.8)。

表10.7 引导基金

名称	定义	依据
引导基金	由政府设立并按照市场运作的政府性基金。引导基金本身不直接从事创业投资业务。	《关于创业投资引导基金规范设立与运作的指导意见》(国办发〔2008〕116号)
政府投资基金	政府投资基金是各级政府通过预算安排引导社会各类资本投资基金社会发展的重点领域和薄弱环节,支持相关领域和产业发展的基金	《政府投资基金暂行管理办法》(财预〔2015〕210号)
政府出资产业基金	政府出资产业投资基金,是指有政府出资,主要投资于非公开交易企业股权的股权投资基金和创业投资基金	《政府出资产业投资基金管理暂行办法》(发改财金规〔2016〕2800号)

表10.8 政府投资基金规范体系

法律渊源	名称	制发机关	生效日期
规范性文件	《关于创业投资引导基金规范设立与运作的指导意见》(国办发〔2008〕116号)》	国家发改委联合财政部、商务部共同制定,国务院办公厅发布	2008年10月

(续表)

法律渊源	名称	制发机关	生效日期
规范性文件	《政府投资基金暂行管理办法》（财预〔2015〕210号）》	财政部	2015年
规范性文件	《政府出资产业投资基金管理暂行办法》（发改财金规〔2016〕2800号）	国家发改委	2016年12月
规范性文件	《政府出资产业投资基金管理暂行办法》（发改财金规〔2016〕2800号）	国家发改委	2016年

（二）政府投资基金的运作

政府投资基金是政府发起设立，以通过扶持特定行业，引导社会资本进入特定行业、特定领域、特定阶段进行投资的，不以营利为目的的政策性基金。根据投资策略，政府投资基金又可以分为政府引导基金和直接投资基金。其中，政府引导基金主要采取母基金的形式，即通过投资于其他子基金，以撬动更多的社会资本。而政府发起设立的直接投资基金一般直接投向项目主体，直接支持相关企业及行业。在母基金模式下，引导基金并不直接投资项目。引导基金的出资原则是参股不控股，通过股权结构的科学设计，保证被投企业决策及经营的独立性和商业化运作。当前，政府出资的产业投资基金已经发展成为产业基金的主要形式，不仅体量庞大，而且增长迅速。

（三）政府投资基金的特点

现阶段政府投资基金与私募股权投资基金、创业投资基金虽然形式上相近，但在投资目的、投资对象、投资策略、投管模式等方面均与传统股权投资基金有所区别。从投资目的来看，由于政府出资来源于公共预算资金，一般具有政策导向或政策目标，以国家亟待发展的产业为主，带有相当程度的政策性，侧重于为政府服务，因而其使命将随着现实问题的解决和改革的完成而结束。在投资阶段、行业、区域等方面有一定的特殊诉求，属于政策性基金，其目的主要用于增加部分行业或阶段的股权投资领域的政府资金供给，克服单纯通过市场配置股权资本的市场失灵问题，实现发展战略新兴产业、优化产业结构、加快经济转型的目的。在投资行业上，政府产业基金投资行业主要集中在新兴产业和高新技术产业，包括信息通讯、新材料、生物医药、新能源等在内的重点领域的企业和项目。从投资对象来看，产业投资基金主要投资于新兴的、有较大增长潜力的企业，尤其是中小企业。从投资期限来看，产业投资基金更关注长期投资，一般存续期限较长，市场上以3~7年存续期为主，最长可达15年。从投管模式来看，强调投后管理和服务，注重产业上下游或产业整体布局，将提供较多的增值服务。从投资策略来看，产业投资基金侧重考察企业的发展潜力，管理、技术创新与市场前景是关键性因素，并不完全依赖于财务性指标。在绩效导向上，政府出资产业投资基金更加关注基金的政策导向及社会效应，并不完全只关注经济效应或商业回报。部分政府产业基金甚至明确要求以社会效应为主导，做到经济效应和社会效应相统一。

（四）多层次资本市场

资本市场是科技企业发展壮大过程中直接融资的重要渠道。资本市场除了融资功能外，还具有风险定价、风险转移等功能。根据风险性、流动性不同，资本市场可以分为不同层次和类别的市场，如主板市场、科创板市场、中小企业板市场、创业板市场和包括技术产权交易所在内的四板市场。它们共同构成了为高新技术企业提供融资的多层次资本市场。不同规模、处于不同生命周期的高新技术企业适合科技资本市场的不同层次。一般认为，科创板、创业板、新三板、股权交易市场被认为是适合科技型企业上市融资的市场。

1. 主板市场

主板市场也称为一板市场，指传统意义上的证券市场（通常指股票市场），是证券发行、上市及交易的主要场所。主板市场对发行人的营业期限、股本大小、盈利水平、最低市值等方面的要求标准较高，主要为已经取得较大成功的大型高新技术企业提供融资，上市企业多为大型成熟企业，具有较大的资本规模以及稳定的盈利能力。许多高新技术企业都是通过在资本市场融资不断做大做强的。为解决高新技术企业特别是科技型中小企业上市融资，在创业板未推出之前，2004年5月，经国务院批准，中国证监会批复同意深圳证券交易所在主板市场内创立了一个过渡性的中小企业板块。中小企业板上市的门槛比一般创业板高但比一般的主板上市标准低。从资本市场架构上也从属于一板市场。主板市场的公司在上交所和深交所两个市场上市。主板市场是资本市场中最重要的组成部分，被称之为"国民经济晴雨表"。

2. 科创板市场

科创板独立于现有主板市场。《关于在上海证券交易所设立科创板并试点注册制的实施意见》强调，在上交所新设科创板，坚持面向世界科技前沿、面向经济主战场、面向国家重大需求，主要服务于符合国家战略、突破关键核心技术、市场认可度高的科技创新企业。重点支持新一代信息技术、高端装备、新材料、新能源、节能环保以及生物医药等高新技术产业和战略性新兴产业，推动互联网、大数据、云计算、人工智能和制造业深度融合，引领中高端消费，推动质量变革、效率变革、动力变革。

科创板不仅仅是为承载中国未来发展的科技创新企业提供一个新的证券交易板块，更是整个资本市场改革的试验田。科创板试点注册制的市场化改革之路走得通、走得好，整个资本市场改革就会跟进；试点过程中即使出现了问题，也会为中国资本市场机制的完善成熟提供宝贵的建议。科创板是资本市场服务国家战略的重大举措，同时也借鉴了境外资本市场的经验教训，相关制度的出台已经体现了相当的改革诚意，市场化和法制化的改革方向清晰。

3. 二板市场

又称为创业板市场（Growth Enterprises Market，GEM），是地位次于主板市场的二级证券市场，以NASDAQ市场为代表，在中国特指深圳创业板。主要是为具有高成长性的创新型、中小高新技术企业提供融资服务的证券市场。与主板市场相比，二板市场在上市门槛、监管制度、信息披露、交易者条件、投资风险等方面有较大区别。其目的主要是扶持中小企业，尤其是高成长性企业，为风险投资和创投企业建立正常的退出机制。目前，创业板市场相对于大部分中小科技企业门槛依然较高，但注册制改革正在稳步推进。

4. 三板市场

NEEQ（National Equities Exchange and Quotations），全国中小企业股份转让系统，是经国务院批准设立的全国性证券交易场所。新三板是为具有一定发展潜力、处于初创期和扩张期的未上市创新企业提供融资和股权转让的区域性资本市场，主要定位于以机构投资者和高净值人士为参与主体，为中小微企业提供融资、交易、并购、发债等功能的股票交易场所。2012年9月20日，全国中小企业股份转让系统有限责任公司在国家工商总局注册成立，注册资本30亿元。

5. 四板市场

区域性股权交易市场（下称"区域股权市场"）是为特定区域内的企业提供股权、债券的转让和融资服务的私募市场，一般以省级为单位，由省级人民政府或其委托部门监管，是我国多层次资本市场建设中必不可少的部分。对于促进企业特别是中小微企业股权交易和融资，鼓励科技创新，具有积极作用。目前全国建成并具有较大市场影响力的区域股权市场包括天津股权交易所、上海股权托管交易中心、武汉股权托管交易中心、重庆股份转让系统、前海股权交易中心和广州股权交易中心等十几家股权交易市场。

（五）债券市场

债券融资是资本市场为高新技术企业提供金融服务的重要内容。企业债券代表着发债企业和投资者之间一种债权债务关系，债券持有人是企业的债权人，债券持有人有权按期收回本息。企业债券与股票一样，可以自有转让。企业债券风险与企业本身的经营状况直接相关。如果企业发债后，经营状况不好，出现连续亏损，可能无力支付投资者本息，投资者就面临着受损失的风险。所以，在企业发行债券时，一般要对发债企业进行严格的资格审查或要求发行企业有财产抵押，以保护投资者收益。由于高新技术企业很难从银行得到发展资金。另外，依靠上市融资也相当困难。相当一部分的中小企业由于资产规模、发行成本等因素的限制，很难独立申请发行债券。因此，通过牵头组织以多个中小企业所构成的整体为发债主体，向投资人发行约定到期还本付息的债券形式成为了中小企业债券融资的主要形式。

目前，科技型中小企业在债券市场的主要融资工具为中小企业集合票据和中小企业集合债。其中，中小企业集合票据是指2个（含）以上、10个（含）以下具有法人资格的中小非金融企业，在银行间债券市场以"统一产品设计、统一券种冠名、统一信用增进、统一发行注册"方式共同发行的，并约定在一定期限还本付息的债务融资工具。中小企业集合票据是中国人民银行、中国银行间市场交易商协会为了方便中小企业融资，于2009年11月推出的创新金融产品。

中小企业集合债券是指通过牵头人组织，以多个中小企业所构成的集合为发债主体，发行企业各自确定发行额度分别负债，使用统一的债券名称，统收统付，向投资人发行的约定到期还本付息的一种企业债券形式。它是以银行或证券机构作为承销商，由担保机构担保，评级机构、会计师事务所、律师事务所等中介机构参与，并对发债企业进行筛选和辅导以满足发债条件的新型企业债券形式。这种"捆绑发债"的方式，打破了只有大企业才能发债的惯例，开创了中小企业新的融资模式。

目前，我国中小企业集合票据和中小企业集合债市场规模仍然较为有限，市场不活跃。

第四节 间接融资渠道

科技成果转移转化中的间接融资包括科技信贷、科技担保和科技保险等形式。

一、科技信贷

（一）科技信贷概念

科技信贷是为科技开发、技术转移，以及高新技术企业发展提供的债务性融资支持。在种类划分上，科技信贷属于外部融资、间接融资和债务融资。在以银行等金融机构为主导的金融体系下，相应的，科技信贷也是科技型企业最重要的融资途径之一。按供给方的不同，科技信贷可以分为商业银行科技信贷、政策性银行科技信贷和民间金融科技信贷等。

商业银行科技信贷是科技信贷最重要的组成部分。与传统工商业贷款不同，商业银行科技信贷要求有适应科技型中小企业的信用评价系统。在实践中，一些地方还尝试开展了知识产权质押贷款等创新型贷款，个别银行还同步推进科技信贷证券化以分散化解风险。

政策性银行科技信贷是科技信贷市场政府作用的体现，用于弥补科技信贷市场失灵问题，并引导科技信贷市场的正常发展。政策性银行科技信贷主要投向特定行业、特定企业、特定区域的企业和企业的研发活动。

由于政府资源的有限性，政府并不能完全弥补市场残缺，治理市场失灵，因此民间科技信贷就成为商业银行科技信贷的重要补充。民间金融科技信贷是通过一定的社会关系从非正规金融部门获得科技信贷，主要针对难以获得商业银行科技信贷和政策性银行科技信贷的科技型企业。

（二）科技信贷的特点

科技信贷一般成本比较高。科技信贷成本高体现在以下几个方面：一是银行发放科技信贷的成本高于发放传统贷款的成本。科技信贷市场存在严重信息不对称问题，导致需要花费大量的贷前审查成本和贷后监督成本。二是科技信贷具有较强的创新性。近年来，我国政府提倡银行采用创新贷款方式支持科技型中小企业发展，使得科技信贷出现了很多创新形式，如知识产权贷款、"科技项目"过桥贷、"高新技术企业联保互保贷款、订单股权质押贷款"等。

二、科技信贷形式

目前，针对科技企业的贷款模式主要有以下几种。

（一）抵押（质押）贷款

抵押担保是指债务人或者第三人不转移对某一特定物的占有，而将该财产作为债权的担保，债务人不履行债务时，债权人有权依照担保法的规定以该财产折价或者以拍卖、变卖该财产的价款优先受偿。抵押贷款，作为一种贷款方式，一般要求借款方提供一定的抵押品作为贷款的担保，以保证贷款的到期偿还。抵押品一般为易于保存，不易损耗，容易变卖的物品。贷款期满后，如果借款方不按期偿还贷款，银行有权将抵押品拍卖，用拍卖所得款偿还贷款。目前，主要的抵押贷款种类是固定资产类抵押担保贷款。

除此之外，知识产权质押贷款、股权质押贷款、应收账款质押贷款等贷款形式也是重要的贷款形式。知识产权质押贷款是指科技型企业以企业专利权、实用新型专利权、商标权等知识产权作为质押物而获取银行贷款的一种贷款模式。目前北京银行、交通银行等金融机构都已经针对科技型中小企业开展了知识产权质押贷款业务。但是，由于部分地区知识产权保护较差，在知识产权评估方面发展也较为滞后，知识产权价值难以衡量，严重影响了知识产权质押贷款的发展。知识产权还存在流动性差、变现难等特殊问题。

（二）担保贷款

担保贷款是以第三人为借款人提供相应的担保为条件发放的贷款。担保可以是人的担保或物的担保。人的担保，是指有偿还能力的经济实体出具担保文件，当借款人不能履约归还贷款本息时，由担保人承担偿还贷款本息的责任。物的担保，是以特定的实物或某种权利作为担保，一旦借款人不能履约，银行可通过行使对该担保物的权利来保证债权不受损失。

（三）信用贷款

按照《贷款通则》的描述，信用贷款系指没有担保、仅依据借款人的信用状况发放的贷款。其特征就是债务人无须提供抵押品或第三方担保仅凭自己的信誉就能取得贷款，并以借款人信用程度作为还款保证。这种信用贷款是中国银行长期以来的主要放款方式。由于信用贷款方式风险较大，大部分金融机构一般要对借款方的经济效益、经营管理水平、发展前景等情况进行详细的考察，以降低风险。信用贷款在国内正蓬勃开展。虽然时间不长，但有关参与各方都积极推出产品争抢市场。

三、科技担保

科技担保本质上是担保融资的一个种类，但是，由于其业务对象比较集中于科技型企业，因此，一般单独对其进行规定。如北京中关村科技融资担保公司规定其经营范围为融资性担保业务、贷款担保、票据承兑担保、贸易融资担保、项目融资担保、信用证担保及其他融资性担保业务、监管部门批准的其他业务、债券担保、诉讼保全担保、投标担保、预付款担保、工程履约担保、尾付款如约偿付担保等履约担保。

四、科技保险

科技保险，是指对科技企业或研发机构在研发、生产、销售、售后以及其他经营管理活动中，因各类现实面临的风险而导致科技企业或研发机构的财产损失、投入损失等，以及其对股东、雇员或第三者的财产或人身造成现实伤害而应承担的各种民事赔偿责任，由保险公司给予保险赔偿或给付保险金的保险保障方式。

从 2006 年 6 月，我国相继出台了《国务院关于保险业改革发展的若干意见》《关于加强和改善对高新技术企业保险服务有关问题的通知》《关于进一步支持出口信用保险为高新技术企业提供服务的通知》等相关政策，为科技创新提供风险保障。当前，我国科技保险产品正在逐步丰富。

五、科技租赁

科技租赁即科技融资租赁或科技金融租赁，两者在本质上是一致的。其中，融资租赁是指出租人按承租人设定的条件，向承租制度的供货人购买实物财产，并以分期偿还该财产全部或大部分购置成本为基础，向承租人收取租金的一种融资形式。当企业采用租赁方式筹集资金时，企业不是用自有资金或银行贷款购买设备，而是委托租赁公司根据企业要求和选择代为购入所需的设备，然后以租赁的方式向租赁公司租回设备使用，从而使企业达到融资的目的，是一种以"融物"代替"融资"、所有权和使用权分离，集物权与债权于一体的新型投融资模式。虽然其主要表现方式为设备租赁，但本质上是一种为科技型中小企业融资的方式，解决了它们的融资难题。

融资租赁具有传统科技信贷所不具备的优点，如门槛低、效率高等，在西方发达国家科技型企业的融资中占有重要地位。

第五节　科技金融服务平台

科技金融服务平台是指连接科技金融供给方和科技金融需求方的各种机构，主要分为综合平台和专业平台两类。综合平台是指为某一区域内的科技金融供给方和科技金融需求方提供信息支持和融资服务的机构；专业平台主要是指针对科技企业、科技项目或成果提供知识产权、天使投资、风险投资、保险、担保、评估、法律、财务和培训等一项或多项服务资源的经营机构。科技金融服务平台通过整合各方资源，推动金融机构之间创新业务合作模式，围绕高科技企业发展阶段不同的融资需求提供"全过程"综合服务，可以在一定程度上缓解高新技术企业融资难问题。

在广义上，科技金融服务平台还包括技术中介系统和融资中介系统。其中，技术中介系统在技术转移的融资中也发挥着连接科技成果研发部门、科技型企业和金融机构的重要功能。

一、科技金融服务平台的发展

搭建科技金融服务平台，畅通金融机构与科技企业之间的信息渠道，是推进科技金融的重要手段。目前我国科技金融服务平台发展迅速，包括政府部门、金融机构、新型科技企业孵化器、创业主导型投资协会等机构都在快速推进科技金融平台建设，成为促进科技金融工作的重要载体。

科技金融服务平台的服务内容包括但不限于通过举办各类科技与金融对接活动，促进政府、金融机构、中介机构与小企业的信息交流和对接。同时，通过对各类金融产品和服务进行跟踪和管理，发布各类研究报告、专题报告，为政府、企业和金融机构提供融资培训、信用评价、决策咨询等服务，促进科技与金融的紧密结合。

近年来，科技金融服务平台有互联网化的趋势。一些科技金融服务平台，注重运用互联网技术打造全方位、多元化、一站式的综合服务平台，推动线上线下同步运转，提高了平台的服务能力。通过互联网技术降低企业的信息成本和时间成本，将平台各项业务进行信息化流程再造，不仅可以有效降低科技企业融资的信息成本，而且可以为科技企业融资提供便捷的渠道，提高了服务效率。

二、科技金融服务平台运营模式

按运营主体可以将科技金融服务平台分为政府引导模式、企业主导模式和金融机构主导模式。

（一）政府引导模式

政府引导模式是指在政府部门的推动下建设的公益性科技金融服务平台。如北京市科委积极推进"前孵化"运营服务平台、首都科技大数据平台，向金融机构开放信息科技数据资源，通过实施无偿资助、风险补偿、股权投资、资本金注入等多种举措，构建从"原始创新""知识产权"到成果应用的科技金融培育链条。

（二）企业主导模式

企业主导模式是由企业发起和运作的科技金融服务机构，其特点是拥有较丰富的企业数据库，服务更专业化。通过不断优化数据库信息、整合资源，从而增强协同效应、促进科技融资活动；另外也缓解了融资需求者与资金供给者之间的信息不对称问题，提高了科技金融服务的效率。

（三）金融机构主导模式

金融机构主导模式的特点是以金融机构自身作为融资平台，主导展开与其他中介机构、创业投资机构及政府部门的合作。目前，北京金融控股集团推出的小微企业综合金融服务平台，为科技型中小企业发挥了积极的融资促进作用。

近年来，北京地区涌现出许多社会机构发起的"孵化+创投"的新型创业孵化机构，如创业公社、创新工场等。这些机构发挥着重要的科技金融服务平台功能。创业投资与孵化服务紧密结合，除了融资，还提供经营管理、市场拓展等方面的服务，创业成功率明显提高。社会化科技金融的服务体系有力地促进了中小企业的成长和创新型城市的建设。

第十一章
技术交易商务策划

技术交易离不开商务策划。切实可行的商务策划，是成功促成科技成果转化和技术交易的重要基础和前提。当前，商务策划已经发展成为一个专门的学科。本章重点介绍商务策划的概念、特征，开展商务策划所应坚持的原则，以及开展技术交易商务策划注意的重点事项。

第一节 商务策划概述

凡事预则立，不预则废。完美的概括了商务策划的关键作用。商务策划，从本质上讲，它是制订一种可执行的商业计划。

一、商务策划概念

商务策划，可以理解为对商务活动进行策划。要对商务策划有一个较为全面和准确的把握，有必要对策、划、策划及商务进行深入了解。

（一）策划

策划，即"策"和"划"。

"策"，古代的一种马鞭子，头上有尖刺。后来逐步引申出更多的含义。作为动词使用时，意为鞭打，例如"策马扬鞭""鞭策"，进而再引申出激励、促动的含义，例如"策动"。当名词用时引申为计谋、主意、办法，例如"献策""决策""政策"。

"划"的本意是以桨拨水使船前进，例如"划船"；也有合算的意思，例如"划得来"；此外还指猜拳行酒，如"划拳"；也有擦掠、摩擦、抹拭的意思，例如"划火柴"；还有分开、分界的意思，如"划定界线"，例如《左传·襄公·襄公四年》："芒芒禹迹，划为九州。"

"策划"中的"划"是指设计、筹谋、筹划、计划等行为。在古语中，"划"的通假字是"画"。例如《史记·荆燕世家》："齐人田生游，乏资，以画干营陵侯泽。"大致意思是说：高后当政时，齐人田生出游在外缺少旅费，就通过献计来向营陵侯刘泽求助。

策划一词最早出现在《后汉书·隗嚣传》："夫智者骛危思变，贤者泥而不滓，是以功名终申，策画复得。"大致意思是说：正是由于智慧的人在面临危机的时候，也能够思虑变通之法，贤能的人处于淤泥一般的环境中也能够不被玷污，他们最终才功成名就，施展智谋才能。《文选·晋纪总论》有如下记载："魏武帝为丞相，命高祖为文学椽，每与谋策画，多善。"大致意思是说，魏武帝（曹操）还在做汉朝丞相的时候，任命高祖（司马懿，其孙司马炎称帝后，追尊司马懿为宣皇帝，庙号高祖）为文学椽（一种官职）。每当曹操与司马懿讨论、谋划的时候，司马懿都会有很多好的建议。

到了现代，日本策划家和田创指出：策划是通过实践活动获取更佳效果的智慧，它是一种智慧创造行为；美国哈佛企业管理丛书则认为：策划是一种程序，"在本质上是一种运用脑力的理性行为"；更多人说策划是一种对未来采取的行为做决定的准备过程。

归纳起来，策划，指积极主动地想办法，定计划。它是一种策略、筹划、谋划或者计划、打算，是个人、企业或其他组织为了达到一定的目的，在充分调查研究的基础上，遵循一定的方法或规则，对未来可能发生的事情进行系统、周密、科学的预测，并结合所要达到的目标制订可行方案的行为。

（二）商务策划

"商务"，广义是指一切与买卖商品、服务相关的商业事务，狭义是指商业或贸易。

关于"商务策划"，史宪文先生编著的 MBA 教材《现代企划》将其定义为：经济组织为了获得必要的竞争优势或最佳生存环境而采取的创新性或精密型决策思维方式。

还有一种观点认为：交换产生"商务"，竞争产生"策划"。商务是指一切以利益为目的、以交换为手段、以货币为表现的个人或组织活动。商务策划是以获得社会交换中的更多优势和利益为目标，通过创造性思维的有效整合，形成完整执行方案的过程。

综合起来看，商务策划就是对商业活动进行科学、合理的策划和安排，综合安排各种手段和策略，使商业活动取得理想的效果。也可以理解为：商务策划是以获得社会交换中的更多优势和利益为目标，通过创造性思维的有效整合，形成完整执行方案的过程。

二、策划的特征和原则

策划是基于已经掌握的信息，对未来的活动进行谋划。因此，策划至少需要具备如下五个特征：

一是具有一定的虚拟性。策划是基于所掌握的信息模拟未来操作，是在对已掌握信息进行系统分析的基础上，虚拟一个希望达到的目标，结合各种环境可能发生的变化，拟订可行的实现路径和操作策略，使得假设的结果变成现实。其中的一些环境变量是模拟出来的，具有一定的虚拟性。

二是需要具备一定的系统性。由于计划达到的目标需要通过一系列的活动来实现，所以，策划需要对现有的信息及未来可能发生的变化进行全面的分析，并对实现路径和操作策略进行系统的安排，以免顾此失彼、进退失据。

三是需要具有一定的超前性。目标的实现需要一定的过程，在这个过程中各种环境和因素可能发生变化。成功的策划，要有超前意识，综合考虑各种可能，并安排好相应的应对策略。

四是必须具有现实的操作性。策划是为了实施，为了达到目的，所规划的实现路径和实施策略应该是可行的。不具有操作性的策划没有现实意义。

五是还要具有一定的经济性。策划的原则之一，是要通过相对较少的投入取得相对更好的回报。如果为实现某个目标，策划所要投入的资源超过了目标实现后可能取得的回报，比如计划某项商业活动可能取得一亿元的经济回报，而策划投入生产、销售等活动所需资金超过一个亿，这样的策划只能放弃。

结合上述特征，在实践中，商务策划需要把握以下五个原则：

一是利益主导原则，即努力实现委托方的利益最大化。商鞅提出的变法目标是要实现秦国的富国强兵，所以才能打动秦孝公，使得其变法大计得以在秦国施行。

二是客观可行原则，即路径可行，便于操作。商鞅变法首先面临的是民众对国君言必行行必果的怀疑，商鞅策划的徙木立信，简单却有效，让民众坚定了支持变法的信念。

三是合法合规原则，即所规划的目标、路径和策略符合法律法规的相关规定，符合基本的商业习惯和商务礼仪。

四是整体策划原则，即综合考虑全过程进行全面而系统的分析和策划，不可顾此失彼。

五是随机制宜原则，即考虑潜在变量，针对可能发生的各种变化，谋划好相应的应对策略，实现灵活变通。

三、策划的重要性

（一）策划是活动得以顺利开展的重要前提

《礼记·中庸》中有这样的描述："凡事豫则立，不豫则废。言前定则不跲，事前定则不困，行前定则不疚，道前定则不穷。"大致意思是说，凡事有预先谋划就容易成功，没有就容易失败。说话事先想好就不会语塞，做事事先想好就不会感到困难。行动之前事先想好就不会内心不安，实行中庸之道先有准备，就不会陷入绝境。从这里就能看出策划的重要性。

历史上著名的商鞅变法，采取了"为田开阡陌封疆"等一系列的改革措施，其目的是发通过在秦国变法，发展经济和增强军事实力。但废除世卿制和井田制，即所谓的施行军功授爵、中央集权和授田于民等措施，必然会引起社会各阶层的变化，不可避免的会触动旧贵族的利益，进而面临巨大的阻力。为此，商鞅努力争取秦孝公的绝对支持，并与秦孝公针对国情谋划各种对策，并策划了"立木为信"等一系列争取民众信任的措施，最终让变法在秦国得以成功贯彻。

此外，诸葛亮之所以能辅佐刘备在蜀地建国，三分天下得其一，以《隆中对》为代表的成功策划功不可没。毛泽东同志在《论持久战》中谈道："凡事预则立，不预则废"，没有事先的计划和准备，就不能获得战争的胜利。这体现出毛泽东同志对策划工作的高度重视。

（二）技术交易商务策划的作用

技术交易与成果转化被持续强调了很多年，一方面说明其重要性，另一方面也反映出它的艰难程度。一般来说，成果转化"难"的原因体现在以下几个方面：

一是转化方式多。成果转化和技术交易不是简单地将技术从甲方卖到乙方，包含了转让、许可、作价入股、委托研发、联合开发、企业并购等多种形式。

二是时效性较强。英特尔创始人之一戈登·摩尔总结出一个规律：集成电路上可以容纳的晶体管数目在大约每经过18个月便会增加一倍，换言之，处理器的性能每隔两年翻一倍。这个规模被命名为摩尔定律，说明技术在不断更新，且更新速度很快。一项技术，如果不能及时转化，很快就会因为不再能保持领先而失去转化的意义。与此同时，知识产权也存在保护期的限制。

三是政策影响大。国家、地方和行业主管部门在资产评估、国有资产管理、税收政策等方面的调整和变化都可能对成果转化与技术交易产生重大影响。

四是制约因素多。技术成熟度、融资能力、上下游产业衔接、交易双方的诚信问题等，都会影响成果转化和技术交易的进程。

五是周期较漫长。一个成果转化与技术交易项目，从开始的接触、谈判、价值评估、合作方式的确定，再到合作内容的具体实施，往往要经历较为漫长的时间。

六是面临难度大。成果转化和技术交易项目不可避免地会面临技术风险、市场风险、法律风险、政策风险等诸多风险因素的制约。

综上所述，技术交易和成果转化面临的困难因素很多。也正因为如此，合理的技术交易商务策划显得尤其重要，它既是交易成功的重要保证，同时是提升成果转化水平的有效途径。

2010年，中国技术交易所与中科院计算所合作，成功开展专利拍卖活动，首场拍卖活动推出69项专利和专利包，成交28项、成交率41%、成交额256万元。拍卖活动的成功举办，与前期在项目筛选、评价估值、决策机制、潜在意向受让方的研判与推广方式、拍卖过程的组织等方面的周密策划密不可分。

第二节 技术交易商务策划的主要内容

策划首先必须明确要解决什么问题，即：为谁、针对什么事项（或标的）、为了达到何种目的、通过何种路径、采取哪些措施、可能遇到哪些困难和风险并如何应对。以前面所提到的商鞅变法为例（表 11.1）。

表 11.1 商鞅变法

谁	为谁	何种环境下	什么事项	何种目的	什么路径	哪些措施	潜在困难和风险	应对策略
商鞅	秦国（秦孝公）	东方六国陆续变法并日益强盛秦国屡战屡败、秦献公战死并面临灭国风险	国政	富国强兵	变法	奖励军功、废井田开阡陌、统一度量衡等	民众顾虑、人才不足、老氏族反对等	争取秦孝公的绝对信任和支持、徙木立信、起用青年人才、组织护法军等

如表 11.1 所示，商鞅为秦国秦孝公的国政进行策划，为了达到富国强兵的目的，选择变法的方式，其策划是针对秦国国政，目的是富国强兵，通过变法的路径，计划采取奖励军功、废井田开阡陌、统一度量衡等措施，并针对潜在的民众顾虑、老氏族反对等困难和风险，设计了争取秦孝公的绝对信任和支持、徙木立信、组织护法军等化解方法。

具体到技术交易与成果转化方面的商务策划，同样是要明确需要解决什么问题、如何解决（表 11.2）。

表 11.2 技术交易策划

谁	为谁	何种环境下	什么事项	何种目的	什么路径	哪些措施	潜在困难和风险	应对策略
技术转移服务机构或个人	院所、高校、企业、其他组织或个人	产业环境法律法规政策导向等	成果转化或技术交易	技术成果的转化应用，获取收益	转让许可作价出资入股委托研发技术咨询技术服务企业并购等	成果分析产业分析竞争分析评价估值路演推介过程管理等	国有资产流失嫌疑市场风险政策风险法律风险诚信风险技术风险等	规范操作市场化定价市场、政策、法律、诚信、技术等方面的应对策略

从表 11.2 可以看出，成功的成果转化或技术交易商业策划，需要从多个方面进行研究分析，并给出系统、可行的解决方案。其中，尤其重要的几点，一是适应客户的特点、诉求和规范性要求；二是把握项目的特点及其交易（或转化的）一般规律；三是选择合适的交易（转化）方式；四是寻找合适的买方（转化承接方或合作方）。

本节重点从上述四个方面进行分析，供读者参考。

一、分析客户特点和需求

不同的客户有不同的诉求和规范性要求。从转让方（成果持有方）的角度看，主要分为国有企业、高校院所、非国有企业、个人等四大类；从受让方（成果需求方或委托研发需求方）角度看，主要是企业（包括国有或非国有企业）。

（一）客户需求分析

1. 企业

企业作为供给方时，核心技术一般是自行实施且需要加以保护；如有技术转让需求，以外围专利居多；遇到企业转型需要处置技术类资产时，也以转让为主；研发型企业的技术输出日益强劲。

企业作为需求方时，可能需要引进新的科研成果，或是通过委托研发、联合开发等实现技术升级；也可能需要利用知识产权作为质押物获取质押融资；目前新增了知识产权证券化的融资方式。也可以进行交叉许可，或是需要构建专利池。

不仅如此，企业也会存在阶段性的个性化需求，例如专利导航、侵权维权等，以及为解决激励机制问题，需要进行股权激励，需要接受政策咨询、制度制定等服务。例如，2000年前后，联想集团提出要通过管理层持股方式解决长效激励问题；2009年中关村国家自主创新示范区将股权与分红权激励改革作为"1+6"措施中的首要任务，中国技术交易所作为支撑单位配合政府部门先后为104家试点单位提供股权与分红权激励改革方面的咨询服务。

2. 高校和科研院所

高校科研院所在技术交易中主要以供给方身份出现，需求包括政策咨询、方案设计、转让（或许可）、将成果作价出资到已有的科技企业、以成果作价出资与其他合作方合作设立新公司等，以及寻找合适的合作方开展合作，在各地区或高新区设立研究院、创设成果转化平台，实行股权激励等相关服务。

3. 个人

个人作为供给方的情况居多，他们通常希望转让其所持有的科技成果，多为非职务发明，且许可和作价入股的较少；少部分个人作为需求方寻找科技成果或知识产权来支持创业活动项目。

（二）客户的规范性要求分析

1. 国有企业

国有企业的资产处置需要根据《企业国有资产法》《民法典》《企业国有产权转让管理暂行办法》（国务院国资委、财政部第3号令）、《企业国有资产交易监督管理办法（国务院国资委 财政部令第32号）》（以下简称"32号令"）等文件的相关规定进行，规范性要求很高。根据相关规定，国有企业的产股权交易和增资扩股必须到指定的产权交易所公开进行，并且需要评估、备案。对于技术类无形资产的交易，暂时没有强制性进入公开市场进行的要求，但京津冀地区已在引导技术类无形资产进场交易。

关于国有企业性质的界定，32号令第四条明确规定如下。

本办法所称国有及国有控股企业、国有实际控制企业包括：

（一）政府部门、机构、事业单位出资设立的国有独资企业（公司），以及上述单位、企业直接或间接合计持股为100%的国有全资企业；

（二）本条第（一）款所列单位、企业单独或共同出资，合计拥有产（股）权比例超过50%，且其中之一为最大股东的企业；

（三）本条第（一）、（二）款所列企业对外出资，拥有股权比例超过50%的各级子企业；

（四）政府部门、机构、事业单位、单一国有及国有控股企业直接或间接持股比例未超过50%，但为第一大股东，并且通过股东协议、公司章程、董事会决议或者其他协议安排能够对其实际支配的企业。

对于企业国有资产交易行为的界定，32号令第三条规定如下。

本办法所称企业国有资产交易行为包括：

（一）履行出资人职责的机构、国有及国有控股企业、国有实际控制企业转让其对企业各种形式出资所形成权益的行为（以下称企业产权转让）；

（二）国有及国有控股企业、国有实际控制企业增加资本的行为（以下称企业增资），政府以增加资本金方式对国家出资企业的投入除外；

（三）国有及国有控股企业、国有实际控制企业的重大资产转让行为（以下称企业资产转让）。

归纳来说，国有企业资产处置的规范性主要体现在以下几个方面。

一是必须评估；

二是必须到国资监管部门选定的产权交易场所公开交易；

三是在交易场所挂牌时间不得少于 20 个工作日；

四是挂牌时所披露信息中对意向购买人的资格要求不能带有明显的歧视性要求和具体指向性描述；

五是首次挂牌价格不能低于评估值（挂牌满一个周期没人响应可降价 10% 重新挂牌）；

六是成交价格不得低于挂牌价。

2. 高校和科研院所等事业单位

高等院校和科研院所等事业单位的资产处置需要根据《促进科技成果转化法》《民法典》、财政部国有资产管理文件、主管部门（教育部、工信部等）等部门的政策性文件要求规范进行。

（1）事业单位。根据《事业单位登记管理暂行条例》的有关规定，事业单位是指"国家为了社会公益目的，由国家机关举办或者其他组织利用国有资产举办的，从事教育、科技、文化、卫生等活动的社会服务组织。"事业单位依法举办的营利性经营组织，"必须实行独立核算，依照国家有关公司、企业等经营组织的法律、法规登记管理。"

（2）事业单位的特点。一般来说，事业单位以从事社会公益活动为主。事业单位不从事商品生产经营活动，不以营利为目的。虽然有些事业活动可以取得一定的收入，但其并不以营利为目的。事业单位拥有独立的财产和经费，可以通过国家财政拨款取得经费并且独立支配，作为其从事民事活动的物质基础。事业法人是依据法律或行政命令设置，具备法人条件的事业单位，依法不需办理法人登记的，从成立之日起具有法人资格；依法需要办理法人登记的，经核准登记，取得法人资格。通常所说高等院校和科研院所，大部分属于事业单位性质，也有少部分科研机构经改制后转变为企业法人。

（3）事业单位成果转化和技术交易的规范要求，主要包括《促进科技成果转化法》《实施〈中华人民共和国促进科技成果转化法〉若干规定》（国发〔2016〕16 号）、《促进科技成果转移转化行动方案》（国办发〔2016〕28 号）、《赋予科研人员职务科技成果所有权或长期使用权试点实施方案》（国科发区〔2020〕128 号）等文件。

3. 非国有企业与个人

非国有企业和个人，相对来说最为灵活，没有强制进场交易的要求。但若为拟上市企业，其资产处置行为则需要根据企业申请上市的相关要求规范进行，并且此类企业在规范以及信息披露方面的要求很高。此外，尽管灵活性较大，但当其作为交易主体时，仍需遵循《合同法》《民法典》等法律法规的相关规定，且商业信用仍然是不可忽视的要素，商业贿赂行为同样被禁止。

（三）从各类主体的成交情况看

近年来，企业作为技术交易的最大输出方和最大吸纳方的双向主体地位不断突显。2019 年企业法人共输出技术 321 777 项，成交额为 20 494.0 亿元，占全国技术合同成交总额的 91.5%。高等院校输出技术 102 352 项，成交额为 592.9 亿元，占全国技术合同成交总额的 2.65%；科研机构输出技术 45 140 项，成交额为 820.6 亿元，占比 3.67%。[①]

二、把握标的特点和规律

（一）从标的登记属性看

从科技部火炬中心发布的统计数据来看，知识产权类技术合同成交额快速增长。2019 年我国涉及知识产权的技术合同 167 463 项，成交额为 9 286.9 亿元，同比增长 137.7%，占全国技术合同成交

---

① 全国技术市场 2019 年度统计报告.

总额的 41.5%。其中，技术秘密合同 87 763 项，成交额为 4 673.2 亿元；计算机软件著作权合同 49 602 项，成交额为 1 202.8 亿元，同比增长 36.8%；专利技术合同 21 804 项，成交额为 3 085.8 亿元，同比增长 47.3%。

(二) 从标的行业属性看

2019 年电子信息、城市建设与社会发展、先进制造领域的数据显示，电子信息技术成交金额 5 636.7 亿元，同比增长 25.1%，占比 25.17%；城市建设技术合同成交额为 4 206.6 亿元，同比增长 56.7%，占比 18.78%；先进制造技术成交额为 2 951.7 亿元，同比增长 18.5%，占比为 13.18%。新能源与高效节能领域技术合同成交额增幅最大，为 82.7%。

相对来说，不同领域的科技成果在转化方式选择上略有不同。例如生物医药类项目周期长，转化过程相对复杂，可采用作价出资入股等多种转化方式；软件著作权类操作则相对简单，多采用许可等方式。

(三) 如何判断行业的发展前景

一般来说，判断行业的发展前景是一个相对复杂的工作，专业性要求很高。除了从专业角度进行分析外，也可以从研发强度中找规律。根据"销售与采购联盟"统计，相关行业 2015—2017 年研发投入增幅如下：

非矿业金属制品业	30.69%
汽车制造业	28.80%
农副食品加工业	27.13%
橡胶和塑料制品业	26.63%
计算机通信电子制造业	24.27%

具体而言，一个行业有无持续的研发投入增长，可以作为行业发展判断的重要参考依据。当然，在实际工作中，还需要综合各类因素，并且结合自身优势进行选择。

三、把握交易（转化）方式

科技成果转化和技术交易的方式会直接影响效果，因此需要对成果转化和技术交易的各种形式和定价方法进行深入的了解，以便于在技术交易商务策划过程中灵活运用。《促进科技成果转化法》明确规定，科技成果可以通过自行转化、和他人合作实施转化、转让、许可、作价出资入股或其他方式进行。

(一) 科技成果转化的几种常用方式

1. 转让

所有权转移的成果转化模式，能够实现科技成果所有权、使用权、收益权和处置权全部从转让方转移到受让方，转让方获得现金收入，与受让方不形成股权关系。

案例一：前面所述的中科院计算所专利拍卖活动成交的 28 个专利项目，就是转让的模式，实现了专利技术所有权、使用权、收益权和处置权向受让方的全部转移。

2. 许可

专利许可是指专利权人将其所拥有的专利技术许可他人实施的行为。在专利许可中，专利权人成为许可方，允许实施的人成为被许可方，许可方与被许可方要签订专利实施许可合同。这种合同只允许被许可方实施许可方的发明创造专利技术，而不转移许可方的专利所有权。

按照许可范围及实施权大小，专利许可可以分为独占许可、排他许可、普通许可、交叉许可和分许可等多种方式。

- 独占许可，是指许可方规定被许可方在一定条件下独占实施其专利的权利，这种许可的特点是许可人本人也不能使用这项专利，同时也不能向任何第三方授予同样内容的许可。

- 排他许可，是指许可人不在该地域内再与任何第三方签订同样内容的许可合同，但许可人本身仍有权在该地域内使用该项专利，这种许可也称独家许可。
- 普通许可，也称非独占性许可，它是最常见的专利许可方式，即许可人在允许被许可人使用其专利的同时，本人仍保留着该地域内使用其专利的权利，同时也可以将使用权在授予被许可人以外的第三人。
- 交叉许可，也称互惠许可或相互许可，是指当事人双方相互允许对方使用各自的专利。
- 分许可，也称再许可、从属许可，指原专利许可合同的被许可人经许可人的事先同意在一定的条件下将专利权或者其中一部分权利在授权给第三方在一定条件下使用。未经许可人事先同意，被许可人无权与任何第三方签订分许可合同。

相对转让而言，许可方式中标的物的所有权不发生转移，仅授权被许可方使用。此外也有一些机构在做份额化许可的尝试，目前快速发展的知识产权证券化业务，有的项目通过专利的二次许可进行。

案例二：山东理工大学毕玉遂团队发明的"聚氨酯化学发泡剂"技术，向淄博补天新材料技术有限公司授权独占许可，许可费5.2亿元，其中80%归研究团队。

案例三：中科院某所"车辆信息安全检测系统"许可挂牌交易项目。该所针对车辆通信系统、网联系统检测与评估的实际需求，开发了"车辆信息安全检测系统"。该系统作为一体化防护平台，可对国内外各大车系、各种品牌的车型进行信息安全检测与排查，为车辆提供信息安全保障。为实现"车辆信息安全检测系统"的许可转化，该所将该项目在中技所公开挂牌，征集意向合作方，挂牌价格400万元。在项目挂牌期间，中国技术交易所共征集到两家意向被许可方，通过组织竞价，某安全技术有限公司以1 000万元成交，较挂牌价格增值150%。

3. 作价出资折算为股份或出资比例

作价出资入股是指所有权、使用权、收益权和处置权全部从甲方转移到乙方，甲方获得乙方一定比例的股权（股份），成为乙方股东的一种转化模式。2009年中关村"1+6"政策实施，在政策推动下，首批股权激励改革试点单位中有7家院所以科技成果作价入股，并以一定比例的股权奖励科技人员。

案例四：中国地质大学（武汉）首批22个专利项目在中技所挂牌，以作价出资方式进行交易，成交额8 948.17万元，这批项目转入工业技术研究院实施转化，地质大学获得相应比例的工业技术研究院股权。

案例五：交通运输部某研究所科研成果作价出资挂牌交易项目。该项目是一项排水沥青路面与钢桥面铺装相关技术，能显著提升雨天行车的安全性、舒适性，并可降低交通噪声，广泛用于各级公路、旅游公路、市政道路、特种路面、园区道路和专用车道等。该项目在中国技术交易所公开挂牌期间，征集到意向投资方，并采用协议成交方式完成交易，作价4 889万元，对应新成立公司55%股权。根据该研究所股权激励方面的设计方案，将所获股权的60%奖励给科技成果完成人。

案例六：归国项目作价出资，吸引投资人现金出资共同组建新公司的成果转化模式。某留学生归国创业企业，主做高温超导线材产业化，其以股权融资方式，获得现金投资3 000万元，注册3 000万元，其中技术团队占股70%。该项目入选当年全国十大科技新闻，企业负责人作为中关村创业企业代表参加国家领导人接见活动，最终实现产业资本收购退出。

4. 其他方式

除以上三种方式外，《促进科技成果转化法》还明确了自行投资实施转化、与他人合作实施转化、协商确定的其他方式等，在实践中可以根据实际情况灵活选择。

（二）从2018年成果转化概况看方式选择

根据《中国科技成果转化年度报告2019》发布的数据，2018年度全国3 200家高校院所通过转让、许可、作价入股三种进行科技成果转化所涉及的项目数为 11 302 项、成交额 177.3 亿元、过亿元项目 30 项；新参股和创新型公司 2 155 家。其中中储国能（北京）技术有限公司的成果转化项目成交金额 17.5 亿元，为单一项目成交额最高的项目；上海大学小分子抗肿瘤药物开发项目成交额 8.19 亿元。根据统计，作价出资项目成交均价是转让项目成交均价的 23 倍、许可项目成交均价的 11 倍。可见，作价出资项目平均成交价格大幅度高于转让项目和许可项目。

（三）其他探索

1. 孵化投资模式的探索尝试

案例七：基于许可的"EIT 新型脑部电阻抗动态图像监护仪项目"（简称"ETI 项目"）孵化投资模式。2009 年 11 月 12 日，在北京市专利技术交易大会开幕式上，由第四军医大学、易布客公司和中技所三方达成协议，以专利普通许可交易方式，承接第四军医大学的 EIT 项目科研成果产业化工作。为使 EIT 项目尽早实现产业化目标，满足临床需求，中技所与第四军医大学、EIT 项目主要研发人员以及相关投资机构一起经过缜密设计，摸索出了一套具有"交易所特色"的技术转移创新服务模式：即由第四军医大学向易布客公司实施专利技术许可，易布客公司向第四军医大学支付专利技术使用费（包括入门费、里程碑付费以及技术产业化上市后的销售提成等）。在此过程中，中技所为第四军医大学提供第三方监管和资金结算服务；另一方面易布客公司在进行 EIT 技术产业化的不同阶段如有资金需求，均委托中技所为其提供融资服务。

在 EIT 项目的整个实施过程中，中技所不仅为专利实施许可提供无形资产评估、入股和第三方结算服务，还为易布客公司进行 EIT 技术产业化提供阶段性融资等全程服务。EIT 项目是中技所创新技术交易模式、引入专业技术投资机构承接专利技术项目进行投资孵化的经典案例。中技所从技术、产权、金融三个维度，创造性地突破了中国技术交易链条中的薄弱环节，把技术持有者、转化投资者和交易服务三方有机结合在一起。该项目被《科技日报》以"可贵的中国第一"为题进行专题报道。

2. 江苏产业技术研究院

江苏省产业技术研究院（以下简称"江苏产研院"）成立于 2013 年 12 月，作为科技体制改革的"试验田"，定位于科学到技术转化的关键环节，通过切实遵循技术创新的市场导向机制、从创新资源的供给和市场需求的征集两端精准发力，建立以市场为导向、企业为主体、产学研用深度融合的产业技术创新体系。建院以来，已在先进材料、能源环保、信息技术、装备制造、生物医药等五大领域布局建设了 55 家专业研究所，拥有各类研发人员约 8 000 人，聘请 154 位顶尖人才担任项目经理搭建研发平台或实施重大项目，通过"JITRI 研究员"计划引进 131 位高层次研发、管理人才开展技术研发或成果转化；在产业孵化方面，累计衍生孵化 800 家科技型企业，转化 4 500 多项科技成果，服务企业累计超过 15 000 家，实现研发产业产值 200 亿元。

3. 北京协同创新研究院

北京协同创新研究院由北大、清华等 13 所大学联合创建，致力于构建全球化的"技术研发、产业发展、人才培养"三位一体协同创新体系，围绕现代制造、光电子、新能源、医疗器械、生物医药、环境保护等 6 个重点领域。在若干国内外著名大学设立联合实验室，研究前沿技术；同时自建工程实验室，组建专职工程技术团队，与大学联合研发工程技术；面向全球主要创新创业地区，通过技术入股组建公司、技术转让或许可等形式，推动成果产业化。此外，该机构还组建了知识产权基金支持科研，组建转化基金支持产业化。每年实施约 50 项世界先进水平的科研项目，转移转化项目约 30 项，组建创业公司约 20 家，培养创新创业研究生约 200 人。

（四）与成果转化相关的其他活动

以下行为，与科技成果转化密切相关：

一是企业并购的技术转移模式。企业瞄准科技企业的成果与研发实力，以收购的方式实现技术转移。

二是委托开发的技术转移模式：企业通过委托条件支撑平台、开放实验室、研发企业进行技术开发并实现技术转移。

三是知识产权证券化。通过发行知识产权证券化产品进行融资，支持科技企业的科技成果产业化活动活动。

四是自行转化。企业开展自有科技成果转化，或是高校院所设立公司进行成果转化。

五是企业内设创业孵化平台。一些企业成立孵化平台，鼓励员工携带成果创立公司，公司创造创业环境并给予相应支持，并在新公司占有一定的股权。

四、小结

总而言之，科技成果转化是多渠道和多方式的，每种渠道和方式都各自有不同的特点，在开展技术交易成果转化的商务策划过程中，思路要开阔，方式可灵活。

第三节 技术交易商务策划的注意事项

策划方案是否可行，是服务技术交易（成果转化）的关键。提升技术交易（成果转化）的商务策划能力，除了关注前面所述的客户需求分析、监管要求、方式选择等内容外，还需要注意以下几个方面的问题。

一、关注领域分布广的特点并培养自身专业能力

科技成果转化涉及的领域较为广泛，生物医药、信息产业、现代农业、新材料、新能源等各个领域的科技成果转化，既有共同点，也有各自特色，各个领域对成果转化方式的偏好也有所不同，例如生物医药类项目偏向于作价出资，信息化类则是转让许可偏多。有技术背景的人做技术经纪更有优势，很难想象，一个对生物医药行业并不熟悉的人，能做好做好生物医药类科技成果转化与技术交易项目的商务策划工作。所以，如果接到一个所不熟悉的领域的科技成果转化或技术交易项目，至少邀请懂行的人一起组队操作。

此外，深入了解全国产业分布情况，以及各行业代表性企业，对做好成果转化与技术交易的商务策划工作十分重要。各省市、各科技园区对不同的产业领域有不同的偏好，例如北京最关注生物医药、人工智能相关的信息技术，攀枝花重点发展钒钛产业，江西与包头的稀土产业有先发优势，怀安重点发展应急产业，山东东营与安徽安庆的石油化工行业基础较好，安徽亳州与江西樟树则以中医药相关产业见长。准确了解各地的产业优势与招商偏好，以及相应行业中的企业创新需求，便于更加精准地做好项目推介，提高成功率。

二、应用市场化定价机制而不是纠结于评估方法

技术交易和成果转化难是业内普遍的共识，而最突出的问题在于评价估值难。一些机构试图开发出专业、精准又能被通用的评估方法及其信息化管理系统，但难度很大。因为，对同一个商品，不同的人偏好不同、渴求程度也不同，同一个人在不同阶段对这个商品的渴求程度也不同，很难通过数学模型来对这些差异进行量化。

现有的可供选择的评价和估值方法很多，例如评估机构出具的评估报告、根据《科学技术研究项目评价通则》（GB/T 22900—2009）开展的先进技术成熟度分析、网上在线的评估系统，还有中技所推出的市场询价法、在国家知识产权局支持下研发的专利价值评价体系等，都可以借鉴和应用。

在成果转化与技术交易的商务策划过程中，关于定价方式的选择，可以参考以下几点建议。

（一）评估不再是必需的程序

以历史的眼光来看，在任何现代化的严谨的评估办法出台之前，人类社会的交易行为早已经历了数千年的发展。即便是到了现代，不用未来收益折现法或是重置成本法，陕西的乡党通过"袖口议价"的方式，就可以顺利交易牲畜、玉石和其他商品。

从政策导向方面看，2019年实施的财政部《事业单位国有资产管理暂行办法》（财政部令第100号），明确了技术交易不再要求必须评估。

（二）评与不评看要求和目的

（1）评还是不评，主要看监管部门的要求。修订后的《促进科技成果转化法》不再有强制性的要求。在实践中，评估还是不评估，一要看持有方主管部门的要求，二要看工商部门的需要。但若参与方有到证券市场上市的计划，建议进行评估，且需要由具备证券从业资格的机构进行评估。

（2）选择何种评估方法要看目的。若项目仅作为出资或转让，则选择侧重定量的评估方法，重点关注具体的价格；若项目涉及知识产权经营，则需要对进行全面综合的评价，除了价格因素外，还需要从法律状态、技术成熟度等方面进行综合判断。

（3）如果成果转化与技术交易行为涉及企业国有资产处置问题，建议按照企业国有资产管理方面的文件要求进行评估，并到国有资产监督管理部门选定的交易场所进行公开交易。

（三）市场化定价机制已受到广泛的认可

2010年以来，中国技术交易所在全国推出专利拍卖、科技成果挂牌交易、评估结果与成交信息公示业务以来，市场化定价方法逐渐为市场参与各方所接受。2013年、2014年先后出台的"京校十条"和"京科九条"规定，通过拍卖、挂牌交易、协议成交并进行成交信息公示的，不再履行复杂的审批流程。2015年新修订出台的《促进科技成果转化法》第十八条规定：通过转让、许可、作价入股进行成果转化的，通过在拍卖、在技术市场挂牌交易、协议成交公示成交信息的方式确定价格。

三、掌握股权激励前置化趋势激发科技人员积极性

能否充分调动科技人员的积极性，是制约科技成果转化和技术交易成败的关键因素之一。通过股权与分红权激励方式，让科技人员分享科技成果转化与技术交易的成果，可以让科技人员更有获得感，更有积极性去开展科研和支持科技成果转化活动。早在2000年前后，联想集团已开始这方面的探索，柳传志曾说，联想之所以能走到今天，和当年努力争取管理层持股35%密切相关。2009年以来，中关村国家自主创新示范区"1+6"政策中的股权激励加大了股权比例，并扩大了范围。《促进科技成果转化法》出台后，进一步提高了股权激励的力度。

在此基础上，2020年科技部等九部门印发《赋予科研人员职务科技成果所有权或长期使用权试点实施方案》对开展赋予科研人员职务科技成果所有权或长期使用权试点作出全面部署，有利于进一步加大对科技人员的激励作用。建议在成果转化和技术交易的商务策划过程中加以灵活应用。

四、重视成果转化的规范性要求，保护客户和自己

近几年来，社会上陆续出现一些成果转化过程中涉嫌国有资产流失的诉讼案件，成果转化合作各方之间的纠纷也屡见不鲜。一般表现为成果持有方提交的成果不真实、合作方承诺的出资不到位或其他条件不能满足需要、接受委托开发的任务不能按时交付等情况。作为中介的科技成果转化服务机构或人员，如果专业能力不强，或相关规范性要求把握不到位，可能连累客户，也可能被客户连累，为双方带来不必要的麻烦。

尤其是涉及国有资产处置的科技成果转化与技术交易项目，规范操作是重要前提。国有资产处置，并形容为"质疑起来很容易、辩解起来很困难。"规避风险的可行方式，便是用公开交易的方式确保规范和免责。

在开展成果转化和技术交易的商务策划过程中，要增强风险防范意识。在实际操作中，建议关注以下几个方面。

一是规避法律风险。严格遵守《民法典》《公司法》《促进科技成果转化法》以及国有资产管理方面的法律、法规和政策性文件的相关规定。

二是规避技术风险。要对客户科技成果的先进性和成熟度、真实性有准确的判断。

三是规避市场风险。要开展尽职调查，关注交易参与各方的实力及诚信记录等信息。

四是规避连带责任。要时刻牢记，技术经纪机构或技术经纪人，需要准确定位于中介的角色，别乱拍胸脯、别轻易承诺连带的担保责任。

综上所述，对策划的合法合规性应加以重视，对交易行为合法有效性、交易合同履约规范性等应加以重视，对可能产生的法律风险、技术风险、市场风险、履约风险等要有相应的应对措施。

五、善于通过整合资源和渠道来提高成功率

技术经纪，其本职是服务科技创新，服务科技创新资源与其他要素资源的优化重组，促进技术研发能力与优质科技成果转化为现实的产品或服务，转化为现实的生产力。

在新时代，创新的特点是开放式创新，我们理应通过开放式合作的思维来服务开放式创新。要素资源的流动重组有三跨的特点：跨地区、跨行业、跨所有制结构。

任何机构和个人都可能形成自己的特点和优势，但也难免有自身的局限性。在服务开放式创新的路上，谁掌握了更广阔的渠道、更丰富的资源、更实用的经验，谁就更可能在开展技术交易商务策划的过程中得心应手，在服务技术交易和成果转化方面提升效率。

因此做好科技成果转化与技术交易的商务策划，坚持开放性思维和开展开放式合作十分重要，可以有效提高成功率。2019年以来，北京技术市场协会陆续组织优质的技术经纪机构和技术经纪人到中国技术交易所开展业务，就是增进合作、通过协同提高成果转化与技术交易效率的有益尝试。

综上所述，技术交易商务策划，是针对某个机构或个人的科技成果、研发能力、技术需求或其他需求，规划好转移转化路径和相应的措施，实现利益最大化的目标。要做好技术交易商务策划工作，需要我们提高专业能力、增强服务意识、开拓工作思路、加强风险防范，并增进交流合作。只有这样，才能采取科学有效的措施，才能提高交易效率，提升服务品质，才能推动成果转化与技术交易工作的顺利开展。

第十二章
实务技能——技术合同认定登记

第一节 技术合同认定登记

技术合同认定登记是指依据国家《技术合同认定登记管理办法》设立的技术合同登记机构对当事人申请的合同文本所涉及的技术内容进行形式审查,是否符合《中华人民共和国民法典》相关要求,并予以认定登记的专项管理工作。

技术合同登记机构应当对申请认定登记的合同是否属于技术合同及属于何种技术合同作出结论,确认技术合同的成交额及其技术交易额。

技术合同认定登记涉及的基本概念如下所述。

（一）主体

依法订立的技术开发合同、技术转让合同、技术许可合同、技术咨询合同和技术服务合同的主体包括自然人、法人和非法人组织。

（二）技术

世界知识产权组织（WIPO）对技术的定义："技术是指制造一种产品或提供一项服务的系统知识"。

（三）技术商品

技术商品是指以交换为目的的技术产品。它是一种特殊的商品,即知识形态商品或包含知识形态实物。

（四）技术交易

1. 技术交易

又称技术贸易。是指将制造某种产品、应用某种工艺或者提供某种服务的系统知识从技术供给方向技术需求方转移,包括科技成果、信息、能力（统称技术成果）的转让、移植、引进、交流和推广。

2. 技术交易方式

主要包括以下几种。

（1）许可贸易。许可贸易是指拥有专利权、商标权或专有技术的一方（许可方）向被许可方授予某项专利,技术交易方式允许其通过支付一定数额的报酬取得这项专利的使用权、产品制造权和销售权的一种交易方式,被许可方在使专利的同时,还必须承担技术保密等义务。许可贸易是国际技术转让活动中最广泛和最普遍的交易方式。

（2）技术咨询服务。技术咨询服务是指一方利用自己的技术,包括雇用的技术人员、技术设备和技术资料等,给另一方提供技术支持,技术交易方式协助其完成某项特定的技术任务,并以此获取一定报酬的一种交易方式。

（3）合作生产。合作生产是指不同国家之间的两个以上当事人，根据所签订的合同相互配合、共同合作研究、生产或联合设计某种产品的一种经济合作和技术转让相结合的交易方式。合作生产的方式多种多样，技术交易方式并且是不断变化的，究竟采取何种方式主要取决于合作者的政治、经济、技术条件和彼此的愿望。

当然，技术交易方式除了以上几种主要方式外，技术交易方式还有很多，如交钥匙合同、承包工程设施合同、特许专营等。

（五）技术合同

（1）技术合同是当事人就技术开发、转让、许可、咨询或者服务订立的确立相互之间权利和义务的合同。

（2）无效合同是指合同虽然已经成立，但因其违反法律、行政法规或者社会公共利益而被确认为不具有法律效力。

（3）无效技术合同包括：欺诈、胁迫、恶意串通、损害国家、集体或第三方人利益、合法形式掩盖非法目的、损害社会公共利益、违反法律、法规、非法垄断技术或者侵害他人技术成果、污染环境、损害资源、破坏生态、制毒、赌具、食品安全、淘汰技术等。

（4）技术合同分类：按照《民法典》技术合同分为技术开发合同（委托开发技术合同和合作开发技术合同）、技术转让合同（专利权转让合同、专利申请权转让合同、技术秘密转让合同、其他技术转让合同）、技术许可合同（专利实施许可合同、技术秘密实施许可合同、其他技术许可合同）、技术咨询合同和技术服务合同。

①技术开发合同是当事人之间就新技术、新产品、新工艺、新品种或者新材料及其系统的研究开发所订立的合同。技术开发合同包括委托开发合同和合作开发合同。

委托开发合同是一方当事人委托另一方当事人进行研究开发工作并提供相应研究开发经费和报酬所订立的技术开发合同。

合作开发合同是当事人各方就共同进行研究开发工作所订立的技术开发合同。

②技术转让合同是合法拥有技术的权利人，将现有特定的专利、专利申请、技术秘密的相关权利让与他人所订立的合同。技术转让合同包括专利权转让、专利申请权转让、技术秘密转让、其他技术转让等合同。

③技术许可合同是合法拥有技术的权利人，将现有特定的专利、技术秘密的相关权利许可他人实施、使用所订立的合同。技术许可合同包括专利实施许可、技术秘密使用许可、其他技术许可等合同。

专利权转让合同是指一方当事人（让与方）将其发明创造专利权转让受让方，受让方支付相应价款而订立的合同。

专利申请权转让合同是指一方当事人（让与方）将其发明创造申请专利的权利转让受让方，受让方支付相应价款而订立的合同。

技术秘密转让合同是指一方当事人（让与方）将其拥有的技术秘密权利提供给受让方，受让方支付相应使用费而订立的合同。

专利实施许可合同是指一方当事人（让与方、专利权人或者其授权的人）许可受让方在约定的范围内实施专利，受让方支付相应的使用费而订立的合同。

技术秘密实施许可合同是指一方当事人许可受让方在约定的范围内实施该技术秘密，受让方支付相应的使用费而订立的合同。

其他技术转让合同和技术许可合同是指当事人就植物新品种权、集成电路布图设计专有权转让与实施许可，以及计算机软件著作权转让所订立的合同。

技术转让合同和技术许可合同中关于提供实施技术的专用设备、原材料或者提供有关的技术咨询、技术服务的约定，属于合同的组成部分。

④技术咨询合同是当事人一方以技术知识为对方就特定技术项目提供可行性论证、技术预测、专题技术调查、分析评价报告等所订立的合同。

⑤技术服务合同是当事人一方以技术知识为对方解决特定技术问题所订立的合同。

技术培训合同和技术中介合同属于技术服务合同，在认定登记时应按技术培训合同和技术中介合同单独予以登记。

技术培训合同是当事人一方委托另一方对指定的专业技术人员进行特定项目的技术指导和业务训练所订立的合同。

技术中介合同是当事人一方（中介方）以知识、技术、经验和信息为另一方与第三方订立并履行技术合同提供专门服务所订立的合同。

第二节　技术合同登记运用

经认定登记的技术合同，可享受国家有关促进科技成果转化的税收、信贷和奖励等方面的优惠政策。当事人应按照税务机关要求，妥善保存技术合同认定登记证明，留存备查。

技术合同认定登记证明可作为当事人研究开发费用投入、技术性收入等的证明材料。

一、奖励政策

（一）奖酬金

奖酬金是指法人和非法人组织可按照国家有关规定，根据认定登记的技术合同，从技术开发、技术转让、技术许可、技术咨询和技术服务的净收入中提取一定比例作为奖励和报酬，给予技术成果完成人和为成果转化做出重要贡献的人员。

依据2015年8月29日第十二届全国人民代表大会常务委员会第十六次会议《关于修改〈中华人民共和国促进科技成果转化法〉的决定》、国发〔2016〕16号实施《中华人民共和国促进科技成果转化法》若干规定、人社部发〔2021〕14号《人力资源社会保障部　财政部　科技部关于事业单位科研人员职务科技成果转化现金奖励纳入绩效工资管理有关问题的通知》。

（1）职务科技成果转化后，由科技成果完成单位对完成、转化该项科技成果做出重要贡献的人员给予奖励和报酬。

（2）科技成果完成单位可以规定或者与科技人员约定奖励和报酬的方式、数额和时限。单位制定相关规定，应当充分听取本单位科技人员的意见，并在本单位公开相关规定。

（3）科技成果完成单位未规定、也未与科技人员约定奖励和报酬的方式和数额的，按照下列标准对完成、转化职务科技成果做出重要贡献的人员给予奖励和报酬。

①将该项职务科技成果转让、许可给他人实施的，从该项科技成果转让净收入或者许可净收入中提取不低于百分之五十的比例。

②利用该项职务科技成果作价投资的，从该项科技成果形成的股份或者出资比例中提取不低于百分之五十的比例。

③将该项职务科技成果自行实施或者与他人合作实施的，应当在实施转化成功投产后连续三至五年，每年从实施该项科技成果的营业利润中提取不低于百分之五的比例。

国家设立的研究开发机构、高等院校规定或者与科技人员约定奖励和报酬的方式和数额应当符合前款第①项至第③项规定的标准。

（4）对科技人员在科技成果转化工作中开展技术开发、技术咨询、技术服务等活动给予的奖励，可按照促进科技成果转化法执行。

（5）在开发和转化中作出主要贡献的人员，奖励的份额不低于奖励总额的50%；

（6）国有企业、事业单位依照本法规定对完成、转化职务科技成果做出重要贡献的人员给予奖励和报酬的支出计入当年本单位工资总额，但不受当年本单位工资总额限制、不纳入本单位工资总额基数。

（二）财政政策

为鼓励技术创新，推动科技成果转化为现实生产力，大力培育和发展技术市场，加强技术转移服务体系建设，充分激发创新主体从事技术转移和成果转化的主动性和积极性，各地方政府出台了一系列有关技术交易专项资金补助、技术成果转化专项扶持资金等政策。通过技术合同认定登记后即可享受相关政策。

二、税收政策

为进一步发挥税收政策的导向功能，国家财政部、税务总局、科技部出台了有关鼓励技术创新和促进科技成果转移转化的税收优惠政策。技术合同经过认定登记后，可享受免征增值税、所得税、研发加计扣除、个人所得税等优惠政策。

（一）增值税

增值税是对商品生产、流通、劳务服务中多个环节的新增价值或商品的附加值征收的一种流转税。

依据财税〔2016〕36号《财政部、国家税务总局关于全面推开营业税改征增值税试点的通知》、财税〔2011〕100号《关于软件产品增值税政策的通知》。

（1）纳税人提供技术转让、技术开发和与之相关的技术咨询、技术服务合同，免征增值税。

（2）与技术转让、技术开发相关的技术咨询、技术服务，是指转让方（或者受托方）根据技术转让或者开发合同的规定，为帮助受让方（或者委托方）掌握所转让（或者委托开发）的技术，而提供的技术咨询、技术服务业务，且这部分技术咨询、技术服务的价款与技术转让或者技术开发的价款应当在同一张发票上开具。

（3）税人发生应税行为适用免税、减税规定的，可以放弃免税、减税，依照本办法的规定缴纳增值税。放弃免税、减税后，36个月内不得再申请免税、减税。

（4）纳税人提供技术转让、技术开发和与之相关的技术咨询、技术服务适应税率6%，是适用免征增值税规定的应税行为，不得开具增值税专用发票，应当开具增值税普通发票。

（5）备案程序。试点纳税人申请免征增值税时，须持技术转让、开发的书面合同，到纳税人所在地省级科技主管部门或授权省市以下的登记机构进行认定，并持有关的书面合同和科技主管部门审核意见证明文件报主管税务机关备查。

（6）技术入股合同：以技术入股和技术股权转让方式订立的合同，可按技术转让合同认定登记。享受增值税减免政策。

（7）技术进口合同可由境内委托方或受让方申请认定登记。享受增值税减免政策。

（8）技术出口合同：境内的单位和个人销售的下列服务和无形资产，适用增值税零税率：研发、设计、软件、信息、离岸服务外包、转让技术等。境内的单位和个人销售的下列服务和无形资产免征增值税：知识产权、专业技术、无形资产等。

（9）纳税人受托开发软件产品，著作权属于受托方的征收增值税，著作权属于委托方或属于双方共同拥有的不征收增值税；对经过国家版权局注册登记，纳税人在销售时一并转让著作权、所有权的，不征收增值税。

(二）所得税

所得税是对在我国境内的企业生产经营所得和其他所得征收的一种税。

依据主席令 63 号《企业所得税法》、国务院令第 512《企业所得税法实施条例》、国税函〔2009〕212 号《国家税务总局关于技术转让所得减免企业所得税有关问题的通知》、财税〔2010〕111 号《财政部国家税务总局关于居民企业技术转让有关企业所得税政策问题的通知》、国税公告〔2013〕第 62 号《国家税务总局关于技术转让所得减免企业所得税有关问题的公告》、国公告〔2015〕第 82 号《国家税务总局关于许可使用权技术转让所得企业所得税有关问题的公告》。

（1）符合条件的技术转让所得免征、减征企业所得税，是指一个纳税年度内，居民企业技术转让所得不超过 500 万元的部分，免征企业所得税；超过 500 万元的部分，减半征收企业所得税。

（2）技术转让条件：居民企业转让其拥有技术的所有权或 5 年以上（含 5 年）许可使用权的行为。

（3）技术转让的范围：包括专利（含国防专利）、计算机软件著作权、集成电路布图设计专有权、植物新品种权、生物医药新品种，以及财政部和国家税务总局确定的其他技术。其中，专利是指法律授予独占权的发明、实用新型以及非简单改变产品图案和形状的外观设计。

（4）为使受让方掌握所转让的技术投入使用、实现产业化而提供的必要的技术咨询、技术服务、技术培训所产生的收入，同时在技术转让合同中约定的与该技术转让相关的技术咨询、技术服务、技术培训，其收入与该技术转让项目收入一并收取价款的可以减免所得税。

（5）技术转让应签订技术转让合同。其中，境内的技术转让须经省级以上（含省级）科技部门认定登记，跨境的技术转让须经省级以上（含省级）商务部门认定登记，涉及财政经费支持产生技术的转让，需省级以上（含省级）科技部门审批。

（6）居民企业技术出口应由有关部门按照商务部、科技部发布的《中国禁止出口限制出口技术目录（商务部、科技部令 2008 年第 12 号）进行审查。居民企业取得禁止出口和限制出口技术转让所得，不享受技术转让减免企业所得税优惠政策。

（7）居民企业从直接或间接持有股权之和达到 100％的关联方取得的技术转让所得，不享受技术转让减免企业所得税优惠政策。

（三）研发加计扣除

研发活动是指企业为获得科学与技术新知识，创造性运用科学技术新知识，或实质性改进技术、产品（服务）、工艺而持续进行的具有明确目标的系统性活动。

依据财税〔2015〕119 号《关于完善研究开发费用税前加计扣除政策的通知》、财税〔2018〕64 号《财政部税务总局科技部关于企业委托境外研究开发费用税前加计扣除有关政策问题的通知》、财税〔2018〕99 号《财政部 税务总局 科技部关于提高研究开发费用税前加计扣除比例的通知》。

（1）企业开展研发活动中实际发生的研发费用，未形成无形资产计入当期损益的，在按规定据实扣除的基础上，按照本年度实际发生额的 50％，从本年度应纳税所得额中扣除；形成无形资产的，按照无形资产成本的 150％在税前摊销。

（2）企业委托外部机构或个人进行研发活动所发生的费用，按照费用实际发生额的 80％计入委托方研发费用并计算加计扣除，受托方不得再进行加计扣除。委托外部研究开发费用实际发生额应按照独立交易原则确定。

（3）委托方与受托方存在关联关系的，受托方应向委托方提供研发项目费用支出明细情况。企业委托境外机构或个人进行研发活动所发生的费用，不得加计扣除。

（4）企业共同合作开发的项目，由合作各方就自身实际承担的研发费用分别计算加计扣除。

（5）企业开展研发活动中实际发生的研发费用，未形成无形资产计入当期损益的，在按规定据实扣除的基础上，在 2018 年 1 月 1 日至 2020 年 12 月 31 日期间，再按照实际发生额的 75％在税前加计扣除；形成无形资产的，在上述期间按照无形资产成本的175%在税前摊销。

（四）股权激励

技术成果投资入股，是指纳税人将技术成果所有权让渡给被投资企业、取得该企业股票（权）的行为。

依据国税函〔2009〕461号《国家税务总局关于股权激励有关个人所得税问题的通知》、财税〔2016〕101号《财政部关于完善股权激励和技术入股有关所得税政策的通知》、税总所便函〔2016〕149号《国家税务总局所得税司关于印发股权激励和技术入股个人所得税政策口径》、国家税务总局公告〔2016〕第62号《国家税务总局关于股权激励和技术入股所得税征管问题的公告》、财税〔2018〕164号《财政部 税务总局 关于个人所得税法修改后有关优惠政策衔接问题的通知》。

（1）企业或个人以技术成果投资入股到境内居民企业，被投资企业支付的对价全部为股票（权）的，企业或个人可选择继续按现行有关税收政策执行，也可选择适用递延纳税优惠政策。

（2）选择技术成果投资入股递延纳税政策的，经向主管税务机关备案，投资入股当期可暂不纳税，允许递延至转让股权时，按股权转让收入减去技术成果原值和合理税费后的差额计算缴纳所得税。

（3）企业或个人选择适用上述1或2任一项政策，均允许被投资企业按技术成果投资入股时的评估值入账并在企业所得税前摊销扣除。

（4）技术成果是指专利技术（含国防专利）、计算机软件著作权、集成电路布图设计专有权、植物新品种权、生物医药新品种，以及科技部、财政部、国家税务总局确定的其他技术成果。

（五）个人所得税

依据财税〔2018〕58号《财政部 税务总局 科技部关于科技人员取得职务科技成果转化现金奖励有关个人所得税政策的通知》、财税〔2018〕60号《财政部、税务总局、科技部、国资委关于转制科研院所科技人员取得职务科技成果转化现金奖励有关个人所得税政策的通知》。

（1）依法批准设立的非营利性研究开发机构和高等学校根据《中华人民共和国促进科技成果转化法》规定，从职务科技成果转化收入中给予科技人员的现金奖励，可减按50%计入科技人员当月"工资、薪金所得"，依法缴纳个人所得税。

（2）科技成果是指专利技术（含国防专利）、计算机软件著作权、集成电路布图设计专有权、植物新品种权、生物医药新品种，以及科技部、财政部、税务总局确定的其他技术成果。

（3）现金奖励是指非营利性科研机构和高校在取得科技成果转化收入三年（36个月）内奖励给科技人员的现金。

（4）非营利性科研机构和高校转化科技成果，应当签订技术合同，并根据《技术合同认定登记管理办法》，在技术合同登记机构进行审核登记，并取得技术合同认定登记证明。

（5）转制科研院所科技人员取得职务科技成果转化现金奖励，符合（财税〔2018〕58号）第五条规定条件的，可减按50%计入科技人员当月"工资薪金所得"，依法缴纳个人所得税。

第三节 技术合同登记实务

技术合同认定登记，是指技术合同登记机构对技术合同当事人申请认定登记的合同文本从形式上、技术上进行核查，确认其是否符合技术合同要求的专项管理工作。技术合同登记机构应当对申请认定登记的合同是否属于技术合同及属于何种技术合同作出结论，并核定其技术交易额（技术性收入）。

一、技术合同认定登记的基本流程

（一）技术合同签订

（1）订立技术合同，应当有利于知识产权的保护和科学技术的进步，促进科学技术成果的研发、转化、应用和推广。

（2）技术合同一般由两个部分组成：一部分是技术合同条款，约定双方当事人之间的权利义务关系；另一部分是说明技术合同所涉及的技术项目的范围及实施方法、实施的过程、进度以及验收方法等。

（3）技术合同书可参照使用由科学技术部监制的技术合同示范文本或地方政府监制的技术合同示范文本。采用其他书面形式订立的合同，应当符合《中华人民共和国民法典》的有关规定。

（4）外文合同应当提交与原合同释义相同的中文副本及由当事人所在单位出具的一致性承诺书。

（5）技术合同的内容一般包括项目名称，标的内容、范围和要求，履行的计划、进度、期限、地点、地域和方式，技术情报和资料的保密，风险责任的承担，技术成果的归属和收益的分成办法，验收的标准和方法，价款、报酬或者使用费及其支付方式，违约金或者损失赔偿的计算方法，解决争议的方法，名词和术语的解释等条款。

（6）与履行合同有关的技术背景资料、可行性论证和技术评价报告、项目任务书和计划书、技术标准、技术规范、原始设计和工艺文件，以及其他技术文档，按照当事人的约定可以作为合同的组成部分。

（二）登记流程

（1）申请：技术合同认定登记实行按当事人地域一次登记制度。技术合同依法成立后，由技术合同卖方当事人（技术进口合同买方当事人）向所在地区的技术合同登记机构提出认定登记申请，提交完整的合同书、电子合同等书面形式的合同文本和相关附件。

（2）受理：技术合同登记机构在对合同形式、签章手续及有关附件、证照进行初步查验，确认符合《民法典》《技术合同认定登记管理办法》《技术合同认定规则》等要求的，予以受理。

（3）审查认定：技术合同登记机构审查和认定申请登记的技术合同是否属于技术合同、属于何种技术合同。

（4）办理登记：技术合同登记机构根据《技术合同认定规则》，对符合登记条件的技术合同，应当分类登记，在技术合同文本上填写登记序号，加盖技术合同登记专用章，向当事人出具技术合同登记证明，并载明技术合同成交额和技术交易额。对认定为非技术合同、无效技术合同或者不符合登记条件的合同，不予登记。

（5）核定技术性收入：核定的技术交易额要在技术合同中单独载明。技术开发合同或者技术转让合同包含技术咨询、技术服务内容的，技术咨询、技术服务所得的报酬，可以计入技术交易额。

二、认定规则

技术合同认定登记的主要依据是：《中华人民共和国民法典》第二十章技术合同；科学技术部、财政部、国家税务总局印发的《技术合同认定登记管理办法》；科学技术部印发的《技术合同认定规则》。

1. 一般规则

（1）技术合同认定规则适用范围：自然人、法人、非法人组织之间就技术开发、技术转让、技术许可、技术咨询和技术服务活动所订立的确立民事权利与义务关系的技术合同。

（2）合同标的中明显含有技术开发、转让、咨询或服务内容，其技术交易部分能独立成立并确定技术交易额的其他合同，可以申请认定登记。

（3）申请认定登记的技术合同，涉及国家安全、重大公共利益或大额技术合同的，或认定登记中存在争议的，应当采用多部门联合方式对技术合同进行审查。

（4）以技术入股和技术股权转让方式订立的合同，可按技术转让合同认定登记。

（5）当事人就技术进出口项目订立的合同，可予以认定登记，技术进口合同可由境内委托方或受让方申请认定登记。

（6）技术合同认定登记实行网上登记。当事人申请认定登记技术合同，应当向技术合同登记机构提交合同书、电子合同等书面形式的合同文本、相关附件及证明材料，或根据技术合同登记机构要求，提交上述材料原件的电子扫描件。

（7）申请认定登记的合同和相关附件及证明材料为外文形式的，当事人应当同时提交中文翻译件，并书面承诺中文翻译件与原外文合同表述一致，或提供相关证明材料。

（8）申请认定登记的技术合同应当是依法已经生效的合同。当事人为法人的技术合同，应当有其法定代表人或者其授权的人员在合同上签名或者盖章，并加盖法人的公章或者合同专用章；当事人为自然人的技术合同，应当有其本人在合同上签名或者盖章；当事人为其他组织的合同，应当有该组织负责人在合同上签名或者盖章，并加盖组织的印章。

（9）印章不齐备或者印章与当事人名称不一致的，不予登记。

法人、其他组织的内部职能机构或课题组订立的技术合同申请认定登记的，应当在申请认定登记时提交其法定代表人或组织负责人的书面授权证明。

（10）当事人就承担政府科技计划项目而与有关计划主管部门或者项目执行部门订立的技术合同申请认定登记，符合《中华人民共和国民法典》规定的，技术合同登记机构应予受理，并进行认定登记。

（11）申请认定登记的技术合同，不得违反国家有关法律法规的强制性规定和限制性要求，其标的范围不受行业、专业和技术领域限制。

（12）技术合同标的涉及法律法规规定投产前需经有关部门审批或领取生产许可证的产品技术，当事人应当在办理有关审批手续或生产许可证后，持合同文本及有关批准文件申请认定登记。

（13）申请认定登记的技术合同涉及当事人商业秘密（包括经营信息和技术信息）的，技术合同登记机构应当履行保密义务，维护当事人合法权益。

申请认定登记的技术合同涉及国家秘密的，当事人应提供经脱密处理后，符合技术合同要求的相关材料。

（14）申请认定登记的技术合同，合同名称应当根据《中华人民共和国民法典》的规定，使用技术开发、技术转让、技术咨询、技术服务等规范名称，完整准确地表达合同内容。

（15）申请认定登记的技术合同，当事人提出变更或注销申请，提交材料齐全并符合法定形式的，技术合同登记机构应准予变更或注销。

（16）申请认定登记的技术合同下列主要条款不明确的，不予登记：
①合同主体不明确的。
②合同标的不明确，不能使登记人员了解其技术内容的。
③合同价款、报酬、使用费等约定不明确的。

（17）申请认定登记的技术合同，其合同条款含有下列非法垄断技术、妨碍技术进步等不合理限制条款的，不予登记：
①一方限制另一方在合同标的技术的基础上进行新的研究开发的。
②一方强制性要求另一方在合同标的基础上研究开发所取得的科技成果及其知识产权独占回授的。
③一方限制另一方从其他渠道吸收竞争技术的。
④一方限制另一方根据市场需求实施专利和使用技术秘密的。

（18）申请认定登记的技术合同，当事人约定提交有关技术成果的载体，应在合理的数量范围。技术成果载体数量的合理范围，按以下原则认定：
①技术文件（包括技术方案、产品和工艺设计、工程设计图纸、试验报告及其他文字性技术资

料），以通常掌握该技术和必要存档所需份数为限。

②软件性技术载体、植物新品种、生物、医药新品种，以及样品、样机等产品技术和硬件性技术载体，以当事人进行必要试验和掌握、使用该技术所需数量为限。

③成套技术设备和试验装置一般限于1~2套。

2. 技术开发合同

（1）技术开发合同的认定条件。

①有明确、具体的科学研究和技术开发目标。

②合同标的为当事人在订立合同时尚未掌握的技术方案。

③研究开发工作及其预期成果有相应的技术创新内容。

（2）属于技术开发合同。

①具有应用前景的基础研究。

②小试、中试技术成果的产业化开发。

③成套设备和试验装置等技术改造。

④引进技术和设备消化、吸收基础上的创新开发。

⑤人工智能、网络技术等信息技术的研究开发。

⑥自然资源的开发利用。

⑦环境保护和生态平衡、节能减排、污染治理的研究开发。

⑧有技术开发内容的非标设计、工业设计、创意设计、技术标准研究与制订等。

⑨植物新品种、生物、医药新品种的研究开发。

⑩有技术创新内容的工程技术开发等。

（3）不属于技术开发合同：

①单纯以揭示自然现象、规律和特征为目标的基础研究。

②合同标的为当事人已经掌握的技术方案，包括已完成产业化开发的产品、工艺、材料及其系统。

③合同标的为通过简单改变尺寸、参数、排列，或者通过类似技术手段的变换实现的产品改型、工艺变更以及材料配方调整等。

④合同标的为一般检验、测试、设备维修等。

⑤软件复制和软件产品销售。

3. 技术转让合同和技术许可合同

（1）技术转让合同和技术许可合同的认定条件。

①合同标的为当事人订立合同时已经掌握的技术成果，包括专利、技术秘密、植物新品种权、集成电路布图设计专有权和计算机软件著作权等。

②合同标的具有完整性和实用性，相关技术内容应构成一项产品、工艺、材料、品种及其改进的技术方案。

③当事人对合同标的有明确的知识产权权属约定。

（2）当事人就生物、医药新品种转让与许可订立的合同，按技术转让合同认定登记。

（3）申请认定登记的技术合同，其标的涉及专利申请权、专利权、计算机软件著作权、植物新品种权、集成电路布图设计专有权的，当事人应当提交相应的权利证书复印件或原件电子扫描件。

申请认定登记的技术合同，其标的涉及生物、医药新品种的，当事人应当提交新药证书、临床批件、生产批件等证明文件复印件或原件电子扫描件。

（4）申请认定登记的技术合同，其标的为技术秘密的，该项技术秘密应同时具备以下条件：

①不为公众所知悉。
②能为权利人带来经济利益。
③具有实用性。
④权利人采取了保密措施。

前款技术秘密可以含有公知技术成分或者部分公知技术的组合。但其全部或者实质性部分已经公开，即可以直接从公共信息渠道中直接得到的，不应认定为技术转让合同。

申请认定登记的技术合同，其合同标的为进入公有领域的知识、技术、经验和信息等（如专利权或有关知识产权已经终止的技术成果），或者技术秘密转让或许可未约定转让权或使用权归属的，不应认定为技术转让合同和技术许可合同。

4. 技术咨询合同

（1）技术咨询合同的认定条件。
①合同标的为特定技术项目的咨询课题。
②咨询方式为运用科学知识和技术手段进行的分析、论证、评价和预测。
③工作成果是为委托方提供科技咨询报告和意见。

（2）属于技术咨询合同。
①科学发展战略和规划等软科学研究。
②技术政策和技术路线选择的研究。
③工程项目、开发项目、科技成果推广和转化项目、技术改造项目等的可行性论证。
④专业技术领域、行业、技术发展的分析预测。
⑤就区域、产业科技开发与创新及技术项目进行的专题技术调查、分析评价。
⑥技术产品、服务、工艺分析和技术方案的比较与选择。
⑦专用设施、设备、仪器、装置及技术系统的技术性能分析。
⑧技术评估和技术查新。
⑨其他技术咨询。

（3）不属于技术咨询合同。
①就经济分析、法律咨询等项目的论证、评价和调查所订立的合同。
②就购买设备、仪器、原材料、配套产品等提供商业信息所订立的合同。

5. 技术服务合同

技术培训合同和技术中介合同属于技术服务合同，在认定登记时应按技术培训合同和技术中介合同单独予以登记。

（1）技术服务合同的认定条件。
①合同的标的为运用专业技术知识、经验和信息解决特定技术问题的服务性项目。
②服务内容为改进产品结构、改良工艺流程、提高产品质量、降低产品成本、节约资源能耗、保护资源环境、实现安全操作、提高经济效益和社会效益等专业技术工作。
③工作成果有具体的质量和数量指标。
④技术知识的传递不涉及专利、技术秘密成果及其他知识产权的权属。

（2）属于技术服务合同。
①产品设计服务、工艺服务、有特殊技术要求的测试分析服务等。
②新技术的推广和应用服务。
③新型或者复杂生产线的安装、调试及技术指导。
④特定技术项目的信息加工、分析和检索。
⑤农业的产前、产中、产后技术服务。

⑥对重大事故进行定性或定量技术分析。
⑦以非常规技术手段,解决复杂、特殊技术问题的建设工程勘察、设计、安装、施工等。
⑧应对气候变化、防灾减灾的专业技术服务。
⑨提高国家安全能力和公共安全水平的专业技术服务。
⑩其他技术服务。

(3) 不属于技术服务合同。
①以常规手段进行的建设工程和承揽合同。
②强制性的计量检定服务。
③仪器设备的购售、租赁和常规测试服务。

(4) 技术培训合同的认定条件。
①合同标的为传授特定技术项目的专业技术知识。
②培训对象为委托方指定的与特定技术项目有关的专业技术人员或经营管理人员。
③技术指导和专业训练的内容不涉及技术秘密和知识产权的权属。

技术开发、技术转让、技术许可等合同中涉及技术培训内容的,应按技术开发合同、技术转让合同或技术许可合同认定,不应就其技术培训内容单独认定登记。

(5) 不属于技术培训合同。
①当事人就其员工业务素质、文化学习和职业技能等进行的培训活动。
②为销售技术产品而就有关该产品性能、功能及使用、操作进行的培训活动。

(6) 技术中介合同的认定条件。
①技术中介的目的是促成委托方与第三方进行技术交易,实现科技成果的转化。
②技术中介的内容应为特定的技术成果或技术项目。

技术中介合同可以以下列两种形式订立:
①中介方与委托方单独订立的技术中介合同。
②中介方与委托方和第三方共同订立的载明中介方权利及义务的技术合同。

根据当事人申请,技术中介合同可以与其涉及的技术合同一起认定登记,也可以单独认定登记。

(7) 核定技术交易额。
技术合同认定登记机构应当对申请认定登记的技术合同的成交额进行确认,并核定其技术交易额。

申请认定登记的技术合同,应当载明合同成交额、技术交易额。不能确定合同成交额的,或者在履行合同中成交额发生变化的,当事人应当在办理减免税或提取奖酬金手续前予以补正。

技术合同成交额是指技术合同的总金额;

技术交易额是指从技术合同成交额中扣除为委托方或受让方购置设备、仪器、零部件、原材料等非技术性费用后的剩余金额。

合理数量标的物的直接成本可计入技术交易额。

后　　记

《初级技术经理人培训教程》由北京技术市场协会策划并组织编撰出版工作，北京市科学技术研究院科学技术情报研究所执笔完成。

本教程的编写工作得到了北京市科学技术委员会、中关村管委会的大力支持并在北京技术市场管理办公室指导下编撰，这是教程成功的关键所在。北京市人才局、中科院、中国技术交易所、首都师范大学等机构的专家对教材编撰提出了宝贵意见和建议，这是教材质量保证的所在。

教程以《国家技术转移专业人员能力等级培训大纲》中核定的培训内容为基础架构撰写，同时融入《中华人民共和国职业分类大典》中关于技术经理人主要工作任务对专业技术能力的客观要求。

北京技术市场协会执行副理事长兼秘书长刘军同志对本书结构的完整性、逻辑合理性、内容丰富性和知识准确性提出了大量的建设性意见和建议，保证了教程的时代性和创新性。中国科学院科技战略咨询研究院刘海波研究员为教程的撰写举旗定向，奉献了大量内容，界定了关键概念和理论，对教材的完成和质量保证起到巨大的推动作用。中国技术交易所有限公司董事长郭书贵同志为教程提供了宝贵的实践经验和案例并给予热忱、精心的指导。

在此，谨向对本书编撰和出版工作给予热心指导、关怀和帮助的领导、专家和同事致以诚挚的感谢和衷心的敬意。

技术转移工作和技术经理人专业技术能力都在快速发展当中，与日俱进，不断创新突破，教程如有疏漏和不足之处，敬请广大读者谅解并提出宝贵的建议。

编著委员会
2022 年 7 月